R과 JAGS 몬테칼로와
함께하는

베이지안 통계추론

오 만 숙 지음

자유아카데미

머리말

이 책은 2012년에 발간된 《R 몬테칼로와 함께하는 베이지안 통계추론》의 개정판이다. 이전의 책에 비하여 가장 큰 변화는 기존의 R 프로그램에 추가하여 JAGS를 이용한 몬테칼로 기법의 적용을 소개한 것이다. JAGS는 BUGS의 후속 소프트웨어로 몬테칼로 프로그램 작성에 익숙하지 않은 초보자들도 손쉽게 사용할 수 있는 장점이 있다.

이 책은 크게 세 단원으로 나눌 수 있는데, 1장부터 3장까지의 첫 번째 단원은 R 사용법과 베이지안 추론에 필요한 기본적인 확률 통계 개념을 서술하여 확률과 통계에 대한 전문적 지식 없어도 이 책을 따라가는 데 지장이 없도록 하였다. 즉, 첫 번째 단원은 본격적인 베이지안 통계추론에 들어가기 전의 준비단계라고 볼 수 있다. 두 번째 단원은 4장부터 9장까지로, 베이지안 추정과 검정 등 베이지안 추론의 기본 골격과 구체적인 적용을 다루고 있다. 세 번째 단원은 10장부터 13장까지로, 마코프 체인 몬테칼로 기법과 JAGS 사용법을 소개하고 이를 적용한 베이지안 회귀분석과 계층모형분석을 다루고 있다. 만약 이 책을 교재로 사용한다면 학부수업의 경우 첫 번째와 두 번째 단원에, 대학원 수업의 경우 두 번째와 세 번째 단원에 집중할 것을 권장한다.

이 책의 특징은 R 프로그램을 이용한 몬테칼로 기법에 중점을 두어 베이지안 추론에 거의 필수적으로 요구되는 몬테칼로 기법을 익히고, 이와 병행하여 JAGS를 이용한 마코브 체인 몬테칼로 기법의 적용을 소개한 것이다. 직접 프로그램을 작성하는 것과 패키지를 이용하는 것은 장단점이 있다. 앞으로 고급 베이지안 분석을 수행하기 원한다면 직접 몬테칼로 방법을 코딩하는 R 프로그램을 숙달할 것을 권장한다. 이는 추후 스스로 필요한 프로그램을 개발하거나 기존의 패키지를 수정 또는 개선할 수 있는 역량을 기르는 데 도움이 될 것이기 때문이다. 만약 프로그램 작성에 익숙하지 않거나 비교적 간단한 모형의 베이지안 분석을 원한다면 JAGS를 이용할 것을 권장한다.

좋은 책을 위해 최선을 다했지만 미흡한 부분이 있을 수 있다. 이 점은 양해를 바라며, 출간 후에라도 수정사항이 있을 경우에는 자유아카데미 홈페이지(www.freeaca.com) 자료실에 제공할 예정이다.

지난 수년 동안 이화여자대학교에서 베이지안 통계추론을 강의하면서 만든 강의 노트를 정리하여 이렇게 책을 출간하게 되었다. 책이 나오기까지 강의를 수강한 이화여자대학교 학생들과 문서 작성을 도와준 논문지도 학생들에게 감사를 표한다. 늘 많은 사랑과 헌신을 아낌없이 베풀어주신 부모님, 사랑하는 형제들(영숙, 인숙, 현탁, 임숙, 훈탁, 현숙), 시댁 부모님과 가족들에게 감사를 드린다. 끝으로, 항상 그 자리에 서 있는 큰 나무와 같은 남편, 나의 보물 승혁과 승진에게 고마움과 사랑을 표현하고 싶다.

2017년 10월

이화동산에서 오만숙

차 례

01

R 소개

R은 R. Becker, J. Chamber, A. Wilks 등이 AT&T Bell 연구소에서 개발한 프로그램 언어로 S-PLUS 언어를 확장한 것이다. R은 SAS, SPSS, Minitab 등의 통계 패키지와 비슷한 기능을 갖추고 있으나 프로그램이 무료이며 사용이 간편하여 비전공자들도 부담 없이 사용할 수 있다는 장점 때문에 급속히 확산되고 있다. 또한 소스 코드가 인터넷에 공개되어 사용자가 프로그램을 변형하는 것이 가능하며, 사용자가 기존의 내장함수와 조합하여 자신의 요구에 맞는 함수를 직접 만들어 사용할 수 있다는 장점도 가지고 있다. 이러한 이유로 많은 연구자들이 R 언어를 이용하여 새로운 분석 프로그램을 개발하고 이를 패키지화하여 인터넷 상에 공개하고 있기 때문에 기존의 통계 패키지에서 제공하지 않는 최신의 기법을 R에서 사용할 수 있다.

R 언어를 다 설명하기는 지면상 어려우므로 이 장에서는 기본적인 R 명령어를 살펴보고 2장부터는 통계 추론에 필요한 보다 고급적인 R 코드를 모두 본문에 실어 따라하면서 R을 익힐 수 있도록 하였다.

1.1 R 설치

R은 인터넷 주소 http://www.r-project.org에서 다운 받아 설치할 수 있다. 위 주소창에 접속한 다음, 사이트 화면에서 메뉴 중 Download 아래의 CRAN을 클릭하면 여러 mirror 사이트가 나타난다. Korea 아래에 서버 주소를 선택하여 클릭하면 된다. 운영시스템을 선택하고 R 프로그램 중 기본만 선택할 것이라면 base를 선택한다. 다운로드할 R 버전을 선택하고 클릭하여 다운로드 받은 다음 실행파일을 실행시켜 지시에 따라 설치한다. 설치 중 [추가사항 적용]에서 바탕화면에 아이콘 생성을 선택하여 바탕화면에 R-아이콘이 생성되도록 한다.

1.2 R 실행

R 실행을 위해 바탕화면에 있는 R-아이콘을 선택하면 다음과 같은 초기화면이 나타난다. 이때 화면 속에 나타나는 작은 창은 "R-Console" 창으로 R 프로그램(R 코드)이 실행되는 창이다.

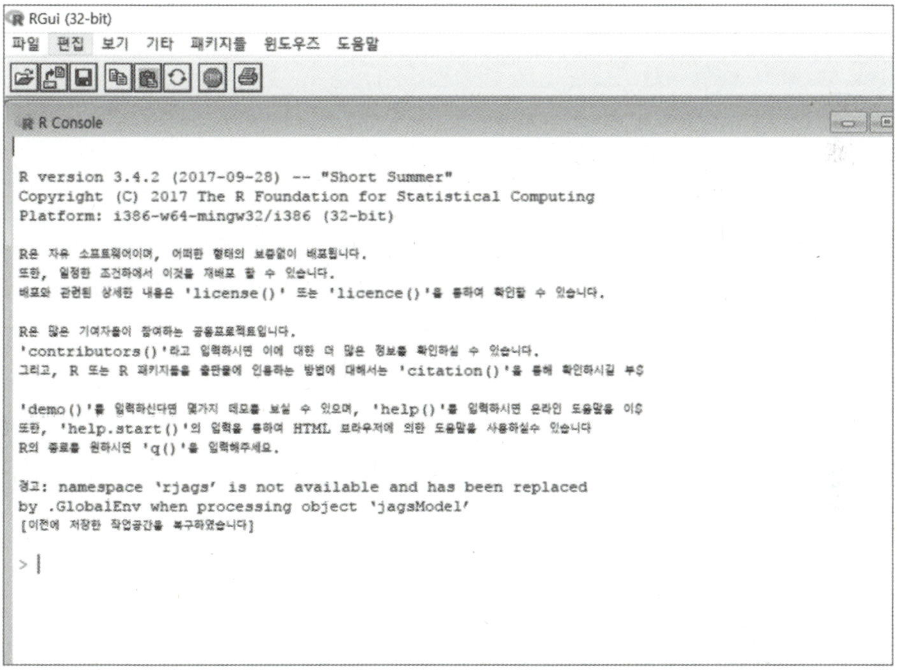

R 초기화면 상단에 있는 메뉴 중에서 [파일]을 선택하면 여러 가지 파일 메뉴가 나타난다. R 프로그램을 시작하기 전에 먼저 [파일] 메뉴 중 [작업 디렉토리 변경] (Change Working Directory)를 클릭하여 원하는 폴더(주로 수행할 R 프로그램과 자료가 있는 폴더)로 작업 디렉토리를 변경할 것을 추천한다. 작업 디렉토리를 설정해 놓으면 디폴트로 이 폴더에서 프로그램의 호출과 저장, 자료의 입출력이 수행되므로 편리하다.

[파일] 메뉴 중 [새로운 스크립트]를 클릭하면 새 스크립트(R 편집기) 창이 만들어진다. R에서 프로그램의 작성은 R-Console 또는 R-Script 창에서 할 수 있다. R-Console 창은 한 번에 한 줄의 명령어만 입력하여 실행할 수 있다. R 코드가 짧은 경우에는 불편이 없지만

코드가 긴 경우 에러 발생 시 코드를 수정하고 실행시키는 일련의 반복 작업들이 여간 불편한 일이 아니다. 따라서 코드가 긴 경우 R 편집기 창에서 프로그램을 작성한 후 코드 중 원하는 부분만 실행시켜 보고 에러 발생 시 편집기 창의 내용을 [복사], [붙여넣기], [삭제] 등의 편집 기능을 이용하여 수정한 후 다시 실행시킬 수 있기 때문에 편리하다. 코드 중 원하는 부분만 실행시키려면 그 부분을 블록으로 잡고 Ctrl-R 키를 사용하거나 오른쪽 마우스 버튼을 눌러 [줄 또는 선택영역 실행]을 클릭하면 된다. 편집기 창에서 작성한 프로그램을 저장하려면 스크립트가 활성화되어 있는 상태에서 메뉴의 [파일]-[저장]을 선택하면 된다.

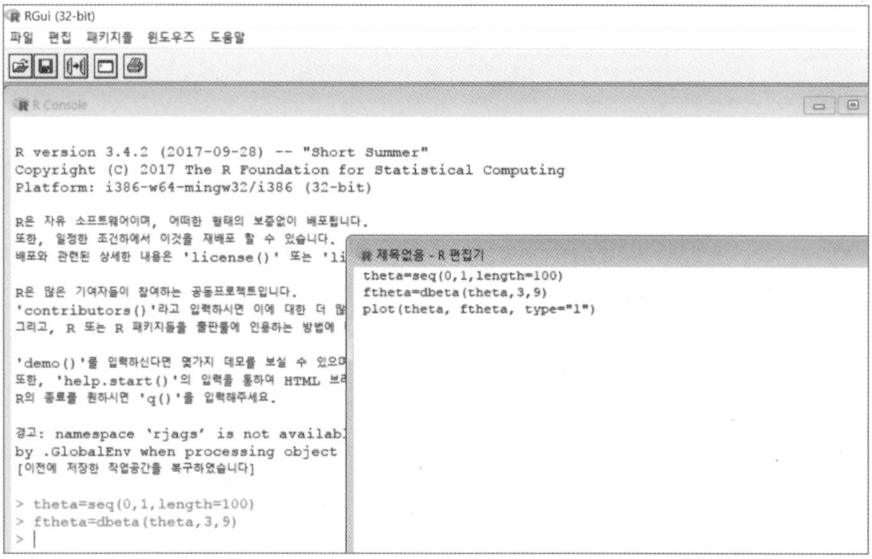

최근에 여러 R 편집기가 무료로 제공되고 있는데 R 편집기를 사용하면 R 코드 작성과 실행을 편리하게 할 수 있다. 대표적인 R 편집기로 RStudio가 있는데 이는 http://www.rstudio.com에서 다운 받아 사용할 수 있다. R 프로그램 파일을 RStudio를 이용해서 열도록 설정해놓은 뒤, R 프로그램 파일을 더블 클릭하면 자동으로 RStudio를 통해 R을 실행시킬 수 있다. 이 방법을 사용하면 R 프로그램이 있는 폴더가 자동으로 작업 디렉토리가 되므로 편리하다.

1.3 자료의 형태

1.3.1 벡터

벡터는 자료형태가 동일한 원소들의 모임이다. 예를 들면 (1, 2, 3, 4)는 숫자 벡터이고 ("low", "midium", "high")는 문자 벡터이며 (T, F, T, F)는 로직값들의 벡터이다.

벡터는 combine의 첫 자를 딴 c() 함수를 사용해서 만들 수 있다. 변수 x 에 벡터 (1,2,3,4)를 지정하는 명령문은 `x<-c(1,2,3,4)` 또는 `x=c(1,2,3,4)`이다. 참고로 명령과 명령 사이에 ';'(세미콜론)을 넣으면 여러개의 명령을 한 줄에 사용할 수 있다. '#'로 시작하는 문장은 주석문장(comment)이다. 다음 프로그램을 실행하여 보자.

```
x=c(1,2,3,4)
x
[1] 1 2 3 4
xx=c(1:4)  ; xx
[1] 1 2 3 4
2*x
[1] 2 4 6 8
2+x
[1] 3 4 5 6
y=c(2,4,5,8)
x+y
[1]  3  6  8 12
```

연속적인 자료는 sequence의 약자인 seq() 함수를 사용할 수 있다.

```
x1<- seq(10)
x1
[1]  1  2  3  4  5  6  7  8  9 10
```

```
x2<-seq(1,10)
x2
[1]  1  2  3  4  5  6  7  8  9 10
x3<-seq(1:10)
x3
[1]  1  2  3  4  5  6  7  8  9 10
x4<-seq(from=1, to=10, by=2)
x4
[1] 1 3 5 7 9
x5<-seq(1,10,2)
x5
[1] 1 3 5 7 9
x6<-c(x1,x3)    # x1과 x3을 병합하여 하나의 벡터로 만듦
x6
[1]  1  2  3  4  5  6  7  8  9 10  1  2  3  4  5  6  7  8  9 10
x7 <- seq(0,1, length=11)    # 0과 1 사이 등간격으로 11개의 숫자 벡터
x7
[1] 0.0 0.1 0.2 0.3 0.4 0.5 0.6 0.7 0.8 0.9 1.0
```

전부 또는 일부가 반복되는 자료를 만드는 경우 rep() 함수를 사용하면 편리하다.

```
rep(1,5)
[1] 1 1 1 1 1
rep( c(2,3), 3)
[1] 2 3 2 3 2 3
ABC = c( "A", "B", "C")
rep(ABC, 2)
[1] "A" "B" "C" "A" "B" "C"
rep(ABC, times=2)
[1] "A" "B" "C" "A" "B" "C"
```

```
rep(ABC, times=c(4,2,1))
[1] "A" "A" "A" "A" "B" "B" "C"
rep(ABC, each=2)
[1] "A" "A" "B" "B" "C" "C"
rep(ABC, each=2, times=2)
[1] "A" "A" "B" "B" "C" "C" "A" "A" "B" "B" "C" "C"
```

벡터의 원소를 지정하려면 벡터이름 다음 [ ] 안에 첨자를 지정하면 된다. 예를 들면, 위의 벡터 x=c(1, 2, 3, 4)에 대하여 다음을 실행하여 보자.

```
x=c(1, 2, 3, 4)
x[1]  # x의 첫 번째 원소
[1] 1
x[1:3]
[1] 1 2 3
x[c(-1,-3)]  # x[1] , x[3] 원소는 제거된다
[1] 2 4
x[c(F,T,F,T)]  #F 에 해당되는 원소는 제거된다
[1] 2 4
```

1.3.2 팩터(Factor)

팩터(factor)는 원소가 범주형인 벡터이다.

```
x=c("high","med","low","med","high")
```

위의 문자 벡터인 x에 factor 함수를 적용하면 아래와 같다.

```
xf=factor(x)
xf
```

```
[1] high med  low  med  high
Levels: high low med
as.numeric(xf)
[1] 1 3 2 3 1
```

범주형 변수 xf의 Levels를 보면 high, low, med 순서인데 이는 디폴트로 알파벳 순서로 레벨을 정하기 때문이다. 팩터를 저장할 때는 순서로 변환하여 저장하기 때문에 xf를 숫자로 변환해보면 레벨의 순서대로 high, low, med에 각각 1, 2, 3이 부여된 것을 볼 수 있다. 그런데 우리가 원하는 레벨의 순서는 알파벳 순서가 아니라 low, med, high에 각각 1, 2, 3을 부여하는 것일 것이다. 이를 위해서는 아래와 같이 레벨의 순서를 정해주어야 한다.

```
xf2=factor(x, levels=c("low", "med","high"))
xf2
[1] high med  low  med  high
Levels: low med high
as.numeric(xf2)
[1] 3 2 1 2 3
```

1.3.3. 행렬과 어레이

행렬(matrix)은 벡터를 2차원으로 확장한 것이고 어레이(array)는 3차원 이상으로 확장한 것이다. 행렬은 matrix() 함수를 이용하여 생성하는데, 디폴트는 열(column)을 기준으로, 즉 열을 먼저 채우는 방식으로 만든다. 벡터 또는 행렬을 결합할 때는 rbind(), cbind() 함수를 사용할 수 있다. 아래 예를 살펴보자.

```
A=matrix(c(1:9),3)
A
     [,1] [,2] [,3]
```

```
 [1,]    1    4    7
 [2,]    2    5    8
 [3,]    3    6    9
B=matrix(c(1:9), 3, byrow=T)
B
     [,1] [,2] [,3]
 [1,]    1    2    3
 [2,]    4    5    6
 [3,]    7    8    9
eng<-c(60,72,57,90,95,72)     #English score
math<-c(75, 80, 65, 90, 74, 91)    #Math score
engmath.cbind=cbind(eng, math)
engmath.cbind
     eng math
 [1,]  60   75
 [2,]  72   80
 [3,]  57   65
 [4,]  90   90
 [5,]  95   74
 [6,]  72   91
engmath.rbind=rbind(eng, math)
engmath.rbind
     [,1] [,2] [,3] [,4] [,5] [,6]
 eng    60   72   57   90   95   72
 math   75   80   65   90   74   91
```

R에서는 행렬의 연산을 쉽게 수행할 수 있다. 행렬과 행렬의 스칼라(scalar) 곱은 '%*%' 기호를 사용한다. 또한 행렬의 역행렬은 solve 함수를 사용하여 구할 수 있다. 다음 예를 살펴보자.

```
J=matrix(1,3,3)
J
     [,1] [,2] [,3]
[1,]    1    1    1
[2,]    1    1    1
[3,]    1    1    1
I=diag(3)     # 대각원소가 1인 3차원 대각행렬
A=J*0.3+0.7*I
A
     [,1] [,2] [,3]
[1,]  1.0  0.3  0.3
[2,]  0.3  1.0  0.3
[3,]  0.3  0.3  1.0
Ainv=solve(A)
Ainv%*%A    # 수치적 오차로 비대각원소가 정확히 0은 아니다.
              [,1]         [,2] [,3]
[1,]  1.000000e+00 1.387779e-17    0
[2,] -4.163336e-17 1.000000e+00    0
[3,] -5.551115e-17 0.000000e+00    1
b=c(1,0.5,1.5)
c=A%*%b
c
     [,1]
[1,] 1.60
[2,] 1.25
[3,] 1.95
det(A)
[1] 0.784
B=matrix( c(1:9),3,3)
B
     [,1] [,2] [,3]
```

```
 [1,]    1    4    7
 [2,]    2    5    8
 [3,]    3    6    9
C=A+B
C
     [,1] [,2] [,3]
 [1,]  2.0  4.3  7.3
 [2,]  2.3  6.0  8.3
 [3,]  3.3  6.3 10.0
t(C)
     [,1] [,2] [,3]
 [1,]  2.0  2.3  3.3
 [2,]  4.3  6.0  6.3
 [3,]  7.3  8.3 10.0
```

어레이(array)는 벡터를 3차원 이상으로 확장한 것이다.

```
x=array(1:24, dim=c(3,4,2))
x
 , , 1

     [,1] [,2] [,3] [,4]
 [1,]    1    4    7   10
 [2,]    2    5    8   11
 [3,]    3    6    9   12

 , , 2

     [,1] [,2] [,3] [,4]
 [1,]   13   16   19   22
```

```
[2,]   14   17   20   23
[3,]   15   18   21   24
```

행렬과 어레이의 원소도 벡터와 마찬가지로 이름 뒤 [ ] 안에 첨자를 지정하여 호출할 수 있다. 예를 들면 10쪽에 나오는 engmath.cbind의 부분원소를 다음과 같이 부를 수 있다.

```
engmath.cbind[4,1]
 eng
  90
engmath.cbind[1:5,1]
[1] 60 72 57 90 95
engmath.cbind[,2]
[1] 75 80 65 90 74 91

x=array(1:24, dim=c(3,4,2))
x[,,1]
      [,1] [,2] [,3] [,4]
 [1,]    1    4    7   10
 [2,]    2    5    8   11
 [3,]    3    6    9   12
x[3,2,1]
 [1] 6
x[,2,1]
 [1] 4 5 6
```

1.3.4 리스트와 데이터 프레임

리스트(list)는 개체(component)의 모음으로 각 개체가 다른 자료형태와 이름을 가질 수 있다. 아래의 MyList에는 Eng, Math, Name이라는 이름을 가진 3개의 개체가 있다. 첫 번째 개체는 MyList$Eng 또는 MyList[[1]] 로 호출할 수 있으며 이 개체는 10쪽에서 정의한

eng 벡터 자료를 가지고 있다. 개체의 원소는 개체 뒤에 [ ]을 사용하여 호출할 수 있다.

```
MyList= list(Eng=eng, Math=math, Name="final")
MyList
 $Eng
 [1] 60 72 57 90 95 72

 $Math
 [1] 75 80 65 90 74 91

 $Name
 [1] "final"
MyList$Eng
 [1] 60 72 57 90 95 72
MyList[[1]]
 [1] 60 72 57 90 95 72
MyList$Eng[2]
 [1] 72
MyList[[1]][2]
 [1] 72
```

데이터 프레임은 행렬처럼 모든 열이 같은 수의 행을 가지는 사각형 구조이지만 각 열(column)은 다른 자료 형태를 가질 수 있다. 유명한 Fisher의 붓꽃(iris) 자료는 R에 내장되어 있는 자료로, iris의 3가지 품종에 대하여 각각 50개의 꽃을 관찰하여 꽃받침의 너비, 꽃받침의 길이, 꽃잎의 너비, 꽃잎의 길이를 측정한 자료이다. 이 자료는 프레임 형태의 자료로 처음 네 열은 숫자 형태이고 마지막 열은 문자 형태이다. names(iris)는 각 개체(열)의 이름을 보여준다.

```
data(iris)
head(iris)
   Sepal.Length Sepal.Width Petal.Length Petal.Width Species
```

```
1         5.1       3.5        1.4       0.2  setosa
2         4.9       3.0        1.4       0.2  setosa
3         4.7       3.2        1.3       0.2  setosa
4         4.6       3.1        1.5       0.2  setosa
5         5.0       3.6        1.4       0.2  setosa
6         5.4       3.9        1.7       0.4  setosa
names(iris)
 [1] "Sepal.Length" "Sepal.Width"  "Petal.Length" "Petal.Width"
 [5] "Species"
```

리스트와 데이터 프레임은 비슷하나 리스트가 더 상위 개념으로, 리스트 내에 데이터 프레임이 존재한다. 예를 들면,

```
YourList=list( a=c(1:2), b=matrix(c(1:9),3,3), c="example")
YourList
 $a
 [1] 1 2

 $b
      [,1] [,2] [,3]
 [1,]    1    4    7
 [2,]    2    5    8
 [3,]    3    6    9

 $c
 [1] "example"
```

를 보면 YourList는 3개의 개체가 자료의 형태나 길이가 모두 다르므로 리스트이지만 데이터 프레임은 아니다.

1.4 자료의 입력과 출력

1.4.1 화면에서 입력

키보드로부터 자료를 입력하고자 할 때는 scan() 함수를 사용한다. 기본적으로 입력받는 자료 형태는 숫자이지만, 글자를 입력할 때는 what을 사용하고 문자 중간에 빈 칸이 있는 경우는 공백을 사용한다.

```
x<-scan(text="
1 2 3
4 5 6
")

x<-scan(text="
1 2 3 4 5
6 7 8 9 10
")
x
## [1]  1  2  3  4  5  6  7  8  9 10
x<-matrix(scan(text="
1 2 3 4
5 6 7 8
9 10 11 12
") , nrow=3, ncol=4)
x
[,1] [,2] [,3] [,4]
 [1,]    1    4    7   10
 [2,]    2    5    8   11
 [3,]    3    6    9   12
```

```
string.data<-scan(what= "character")
 Junhee Seungjin Seunghyuk "Gil Dong"
 # 데이터 입력 후 빈 줄 다음에 [Enter]를 누른다.
```

1.4.2 외부 파일 입력

자료가 외부 파일에 있는 경우 파일의 경로를 포함한 이름을 따옴표 안에 지정해 주어야 한다. 단, 자료 파일은 확장자가 .csv 또는 .txt 형식으로 저장되어 있어야 한다. 예를 들어 자료가 c:\data 폴더에 chem.txt 파일로 저장되어 있는 경우 scan() 함수를 사용하여 아래 프로그램과 같이 읽어들인다. scan() 함수는 자료를 행우선(rowwise)으로 읽어들여 벡터를 만들기 때문에 scan() 으로 만들어진 벡터를 원형대로 행렬로 복귀시키려면 matrix()에서 byrow=T 옵션을 사용하여야 한다. 웹 사이트에 있는 자료도 마찬가지로 주소를 지정하여 읽어들일 수 있다. 만약 chem.txt의 자료값이 tab으로 구분되어 있다면 scan() 명령에서 파일 이름 다음에 sep="\t" 옵션을 추가한다. 'http://home.ewha.ac.kr/~msoh/Bayesian book/chem.txt'를 다운로드하여 c:\data 폴더에 저장하고 다음을 실행하여 보자.

```
data<-scan('http://home.ewha.ac.kr/~msoh/Bayesianbook/chem.txt')
chem<- matrix(data, ncol=3, byrow=T)
chem<- matrix(scan('c:/data/chem.txt'), ncol=3, byrow=T)
chem
      [,1] [,2] [,3]
 [1,]   77  160    1
 [2,]   79  160    2
 [3,]   82  165    1
 [4,]   83  165    2
 [5,]   85  170    1
 [6,]   88  170    2
 [7,]   90  175    1
 [8,]   93  175    2
```

아래와 같은 자료가 'http://home.ewha.ac.kr/~msoh/Bayesianbook/score.txt'에 저장되어 있다. 첫 줄은 변수명이다. 이 자료를 다운 받아 'c:\data' 폴더에 저장하여 보자.

```
ID    mid final REPORT1 REPORT2 REPORT3 REPORT4 RepSum Total
ab37  79   73     10      10       9       10      39   71.35
H327  83   93      8      10       9       10      37   81.45
y006  87   92      9      10       9       10      38   82.55
ph27  83   85     10       9      10       10      39   78.15
K612  90  100     10      10      10       10      40   87.50
2HDJ  82   83     10      10       9       10      39   76.90
 :    :    :       :       :       :        :       :     :
 :    :    :       :       :       :        :       :     :
```

자료를 보면 숫자와 문자 변수가 같이 존재한다. 이러한 자료는 데이터 프레임 형태로 읽어야 하는데 read.table( ) 함수는 이와 같은 자료를 읽어 들여 데이터 프레임을 생성한다. 자료의 첫 줄은 변수명을 기록되어 있으므로 header=T 옵션을 사용하여 변수명을 열 이름으로 읽어 들이도록 하자. 아래 프로그램에서 read.table( )을 수행하면 score라는 데이터 프레임 내에 ID, mid, final, ...의 개체(변수)가 존재한다. 이들 변수를 사용하고자 하면 score$ID와 같이 데이터 프레임 이름과 변수명 사이에 $을 넣어 사용한다. 또한 데이터 프레임에서 Total>85 인 경우만 따로 보고자 하는 경우는 score[score$Total>85,] 명령을 사용한다.

```
score<-read.table('c:/data/score.txt', header=T)
score$ID
  [1] ab37 H327 y006 ph27 K612 2HDJ 1906 2366 jh12 AB83 7007 1933 PLZ4 AB55
 [15] LK17 966M ef85 MY99 SH77 CS58 sg13 K642 OV85 3690 ss29 jj99 lj15 ab12
 [29] SJ12 sim7 SP29 NS36
 32 Levels: 1906 1933 2366 2HDJ 3690 7007 966M ab12 ab37 AB55 AB83 ... y006
score$Total
  [1] 71.35 81.45 82.55 78.15 87.50 76.90 70.10 85.50 80.90 88.20 88.10
 [12] 88.55 62.15 87.70 89.80 77.15 84.55 76.65 72.90 75.45 81.00 72.35
```

```
 [23] 84.35 72.25 83.65 88.80 84.95 83.40 85.80 83.55 81.30 73.50
stotal<-sort(score$Total, decreasing=T)
stotal[1:10]
 [1] 89.80 88.80 88.55 88.20 88.10 87.70 87.50 85.80 85.50 84.95
score[score$Total > 85,]
     ID mid final REPORT1 REPORT2 REPORT3 REPORT4 RepSum Total
5  K612  90   100      10      10      10      10     40 87.50
8  2366  92    94      10      10      10      10     40 85.50
10 AB83  92   100      10      10      10      10     40 88.20
11 7007  93    99      10      10      10      10     40 88.10
12 1933  93   100      10      10      10      10     40 88.55
14 AB55  91   100      10      10       9      10     39 87.70
15 LK17  97   100      10      10       9      10     39 89.80
26 jj99  95    99      10      10      10      10     40 88.80
29 SJ12  89    97      10      10      10      10     40 85.80
```

자료가 csv(comma separated values) 형태로 저장되어 있을 때는 read.csv() 함수를 사용하여 읽어들인다. read.csv()로 읽어들인 자료는 데이터 프레임 형태이며 첫줄은 변수명이 된다.

R에서 만든 자료는 write() 함수를 사용하여 외부 파일에 저장할 수 있다. 앞에서 만든 chem 자료를 c:\data 폴더에 chem2.txt로 저장해 보자.

```
write(chem, file='c:/data/chem2.txt', ncol=ncol(chem), append=F, sep="")
```

위 명령을 실행시키면 'c:/data/chem2.txt'에

```
77 79 82
83 85 88
90 93 160
160 165 165
```

```
170 170 175
175 1 2
1 2 1
2 1 2
```

와 같이 저장됨을 볼 수 있다. 이는 열우선(columnwise)으로 저장하기 때문인데 이를 시정하려면 chem 행렬을 전치(transpose)시킨 다음 아래와 같이 저장하면 된다. ncol= 옵션으로 열수를 지정하지 않으면 디폴트로 열수를 5개로 저장하게 된다. sep= 옵션을 지정하지 않으면 공백으로 자료값을 구분하며, 구분기호로 "," 등 다른 기호를 사용할 수 있다. t()는 행렬의 전치를 구하는 함수이다. chem 행렬의 열수가 3이므로 ncol=ncol(chem) 대신 ncol=3으로 해도 무방하나 ncol(chem)은 chem 행렬의 열수를 자동 계산해주므로 편리하다. append=T이면 기존의 chem2.txt 파일 뒤에 덧붙여 저장하라는 것이고, append=F는 기존의 내용을 지우고 저장하라는 것인데 디폴트는 append=F이다.

```
write(t(chem), file='c:/data/chem2.txt', ncol=ncol(chem), append=F, sep="")
```

데이터 프레임 형태의 자료를 csv 형태로 파일에 저장하고자 할 때는 다음과 같이 write.csv() 함수를 사용한다. row.names=F 는 행 이름을 저장하지 말라는 것이고 quote=F 는 따옴표를 사용하지 않는다는 것이다. 데이터 프레임 score를 csv 파일로 저장해 보자.

```
write.csv(score, file="score.csv", row.names=F, quote=F)
```

작업 디렉토리에 저장된 score.csv 파일을 열어보면 다음과 같다.

```
ID,mid,final,REPORT1,REPORT2,REPORT3,REPORT4,RepSum,Total
ab37,79,73,10,10,9,10,39,71.35
H327,83,93,8,10,9,10,37,81.45
y006,87,92,9,10,9,10,38,82.55
ph27,83,85,10,9,10,10,39,78.15
K612,90,100,10,10,10,10,40,87.5
:
```

1.5 자료의 통계처리

R에는 통계처리를 위한 많은 내장함수들이 있다. 간단히 몇 개만 살펴보기로 한다.

```
mean.Total <- mean(score$Total)
mean.Total
 [1] 80.64062
var.Total <- var(score$Total)
var.Total
 [1] 45.65249
length.Total<-length(score$Total)
length.Total
 [1] 32
summary(score$Total)
    Min. 1st Qu.  Median    Mean 3rd Qu.    Max.
   62.15   76.35   82.00   80.64   85.58   89.80
t.test(score$mid, score$final)

  Welch Two Sample t-test

 data:  score$mid and score$final
 t = -0.81068, df = 47.914, p-value = 0.4216
 alternative hypothesis: true difference in means is not equal to 0
 95 percent confidence interval:
  -6.634328  2.821828
 sample estimates:
 mean of x mean of y
  86.21875  88.12500
```

1.6 그림 그리기

plot(), hist(), contour(), G3D() 등의 함수를 이용한 그래픽 기능을 살펴보자.

참고로, 이 책의 본문에서는 R 그래픽 함수 코드를 제시하나 그림 중 일부는 해상도와 모양을 위하여 ggplot2, cowplot 등과 같은 패키지를 사용하여 그렸기 때문에 주어진 R 코드 결과와 모양이 다를 수 있다.

1.6.1 산점도와 히스토그램

기본적으로 plot() 함수는 두 변수의 산점도를 그려주는 함수이고, hist()는 변수의 히스토그램을 그려주는 함수이다. plot() 함수에서 변수 x 하나만 인수로 주어지면 가로축은 1,2,...로 주어져서 x의 경로그림이 된다.

```
x<-rnorm(100)   # 표준정규난수 100개 생성
plot(x)   # 그림 1.1
hist(x)   # 그림 1.2
```

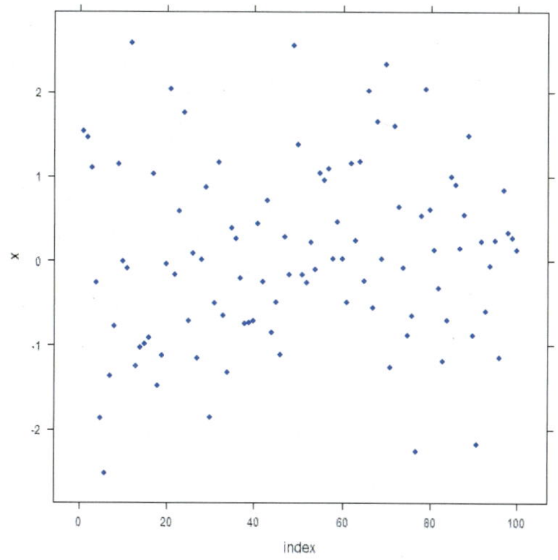

그림 1.1 정규난수의 산점도

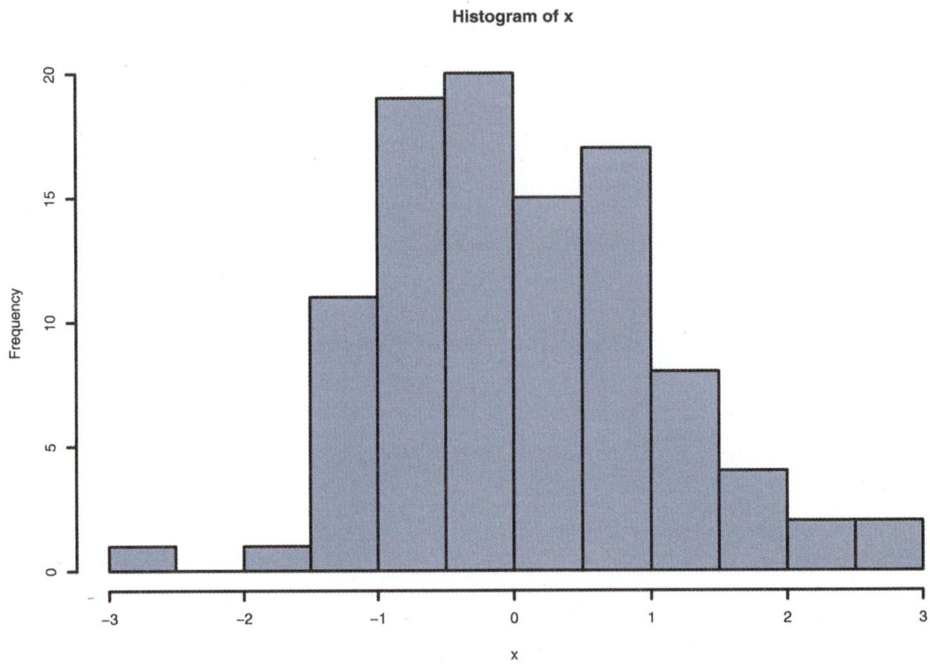

그림 1.2 정규난수의 히스토그램

1.6.2 선 그리기

아래 프로그램은 plot() 함수에서 type="l"을 지정하여 (x,y)점을 선으로 이어주는 경우를 예시로 보여준다. xlab, ylab 옵션은 x축과 y축의 이름을 지정한다. abline() 함수는 기존의 plot에 세로선 또는 가로선을 그려주는 함수이다. dbeta()는 베타분포의 밀도함수를, qbeta()는 베타분포의 분위수를 계산하여 주는 함수이다.

```
theta<-seq(0,1,length=100)
ftheta<-dbeta(theta,3,9) #density function of Beta(3,9) at theta
plot(theta,ftheta,type="l",xlab="theta",ylab="f(theta)")
# 95% interval of Beta(3,9) distribution
abline(v=qbeta(c(0.025, 0.975),3,9))
qbeta(c(0.025, 0.975),3,9)  #qbeta(): percentile of Beta dist
## [1] 0.06021773 0.51775585
```

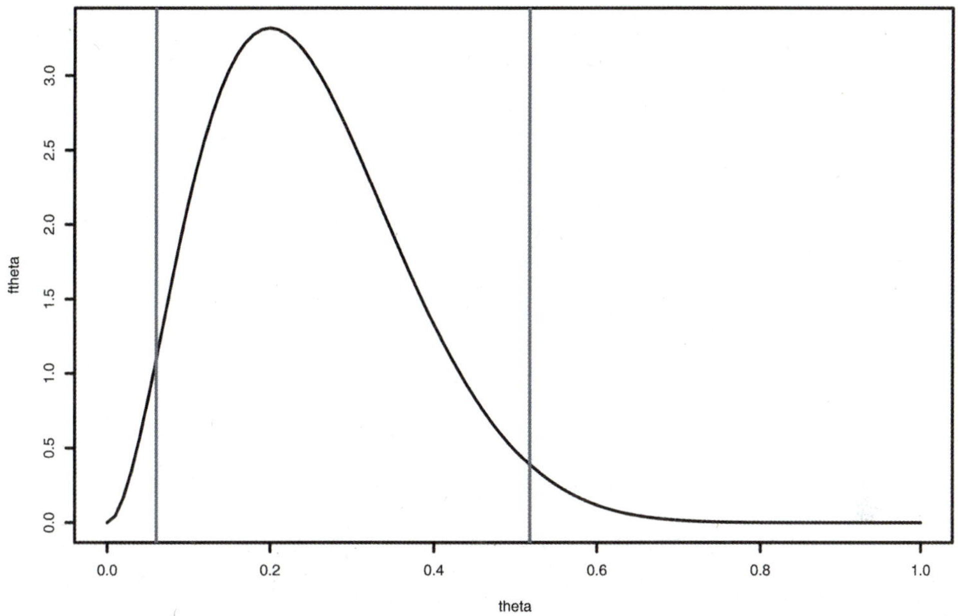

그림 1.3 Beta(3,9) 분포의 확률밀도함수와 95% 구간

1.6.3 겹쳐그리기

plot() 함수가 실행되면 새로운 그림창이 만들어지고 plot()에서 지정한 그림을 그려준다. lines() 함수는 새로운 창을 만들지 않고 기존의 plot 그림 위에 lines에서 지정한 그림을 겹쳐 그려준다. 또한 text() 함수를 사용하여 그림 속에 필요한 텍스트를 삽입할 수 있다. 마찬가지로 히스토그램 위에 lines() 함수를 사용하여 곡선을 겹쳐 그릴 수도 있다.

```
plot(theta,ftheta,type="l",xlab="theta",ylab="f(theta)")
ftheta2<-dbeta(theta,5,5)
lines(theta,ftheta2,lty=2)  # dotted line
text(0.8,0.6,"Beta(5,5)")
text(0.3,3.0,"Beta(3,9)")
title("Probability density function of Beta distribution")
```

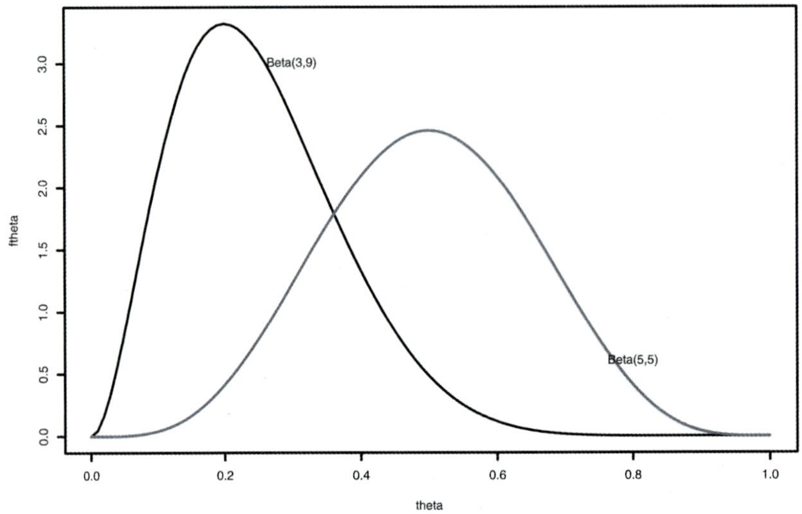

그림 1.4 Beta(3,9)와 Beta(5,5) 분포의 확률밀도함수

```
x<-rnorm(100)
hist(x, prob=T, xlab=expression(theta))
y<-seq(-3,3,length=100)
lines(y,dnorm(y))  # dnorm(y)= density of N(0,1) at y
```

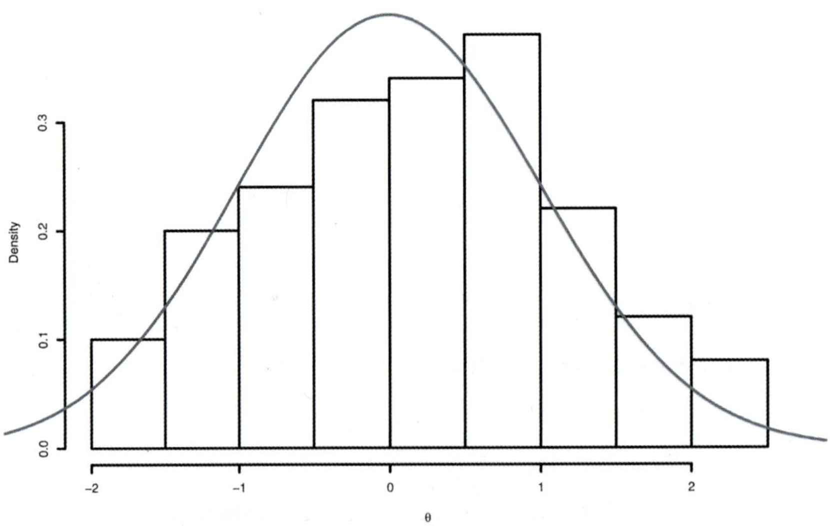

그림 1.5 100개 표준정규난수의 히스토그램과 표준정규분포의 확률밀도함수

1.6.4 다중 그림 그리기

한 페이지에 여러 장의 그림을 그리고자 하는 경우는 par() 함수에서 mfrow=c(nrow, ncol) 옵션을 지정하면 된다.

```
y<-c(0:11)
fy<-dpois(y,2)   # Poisson(2) density at y
yy<-c(0:100)
fyy<-dpois(yy,20)  # Poisson(20) density at yy
par(mfrow=c(1,2))  # par: plot에서의 option 지정, 다중 그림의 줄수는 1, 열수는 2
plot(y,fy,type="h")  # plot의 type은 히스토그램 형태로
plot(yy,fyy,type="h")
```

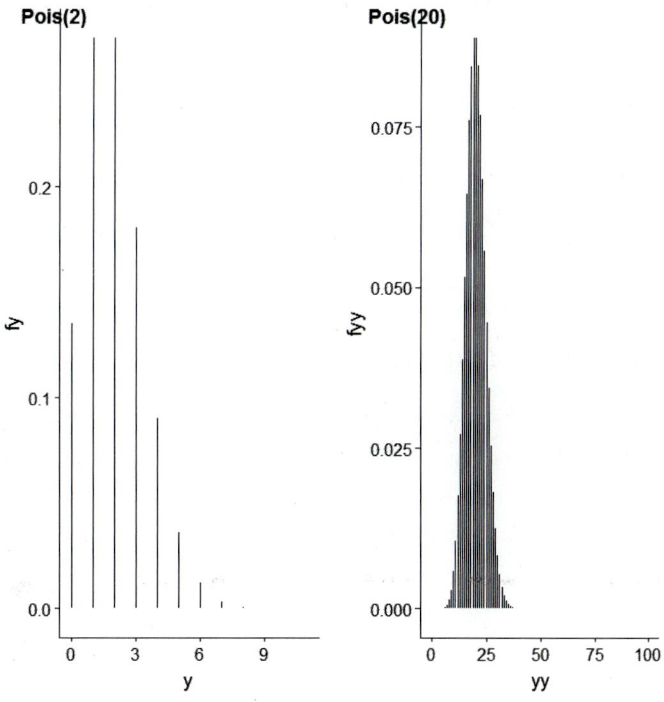

그림 1.6 Poisson(2)와 Poisson(20)의 확률밀도함수

1.7 사용자정의 함수

프로그램 작성 시 반복적으로 사용되는 루틴이 함수로 제공되면 편리할 것이다. 요구되는 함수를 R에서 제공하면 좋겠지만 그렇지 않은 경우에는 자신이 직접 함수를 만들어 사용할 수 있는데 사용자가 만든 함수를 사용자정의 함수라고 한다. 다변량 정규분포로부터 난수를 생성하는 함수 rmvnorm과 다변량 정규분포의 확률밀도함수를 계산하는 함수 dmvnorm을 사용자정의 함수로 만들어 보자.

```
####### 사용자정의 함수: 다변량정규난수 생성  ##########
 rmvnorm<-function(n, mu,Sig){
 p=length(mu)
 R=chol(Sig)
 z=matrix(rnorm(n*p),n,p)
 tt=z%*%R + matrix( mu, n, p, byrow=T)
 return(tt)
}

####### 사용자정의 함수: 다변량 정규분포의 확률밀도함수  ##########
dmvnorm<-function(y,mu,Sig){
   f=exp( -(length(mu)/2)*log(2*pi) -.5*log(det(Sig)) -.5*
            t(y-mu)%*%solve(Sig)%*%(y-mu)   )
return(f)
}
```

rmvnorm은 사용자가 임의로 정하는 함수 이름이고 function( ) 함수의 괄호 안에 인수들의 이름을 나열하는데, 이 인수들은 함수를 부를 때 값을 지정해 주어야 한다. function( ) 다음에 {... } 안에 함수의 수행 과정이 들어가며, return( ) 함수는 결과를 내보내 주는 명령이다.

t( ) 함수는 행렬의 전치(transpose), det( )는 행렬값(determinant), solve( )는 행렬의 역행렬, chol( )는 행렬의 Choleski decomposition을 결과로 주는 함수이다. 또 두 행렬 A와

B의 곱을 계산하는 명령어는 A%*%B이다. length()는 벡터의 길이를 계산한다.

1.8 3차원 그림 그리기

앞에서 만든 사용자정의 함수를 사용하여 3차원 그림을 그려보자.

```
mu<- c(0,0)
Sigma<-matrix(c(1, 0.7, 0.7, 1),ncol=2,nrow=2,byrow=T)
Ysim<-rmvnorm(1000,mu,Sigma)

p<-50
x<-seq(-3,3,length=p)
y<-x
fxy<-matrix(0,p,p)

for(i in 1:p){
  for(j in 1:p){
    xy<-c(x[i],y[j])
    fxy[i,j]<-dmvnorm(xy,mu,Sigma)
  }
}

z<-seq(0.02,0.22,length=6)
contour(x,y,fxy,levels=z) # set levels of the contour plot
points(Ysim)
image(x,y,fxy) # 그림 1.8
persp(x,y,fxy, theta=45) # 그림 1.9
```

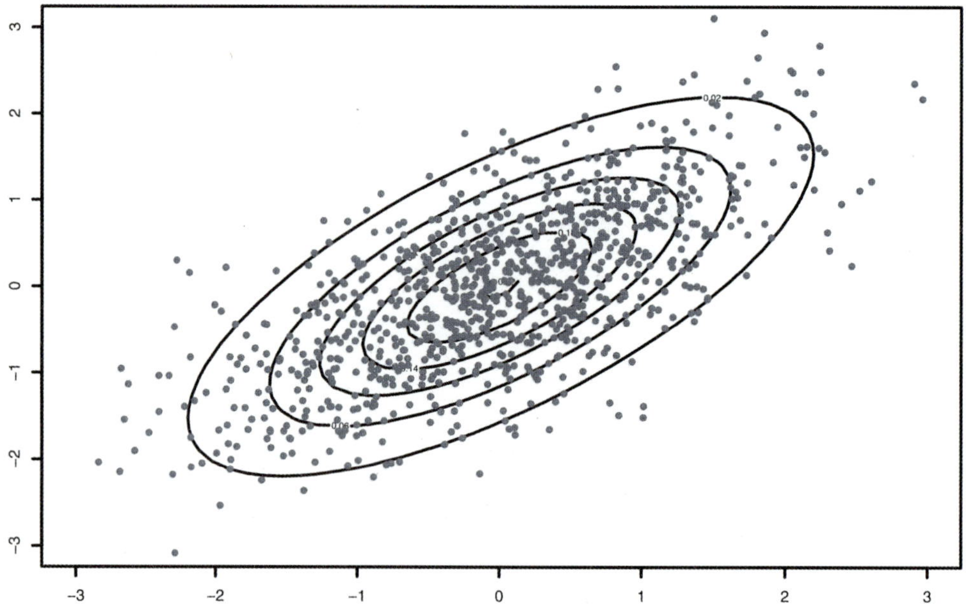

그림 1.7 상관계수가 0.7인 이변량정규난수의 산점도와 확률밀도함수

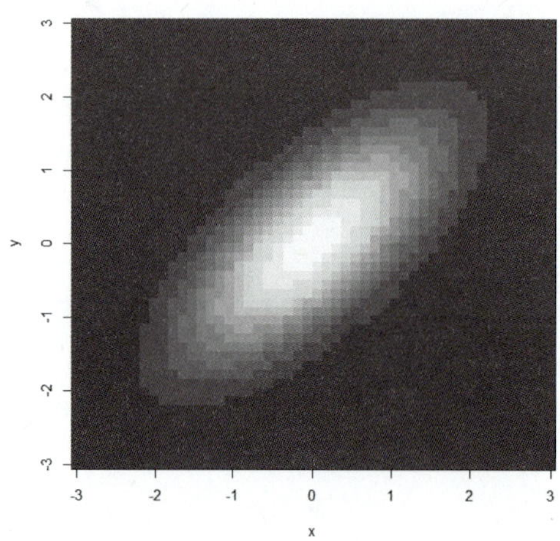

그림 1.8 그림 1.7의 이미지 그림

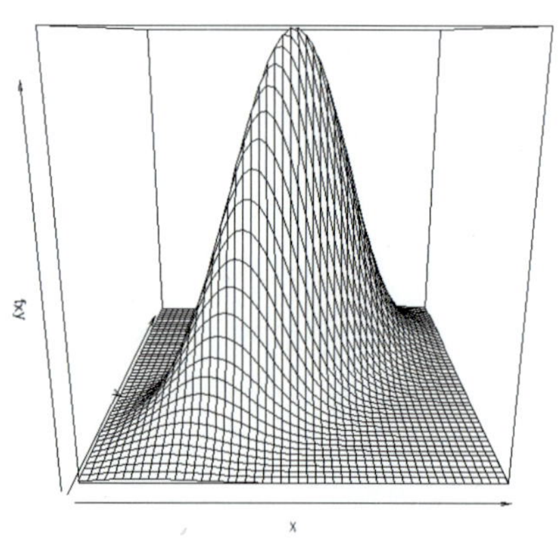

그림 1.9 그림 1.7의 3차원 입체 그림

1.9 도움말과 패키지 이용

R의 중요한 장점은 많은 내장함수들을 가지고 있다는 것이다. 그런데 이 내장함수들은 매우 다양한 옵션을 가지고 있기 때문에 가능한 옵션의 종류와 사용법을 모두 기억하기 어렵다. 이때 help() 함수는 매우 유용하게 사용될 수 있다. help를 실행하는 방법에는 메뉴의 [도움말]을 클릭하거나 R-Console에서 직접 입력하는 방법이 있다. help()는 help 명령에 관한 도움말을, ?plot 또는 help(plot)은 plot 명령문에 대한 도움말을 새로운 화면에 보여준다. ??plot은 plot과 관련된 보다 광범위한 도움말을 제공한다.

R이 가지고 있는 또 다른 커다란 장점은 많은 연구자들이 개발하여 제공하는 패키지를 자유로이 사용할 수 있다는 것이다. 패키지를 사용하는 방법을 간단히 설명하면 다음과 같다. 메뉴에서 [패키지]를 클릭한 다음 [패키지인스톨]을 선택한다. 다운로드할 국가로 Korea를 선택하면 패키지 리스트가 화면에 나타난다. 원하는 패키지를 선택하여 다운로드한 후 명령어 library(패키지이름)를 실행시키면 패키지에서 제공하는 함수들을 사용할 수 있다.

예를 들어 MCMCpack이라는 패키지에 역감마 분포로부터 난수를 생성하는 함수 rinvgamma가 존재한다. 이 함수를 사용하려면 먼저 MCMCpack을 설치해야 한다. 위의 절차를 따라 메뉴에서 [패키지]-[패키지인스톨]을 선택하고 국가로 Korea를 선택한 후 MCMCpack을 클릭하면 패키지가 다운로드된다. 또는 명령줄에서 install.packages("MCMCpack")를 실행시킨 다음 국가를 선택해도 된다.

패키지 설치 후 R 명령줄에서

```
library(MCMCpack)
```

를 실행시키면 MCMCpack에서 제공하는 함수들을 사용할 수 있다.

```
help(rinvgamma)
```

를 실행시키면 rinvgamma 함수 사용설명이 제공된다.

연습문제

➜ R을 이용하여 다음의 문제들을 해결하라.

1 다음은 학생들의 키(cm)와 체중(kg) 데이터이다.

(1) 이를 변수 height와 weight 자료로 입력하라.

(2) 각 학생의 BMI 지수를 계산하라. BMI=체중(kg)/(키(m)*키(m))이다.

(3) height, weight, BMI를 합쳐 physical이란 데이터 프레임을 만들어라.

(4) physical에서 BMI<20인 학생들의 자료를 따로 모아 under 이름의 자료에 저장하라.

키(cm)	163	157	178	190	150	167	183	153	160	172	168
체중(kg)	57	42	67	85	40	55	72	43	55	67	69

2 김대리의 지난 일년 동안 월별 교통비는 다음과 같다. (단위: 천 원)

월	1	2	3	4	5	6	7	8	9	10	11	12
금액	83	65	52	78	97	43	56	54	92	76	72	89

X축에 월, Y축에 교통비의 꺾은선 그래프를 그려라.

3 다음은 이화 중학교 학생들의 공부시간과 성적에 대한 자료이다.

시간	12	13	9	4	4	7	10	3	8	3	5	9	14	10	3	6	6	8	9
점수	97	90	89	85	63	75	80	55	78	42	63	78	88	92	82	72	45	72	80

(1) 공부시간과 성적의 산점도를 그려라.

(2) 공부시간을 독립변수(x)로, 점수를 종속변수(y)로 하는 선형회귀직선 $y = b_0 + b_1 x$을 구하라. 참고로,

$$\boldsymbol{b} = \begin{pmatrix} b_0 \\ b_1 \end{pmatrix}, \quad X = \begin{pmatrix} 1 & x_1 \\ 1 & x_2 \\ \vdots & \vdots \\ 1 & x_n \end{pmatrix}, \qquad Y = \begin{pmatrix} y_1 \\ y_2 \\ \vdots \\ y_n \end{pmatrix}$$

로 놓으면 $\boldsymbol{b} = (X'X)^{-1}X'Y$ 이다.

(3) (1)의 산점도 위에 (2)의 선형회귀직선을 겹쳐 그려라.

4 30명을 대상으로, 이용하고 있는 이동통신사를 조사하니 다음과 같은 결과가 나왔다. 이 자료에 대하여 히스토그램을 그려라.

A A B C B A A A B B C B C A C B A C C B A A B A C B A B B A

5 Beta(2,7) 분포의 확률밀도함수를 그리고, 그 위에 95% 신뢰구간을 표시하라. 베타 분포에 대해서는 3장을 참고하라.

6 자유도 4인 t분포의 확률밀도함수와 표준정규분포의 확률밀도함수를 겹쳐 그려라. t분포에 대해서는 3장을 참고하라.

7 행이 먼저 채워지도록 하여 1부터 35까지의 정수를 가지고 3×7 행렬을 만들어라. 이때 3행 6열의 값은 얼마인가?

8 이항분포 $B(n, 0.3)$의 확률밀도함수를 n=10, 20, 50, 100의 네 가지 경우에 대하여 2×2 다중 그림으로 나타내라.

9 함수 $f(x,y) = 2x^2 + 3y^2$에 대한 등고선도를 그려라.

02

확률과 베이즈 정리

2.1 확률의 공리

확률은 불확실성을 나타내는 측도로 그 불확실성의 정도를 0과 1 사이의 값으로 수량화한 것이다. 통계적 실험에서 모든 가능한 실험결과들의 집합을 표본공간(sample space)이라고 하고 보통 S로 표기한다. 이 통계적 실험에서 발생 가능한 결과를 사건 혹은 사상(event)이라고 한다. 랜덤한 실험에서 실험결과들이 항상 동일하게 발생하지 않기 때문에 사건들이 불확실성을 가지며 따라서 이들 사건들에 대한 불확실성, 다시 말하면 가능성을 나타낼 필요가 있다. 확률은 사건의 가능성의 측도로서 사건 A의 확률을 $P(A)$로 표기할 때 다음 세 가지 조건을 만족하여야 한다.

확률의 기본성질

I. 표본공간 S에서 임의의 사건 A에 대하여 $0 \leq P(A) \leq 1$이다.

II. $P(S)=1$이다.

III. 서로 배반인 사건 $A_1, A_2, ...$에 대하여

$$P(A_1 \cup A_2 \cup \cdots) = P(A_1) + P(A_2) + \cdots$$

이다.

2.2 조건부 확률

두 사건 A, B에 대하여 $P(B)>0$일 때, 사건 B가 참인 조건하에서 사건 A가 일어날 조건부 확률은

$$P(A|B) = \frac{P(A \cap B)}{P(B)}$$

로 정의한다. 조건부 확률은 표본공간이 S에서 B로 축소되었다는 것을 의미하며 2.1절에서의 확률적 공리를 그대로 만족한다.

조건부 확률의 기본성질

I. 임의의 사건 A에 대하여 $0 \le P(A|B) \le 1$이다.
II. $P(B|B) = 1$
III. 서로 배반인 사건 $A_1, A_2, \ldots$에 대하여

$$P(A_1 \cup A_2 \cup \cdots |B) = P(A_1|B) + P(A_2|B) + \cdots$$

이다.

예제 2.1

김미영씨의 옆집에 새로운 이웃이 이사를 왔다. 낮에 새로 이사온 가족의 엄마와 아들을 엘리베이터 앞에서 만났는데 자녀가 한 명 더 있다고 하였다. 김미영씨는 이웃집 아이들이 둘 다 아들일 확률을 계산하여 보기로 하였다. 먼저 옆집의 두 아이 중 최소한 한 아이가 아들인 사건을 A로 하고 두 아이가 모두 아들인 사건을 B로 하자. 사건 A는 이미 알고 있는 정보이므로 알고자 하는 것은 $P(B|A)$이다. 조건부 확률의 정의에 의하여 $P(B|A) = P(A \cap B)/P(A)$이다. $P(A \cap B)$는 두 아이가 모두 아들인 확률이므로 남자 여자가 태어날 확률이 같다고 본다면 $P(A \cap B) = 1/4$이다. 다음 표본공간 S는 여자아이를 F, 남자 아이를 M로 나타낼 때, $S = \{(F,F), (F,M), (M,F), (M,M)\}$이고, $A = \{(F,M), (M,F), (M,M)\}$이므로 $P(A)$
$= 3/4$이다. 따라서 $P(B|A) = \dfrac{1/4}{3/4} = 1/3$이다.

조건부 확률의 정의를 이용하면, $P(A) > 0$, $P(B) > 0$일 때

$$P(A \cap B) = P(B)P(A|B) = P(A)P(B|A)$$

가 성립함을 알 수 있다. 이 확률의 곱법칙(multiplication rule)은 사건 A와 B가 시간적 순서대로 일어날 때 유용하게 사용될 수 있다.

예제 2.2

서양 카드는 모두 52장으로 그 중 에이스가 4장 들어 있다. 52장의 카드 중 랜덤으로 2장을 차례로 뽑을 때 둘 다 에이스일 확률을 구해 보자. A를 첫 번째 카드가 에이스일 사건, B를 두 번째 카드가 에이스일 사건이라 하자. $P(A)=4/52$이다. 다음 $P(B|A)$는 이미 한 장의 에이스가 뽑힌 상태이므로 3/51이다. 따라서 우리가 구하고자 하는 확률은

$$P(A \cap B) = P(A)P(B|A) = \frac{4}{52} \cdot \frac{3}{51} = \frac{1}{221} = 0.0045$$

이다.

2.3 표본공간의 분할과 베이즈 정리

표본공간의 분할

k개의 사건들의 집합 $\{A_1, \cdots, A_k\}$가 다음의 두 성질을 만족할 때 $\{A_1, \cdots, A_k\}$를 표본공간 S의 분할(partition)이라고 한다.

1. $A_1, \cdots, A_k$가 서로 배반이다. 즉, 임의의 $i, j, i \neq j$에 대하여 $A_i \cap A_j = \phi$이다.
2. $P(\bigcup_{i=1}^{k} A_i) = 1$이다.

참고로 임의의 사건 A에 대하여 $\{A, A^c\}$는 분할이다.

$\{A_1, \cdots, A_k\}$가 분할(partition)일 때 임의의 사건 E에 대하여

$$P(E) = \sum_{i=1}^{k} P(E \cap A_i) = \sum_{i=1}^{k} P(E|A_i)P(A_i)$$

이다. 따라서 다음과 같은 베이즈 정리를 유도할 수 있다.

베이즈 정리

$$P(A_i|E) = \frac{P(A_i \cap E)}{P(E)} = \frac{P(E\,|\,A_i)P(A_i)}{\sum_{j=1}^{k} P(E\,|\,A_j)P(A_j)}.$$

임의의 사건 A에 대하여 $\{A, A^c\}$는 분할이므로

$$P(A|E) = \frac{P(E|A)P(A)}{P(E)} = \frac{P(E|A)P(A)}{P(E|A)P(A) + P(E|A^c)P(A^c)}$$

이다.

예제 2.3

갓 태어난 수지의 친아빠가 누구인지 밝혀내는 소송에서 다음과 같은 정보가 주어졌다. 엄마의 혈액형은 O형이며 아빠로 지목된 남자 Albert의 혈액형은 AB형이다. 소송을 진행하는 과정에서 수지의 혈액형을 조사하니 B형으로 나타났다. 수지의 혈액형이 B라는 사실을 사건 B로, Albert가 수지의 아빠일 사건을 F라고 하자.

우리가 구하고자 하는 것은 $P(F|B)$이다. 그런데 혈액형 이외에, 그동안 수지의 엄마와 Albert와의 관계 또는 주변 사람들의 증언 등에 의하여 Albert가 수지의 아빠일 가능성 $P(F)$를 추측할 수 있을 것이다. 이때 $P(F)$는 자료, 즉 혈액형을 측정하기 이전의 확률이므로 사전확률이라고 한다. 반면 $P(F\,|B)$는 자료측정 이후의 확률이므로 사후확률이라고 한다.

베이즈 정리에 의하여 $P(F|B)$를 구하면

$$P(F|B) = \frac{P(B|F)P(F)}{P(B|F)P(F) + P(B|F^c)P(F^c)}$$

이다. 이제 $P(B|F)$와 $P(B|F^c)$를 구하여 보자. Albert가 수지의 아빠일 경우 멘델의 법칙에 의하여 $P(B|F) = 0.5$이다. 또 $P(B|F^c)$를 생각해 보면 Albert가 수지의 아빠가 아닐 경우에도 수지의 혈액형이 B가 나올 수 있는데 이를 전체 코카시안 중에서 B형의 비율인 9%로 놓기로 하자. 이들을 위의 식에 대입하면

$$P(F|B) = \frac{0.5 \times P(F)}{0.5 \times P(F) + 0.09 \times P(F^c)} = \frac{50 \times P(F)}{41 \times P(F) + 9}$$

이다.

다음은 사전확률 $P(F)$과 사후확률 $P(F|B)$를 비교한 그림과 R 프로그램이다.

```
aa<-function(pf) 50*pf/(41*pf+9)
x<-c(0:10)*0.1
x
 [1] 0.0 0.1 0.2 0.3 0.4 0.5 0.6 0.7 0.8 0.9 1.0
prob<-aa(x)
prob
 [1] 0.0000000 0.3816794 0.5813953 0.7042254 0.7874016 0.8474576
0.8928571
  [8] 0.9283820 0.9569378 0.9803922 1.0000000
plot(x,x,type="l",xlab="P(F)",ylab="probability")
lines(x,prob,lty=2)
text( 0.6, 0.5, "prior")
text (0.4, 0.85, "posterior")
```

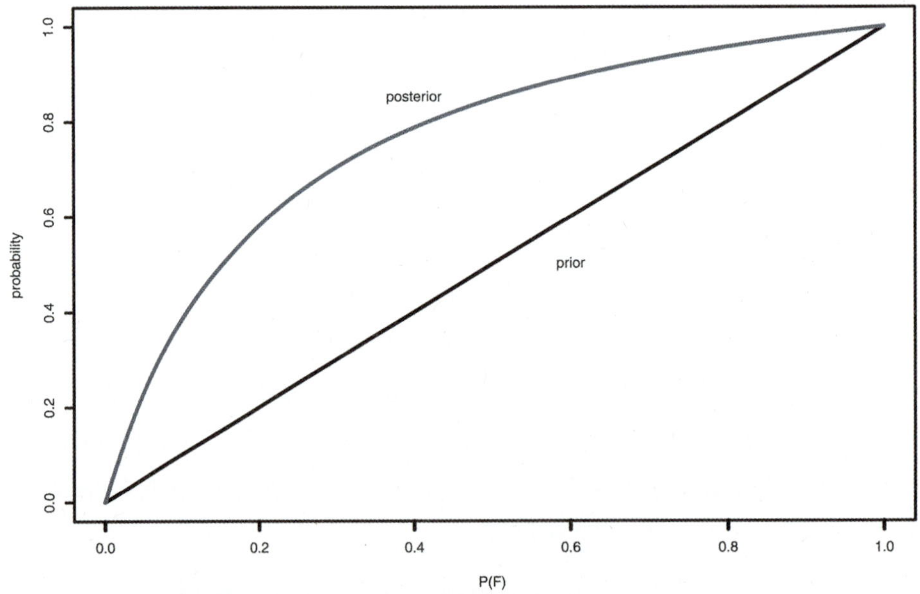

그림 2.1 사전확률과 사후확률

사전확률 $P(F)$가 0이나 1에 가깝지 않은 경우 $P(F)$에 비하여 $P(F|B)$가 상당히 큼을 알 수 있는데, 이는 사전증거가 확실치 않은 경우 혈액형에 의한 증거가 상당한 영향을 미침을 의미한다.

예제 2.4

동훈이는 매우 희귀한, 평균적으로 백만 명 중에 한명의 비율로 발생하는 암에 걸렸다는 검사결과를 통보받았다. 절망에 빠진 동훈이에게 통계학과 학생인 영아는 아마 검사결과가 잘못되었을 거라고 위로해 주었다. 그랬더니 동훈이가 하는 말이 이 검사는 매우 정확한 검사라고 의사가 말했다고 한다.

암에 실제로 걸린 사건을 C, 검사결과가 양성으로 나오는 사건을 A라고 할 때 $P(A|C) = 0.99$, $P(A|C^c) = 0.01$이라고 한다. 즉, 암에 걸렸는데 음성으로 잘못 판정할(false negative) 확률은 1%, 암이 아닌데 암으로 잘못 판정할(false positive) 확률은 1%로 다른 의학적 검사에 비하여 상당히 정확한 것이라고 한다. 영아는 베이즈 정리를 사용하여 동훈이가 양성판정을 받은 조건하에서 정말로 암에 걸렸을 확률을 구하여 보기로 하였다. 이를 위하여 다음과 같은 질문을 생각해 보자.

질문 1 검사 이전에 동훈이가 암에 걸렸을 확률(사전확률, prior probability)은 얼마로 추정할 수 있을까?

답 검사 이전에는 동훈이를 전체 인구 중의 한 명으로 보는 것이 적절하므로, 동훈이가 암에 걸렸을 확률 $P(C)$는 백만분의 일, 즉 10^{-6}로 놓을 수 있다.

질문 2 검사 후 동훈이가 암에 걸렸을 사후확률(posterior probability)은 얼마로 추정할 수 있을까?

답 베이즈 정리에 의하여

$$P(C|A) = \frac{P(A|C)P(C)}{P(A|C)P(C)+P(A|C^c)P(C^c)} = \frac{0.99\times10^{-6}}{0.99\times10^{-6}+0.01\times(1-10^{-6})}$$

$$= 9.899\times10^{-5} = 0.00009899$$

이다.

질문 3 사후확률과 사전확률의 비율은 얼마인가? 비율이 얼마나 달라졌는지, 달라진 이유는 무

것일지 설명하라.

답 사후확률이 0.00009899로 그 값은 무척 작다. 그러나 사전확률과의 비율을 구해보면 98.99로 거의 100배 크다. 즉, 검사결과가 양성으로 나옴으로써 암에 걸렸을 확률이 100배 커진 것인데, 이유는 검사가 비교적 정확한 검사이기 때문이다. 그러나 이 암이 무척 희귀한 암으로 사후확률 자체는 아직 무척 작은 값이다.

예제 2.5

어떤 상품을 생산하는 기계장치가 있다. 과거의 기록에 따르면 이 기계의 성능이 원활한 때에는 부품 중 95%가 양품(정상 제품)이나 그렇지 못할 때는 단지 70%가 양품이라고 한다. 공정 관리자는 생산되는 부품의 품질을 관찰하다가 기계의 성능이 의심스러워지면 생산을 멈추고 기계의 이상을 수리하고자 한다. 처음 12개의 부품 품질을 관찰한 결과 S=양품(Satisfactory), U=불량품(Unsatisfactory)으로 표시할 때 다음과 같았다. 단, 12개의 제품은 서로 독립적으로 생산된다.

$$S, U, S, S, S, S, S, S, S, U, S, U$$

품질검사 이전의 관찰 결과에 의하면 평균적으로 기계가 원활히 작동하는 경우가 90% 정도였다. 따라서 기계가 원활히 작동될 사전확률을 0.9라고 하자. 다음, 품질검사에서 부품 상태가 순서적으로 관측되므로 매 관찰시점 후 기계의 상태가 이상이 없을 사후확률을 구해 보자.

기계 상태가 이상이 없는 사건을 O라고 하면 $P(S|O)=0.95$, $P(S|O^c)=0.70$이다. 처음 S가 관측된 직후 기계의 상태가 이상이 없을 사후확률을 구해 보면

$$P(O|{}^1S)=\frac{P({}^1S|O)P(O)}{P({}^1S|O)P(O)+P({}^1S|O^c)P(O^c)}$$
$$=\frac{0.95\cdot P(O)}{0.95\cdot P(O)+0.70\cdot P(O^c)} \tag{2.1}$$

이다. 참고로, 만약 첫 제품이 S 대신 U가 관측되었다면 기계의 상태가 이상이 없을 사후확률은

$$P(O|{}^1U)=\frac{P({}^1U|O)P(O)}{P({}^1U|O)P(O)+P({}^1U|O^c)P(O^c)} \tag{2.2}$$
$$=\frac{0.05\cdot P(O)}{0.05\cdot P(O)+0.30\cdot P(O^c)}$$

일 것이다. 식 (2.1)과 (2.2)에서 $P(O)$는 자료가 관측되기 전에 기계가 정상일 확률이므로 이를 사전확률이라고 하고, $P(O|^1S)$와 $P(O|^1U)$는 자료정보를 고려한 후 계산된 확률이므로 사후확률이라고 한다.

실제 관측결과를 보면 두 번째는 불량품이 관측되었으므로 두 번째 결과가 관측된 직후의 사후확률은

$$\begin{aligned} P(O|^1S,{}^2U) &= \frac{P(^2U\,|\,O,{}^1S)P(O|^1S)}{P(^2U\,|\,O,{}^1S)P(O|^1S)+P(^2U\,|\,O^c,{}^1S)P(O^c|^1S)} \\ &= \frac{P(^2U\,|\,O)P(O|^1S)}{P(^2U\,|\,O)P(O|^1S)+P(^2U\,|\,O^c)P(O^c|^1S)} \\ &= \frac{0.05\cdot P(O|^1S)}{0.05\cdot P(O|^1S)+0.30\cdot P(O^c|^1S)} \end{aligned} \tag{2.3}$$

이다. 같은 방법으로 세 번째 결과가 관측된 직후의 사후확률은

$$\begin{aligned} &P(O|^1S,{}^2U,{}^3S) \\ &= \frac{P(^3S\,|\,O,{}^1S,{}^2U)P(O|^1S,{}^2U)}{P(^3S\,|\,O,{}^1S,{}^2U)P(O|^1S,{}^2U)+P(^3S\,|\,O^c,{}^1S,{}^2U)P(O^c|^1S,{}^2U)} \\ &= \frac{P(^3S\,|\,O)P(O|^1S,{}^2U)}{P(^3S\,|\,O)P(O|^1S,{}^2U)+P(^3S\,|\,O^c)P(O^c|^1S,{}^2U)} \\ &= \frac{0.95\cdot P(O|^1S,{}^2U)}{0.95\cdot P(O|^1S,{}^2U)+0.70\cdot P(O^c|^1S,{}^2U)} \end{aligned} \tag{2.4}$$

이다. 식 (2.3)과 (2.4)를 보면 식 (2.1),(2.2)와 동일한 형식을 갖는데, 단지 사전확률 $P(O)$ 대신에 식 (2.3)에서는 첫 번째 관측값 이후의 사후확률인 $P(O|^1S)$이, 그리고 식 (2.4)에서는 두 번째 관측값 이후의 사후확률인 $P(O|^1S,{}^2U)$이 사전확률의 역할을 하고 있음을 볼 수 있다. 다시 말하면, 정보가 하나씩 추가될 때마다 바로 이전의 사후확률이 사전확률로 바뀌고 이에 자료정보가 추가되어 사후확률이 개선(update)되는 과정이 반복된다. 따라서 자료수집 도중에 그 시점에서의 사후확률을 근거로 원하는 결정을 내릴 수 있다.

자료가 추가될 때마다 축차적으로(sequentially) 사후확률을 개선해 나가는 작업을 R 프로그램으로 구현하면 다음과 같다.

```
post.prob<-function(s,prior){
```

```
if (s==1) post<- 0.95*prior/(0.95*prior+0.7*(1-prior))
else post<-0.05*prior/(0.05*prior+0.3*(1-prior))
return(post)
}

prior<-c(1:13)
post<-c(1:12)
data<-c(1,0,1,1,1,1,1,1,1,0,1,0)   # 1=s,  0=u
prob<-matrix(0,12,2)

prior[1]<-0.9
for(i in 1:12) {
post[i]<-post.prob(data[i],prior[i])
prob[i,]<-c(prior[i], post[i])
prior[i+1]<-post[i]
}
prob
          [,1]      [,2]
 [1,] 0.9000000 0.9243243
 [2,] 0.9243243 0.6705882
 [3,] 0.6705882 0.7342373
 [4,] 0.7342373 0.7894495
 [5,] 0.7894495 0.8357571
 [6,] 0.8357571 0.8735119
 [7,] 0.8735119 0.9035891
 [8,] 0.9035891 0.9271111
 [9,] 0.9271111 0.9452420
[10,] 0.9452420 0.7420707
[11,] 0.7420707 0.7961074
[12,] 0.7961074 0.3942173
```

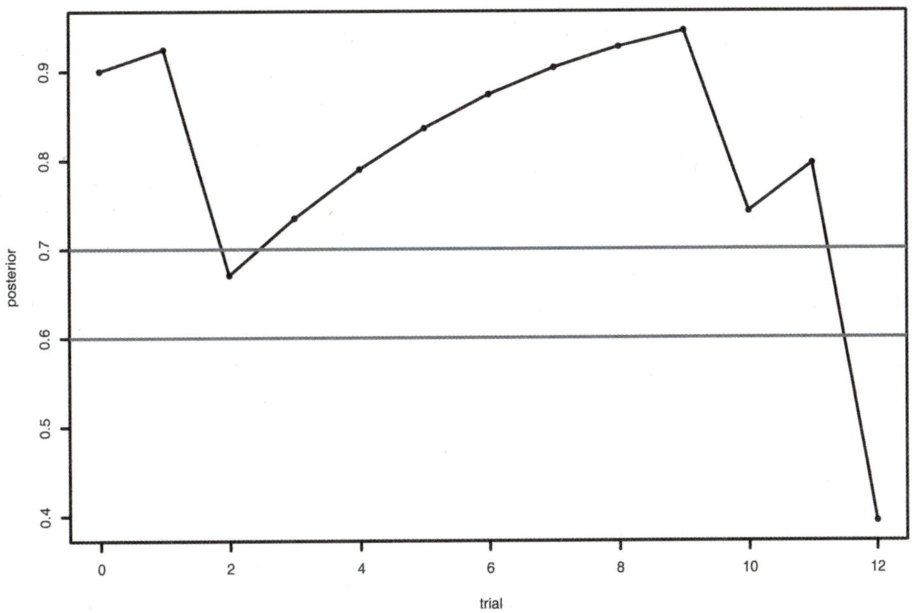

그림 2.2 예 2.5에서 기계가 정상일 확률의 변화

그림 2.2는 0번 시행(첫 번째 관측치 이전)부터 12번째 시행까지 기계가 정상일 확률을 표시한 것이다.

질문 1 만일 기계 상태가 이상이 없을 확률이 0.7 이하일 때 기계의 작동을 멈추고 싶다면 언제 생산을 중단시켜야 하는가?

답 2번째

질문 2 기계 상태가 이상이 없을 확률이 0.6 이하일 때 기계의 작동을 멈추고 싶다면 언제 생산을 중단시켜야 하는가?

답 12번째

2.4 독립성

사건의 독립

두 사건 A와 B에 대하여 $P(A \cap B) = P(A)P(B)$이면 A와 B는 서로 독립이다.

조건부 독립

$P(H) > 0$인 사건 H와 두 사건 A와 B에 대하여 $P(A \cap B|H) = P(A|H)P(B|H)$이면 A와 B는 H가 주어진 조건하에서 서로 조건부 독립이다.

확률의 곱법칙에 의하여 $P(A \cap B|H) = P(A|H)P(B|A \cap H)$이다. 따라서 A와 B가 H가 주어졌을 때 조건부 독립이면 $P(A \cap B|H) = P(A|H)P(B|H)$이므로 위의 두 식을 결합하면 $P(B|H) = P(B|A \cap H)$가 성립한다. 즉, H가 주어졌을 때 A가 추가되는 것이 B에 대한 정보를 아는 데 영향을 미치지 않는다.

연습문제

1 어느 도시에 거주하는 주민들 중 약 0.2%가 색맹이라고 하자. 특정 색맹검사에 대한 다음의 정보가 주어져 있다. 만약 어떤 사람이 색맹이라면 검사가 이를 옳게 판정할 확률은 0.98이다. 한편, 만약 어떤 사람이 색맹이 아니라면 검사가 그 사람을 색맹인 것으로 잘못 판정할 확률이 0.001이다.

(1) 랜덤으로 뽑힌 주민에게 이 색맹검사를 실시한 결과 색맹이라고 한다. 이 주민이 색맹일 사후확률을 구하라.

(2) 위의 주민에게 두 번째 검사를 실시한 결과 두 번째 검사도 색맹이라고 한다. 이 주민이 색맹일 사후확률을 구하라.

2 한 아이가 2개의 초콜릿 상자를 가지고 있다. 상자 A에는 6개의 밀크 초콜릿과 4개의 다크 초콜릿이 있고, 상자 B에는 3개의 밀크 초콜릿과 7개의 다크 초콜릿이 들어 있다. 아이가 한 상자를 선택하는데 상자 A를 선택할 확률은 $P(A)=2/3$이고, 상자 B를 선택할 확률은 $P(B)=1/3$이다. 선택된 상자로부터 하나의 초콜릿이 선택되었는데, 만약에 이것이 다크 초콜릿이면 사건 D가 발생되었다고 한다. 선택된 상자로부터 각 초콜릿이 선택될 확률이 동일하다고 할 때 $P(A|D)$와 $P(B|D)$를 구하라.

3 만약에 A와 B가 독립사건들이라면 다음 사건들도 독립임을 보여라.

(1) A와 B^c

(2) A^c와 B

4 (Lee p.10, 1989) 쌍둥이는 일란성 쌍둥이(Monozygotic)와 이란성 쌍둥이(Dizygotic)가 있다. 일란성 쌍둥이는 하나의 난자로부터 나온 경우로 외모가 매우 비슷하다. 그러나 일란성 쌍둥이의 경우도 외모가 항상 똑같지는 않으며 이란성 쌍둥이도 외모가 매우 흡사한 경우가 있으므로 단지 외모만으로 일란성인지 이란성인지 판단하는 데는 문제가 있다. 그런데 일란성 쌍둥이의 경우는 항상 같은 성별을 가지며 이란성인 경우는 성별이 다를 수 있다. 따라서 쌍둥이의 성별을 순서 상관없이 BB, GG, GB의 세 경우로 나눌 수 있다. B는 남자(Boy), G는 여자(Girl)를 의미한다.

(1) 일란성 쌍둥이 (M)인 조건하에서 각 사건 BB, GG, GB의 조건부 확률을 구하라. 단, 남녀의 확률은 같다고 가정한다.

(2) 이란성 쌍둥이 (D)인 조건하에서 각 사건 BB, GG, GB의 조건부 확률을 구하라.

(3) $P(GG)$을 $P(M)$의 식으로 표시하라. 참고로, 쌍둥이만 대상으로 했으므로 $P(D) = 1 - P(M)$이다.

5 항아리 속에 10개의 공이 있다. 이들 중 3개는 빨갛고 5개는 하얗고 2개는 파랗다. 3개의 공을 비복원으로 랜덤하게 집었을 때, 3개 중에 1개가 빨간 공이라는 조건하에서 각 색의 공이 1개씩일 조건부 확률을 계산하라.

6 한 자동차회사는 3개의 공장을 가지고 있는데 제1공장은 전 생산량의 50%, 제2공장은 전 생산량의 30%, 제3공장은 전 생산량의 20%를 생산하고 있다. 각 공장별 생산품의 불량률은 제1공장이 2%, 제2공장이 2%, 제3공장이 5%이다. 한 고객이 그 회사의 자동차 가운데 하나를 랜덤으로 선택하여 구입해 갔을 때 불량으로 인한 사고가 났다고 하자. 그 제품이 제2공장에서 생산되었을 확률은 얼마인지 계산하라.

03

확률변수와 확률분포

3.1 기본 용어

통계조사나 실험 등을 통하여 얻은 자료 자체보다는 그 결과를 수치적으로 변환한 값에 관심을 갖는 경우가 많다. 예를 들면, 두 개의 주사위를 던졌을 때 두 눈의 합이 관심이거나, 어떤 정책에 대한 선호도 조사에서 정책에 찬성하는 사람들의 수에 관심을 갖는 것 등이다. 이처럼 표본공간의 사건 또는 원소를 실수값으로 변환하는 함수를 확률변수(random variable) 또는 간단히 변수라고 한다. 표본공간의 사건이 랜덤으로 나타날 수 있으므로 변수의 값도 랜덤이며 가능한 값들에 대하여 확률분포를 갖는다.

모수는 평균, 분산, 비율 등 모집단의 특성을 나타내는 값이다. 미지의(unknown) 관심 모수를 θ라 하고, 이와 관련 있는 변수를 X, 그리고 통계조사나 통계적 실험 등으로부터 얻은 변수 X의 관측값을 x라고 하자. 여러 개의 모수와 변수에 관심이 있는 경우, 이들 X, x, θ는 벡터로 주어질 수 있으며 이때는 $\boldsymbol{X}=(X_1,\cdots,X_n)$, $\boldsymbol{x}=(x_1,\cdots,x_n)$, $\boldsymbol{\theta}=(\theta_1,\cdots,\theta_p)$로 표시하기로 한다. 또 변수 X의 가능한 값들의 집합을 표본공간이라 하며 이를 로 표시하기로 한다.

예제 3.1

이화여대 학생들의 한 달 평균 용돈을 알아보고자 한다. 전체를 다 조사하기 전에는 평균 용돈을 모르므로 우리는 이를 미지의 관심모수 θ라고 하자. 이대생 전체를 다 조사하기에는 어려움이 따르므로 랜덤으로 100명을 택하여 이들의 한 달 용돈을 조사하여 얻은 자료로부터 θ를 추정하고자 한다. 이때 선택된 100명의 용돈을 $X_1,\cdots,X_{100}$이라고 하자. 즉, 열 번째 학생의 용돈을 X_{10}으로 나타낸다. 실제로 표본을 추출하여 자료를 조사하기 전에는 이들 X값들을 알 수 없다. 왜냐하면 누가 랜덤으로 뽑힐지 모르기 때문이다. 따라서 X는 이대생들이 가지고 있는 여러 가지 속성들 중에서 우리가 관심 있는 변수(variable)이다.

이제 100명을 랜덤으로 추출하였다. 즉, 표본이 정해진 것이다. 이들 표본으로 뽑힌 사람들로부터 용돈을 조사하면 각자의 용돈액수는 $X_1,\ldots,X_{100}$의 관측값인 $x_1,\cdots,x_{100}$이다. 예를 들어 열 번째 학생의 용돈이 한 달 20만원이라면 $x_{10}=20$만원으로, x_{10}은 X_{10}의 관측값, 즉 상수이다.

3.2 이산분포

3.2.1 정의

이산변수란 X의 가능한 값들 $\quad = \{x_1, x_2, \cdots\}$이 셀 수 있는 변수를 말한다. 예를 들면, 하루 동안 서대문구에서 발생하는 교통사고 건수(count data), 남성을 0으로 여성을 1로 표시한 이항변수 등이 이산변수이다.

이산변수 X의 확률밀도함수, 누적분포함수, 평균, 분산은 다음과 같이 정의된다.

이산변수의 확률밀도함수

각 $x \in \quad$ 에 대하여 $f(x) = P(X = x)$를 X의 확률밀도함수라고 한다. $f(x)$의 성질은 다음과 같다.

- 모든 x에 대해서 $0 \le f(x) \le 1$이다.
- $\sum_{x \in} f(x) = 1$이다.
- 서로 겹치지 않는 임의의 부분집합 A와 B에 대하여

$$P(X \in A \cup B) = P(X \in A) + P(X \in B) = \sum_{x \in A} f(x) + \sum_{x \in B} f(x)$$

이다.

누적분포함수

각 $x \in \quad$ 에 대하여 $F(x) = P(X \le x)$를 X의 누적분포함수라고 한다.

평균(mean)과 분산(variance)

이산변수 X의 평균과 분산은 각각

$$E(X) = \sum_{x\in} xf(x)\ ,\ Var(X) = \sum_{x\in}(x-E(X))^2 f(x)$$

이다.

3.2.2 자주 사용되는 이산분포

▌ 베르누이 분포

시행의 결과가 성공 혹은 실패 중의 하나로 주어지는 베르누이 시행을 한 번 실시했을 때 결과가 성공이면 $X=1$, 실패면 $X=0$으로 나타낸다고 하자. 성공 확률을 θ라고 하면 X의 확률밀도함수는

$$f(x|\theta) = P(X=x|\theta) = \theta^x(1-\theta)^{1-x},\ x=0,1,$$

이다. 이때 변수 X가 베르누이 분포를 따른다고 하며 $X \sim Ber(\theta)$로 나타낸다. $E(X)=\theta$, $Var(X)=\theta(1-\theta)$이다. ◆

▌ 이항분포

성공확률이 θ인 베르누이 시행을 독립적으로 n번 반복했을 때 성공 횟수를 X라고 하면 X의 확률밀도함수는

$$f(x|\theta) = P(X=x|\theta) = \binom{n}{x}\theta^x(1-\theta)^{n-x}\ ,\ x=0,1,2,\cdots,n,$$

이다. 위 식에서 $\binom{n}{x} = \frac{n!}{x!(n-x)!}$이다. 이때 X는 이항분포를 따른다고 하며 이를 $X \sim B(n,\theta)$로 나타낸다. X의 평균과 분산은 $E(X)=n\theta$, $Var(X)=n\theta(1-\theta)$이다. ◆

다음은 $B(10,\ 0.3)$로부터 랜덤표본 1,000개를 생성하여 표본의 히스토그램, 표본평균과 표본분산을 계산하는 R 프로그램이다. 표본평균과 분산을 실제 평균, 분산과 비교하여 보자.

```
hist( x<-rbinom(1000,10,0.3))
mean(x)
var(x)
```

이항분포는 n이 클 경우 정규분포로 근사시킬 수 있다. $\theta = 0.3$으로 고정시켰을 때 $n = 10$과 $n = 50$ 각각에 대해 1,000개의 난수를 발생시켜 얻은 히스토그램과 정규확률밀도함수를 겹쳐 그린 그림 3.1을 보자. $n = 10$일 때는 정규근사가 다소 정확하지 않지만, $n = 50$일 때는 매우 정확히 근사시킴을 볼 수 있다.

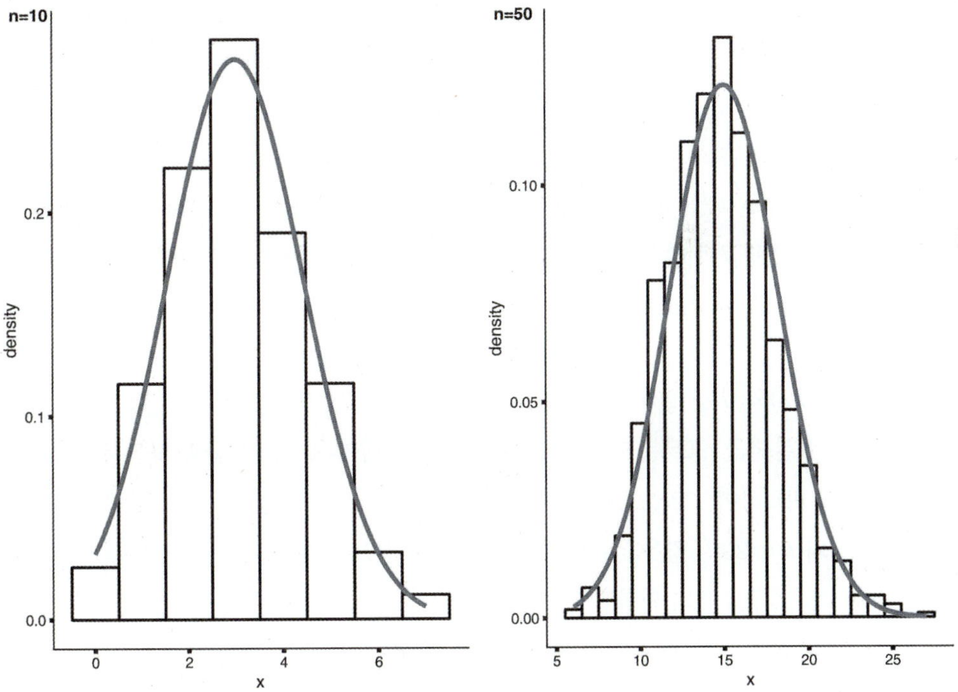

그림 3.1 이항분포의 정규근사

```
par(mfrow=c(1,2))
n=10; p=0.3
hist( x<-rbinom(1000,n,p), prob=T, xlab="n=10", ylim=c(0,0.3), main="")
curve(dnorm(x,n*p,sqrt(n*p*(1-p))), from=0, to=8, type="l" ,add=T)
n=50; p=0.3
hist( x<-rbinom(1000,n,p), prob=T, xlab="n=50", ylim=c(0,0.14), main="")
mu=n*p; sd=sqrt(n*p*(1-p))
curve(dnorm(x,mu,sd), from=mu-3*sd, to=mu+3*sd, type="l" ,add=T)
```

포아송 분포

포아송 분포는 보통 특정 시간 동안 발생한 사건의 횟수에 대한 분포이다. 단위 시간에 어떤 사건이 평균적으로 θ번 발생한다고 할 때 단위 시간 동안 발생되는 사건의 수 X의 확률밀도함수는

$$f(x|\theta) = P(X = x|\theta) = \frac{e^{-\theta}\theta^x}{x!}\ ,\ x = 0,1,2,\cdots$$

이다. 이때 X는 평균 θ를 갖는 포아송 분포를 따른다고 하며 이를 $X \sim Poi(\theta)$로 나타낸다. 포아송 변수 X의 평균과 분산은 $E(X) = \theta$, $Var(X) = \theta$이다. 참고로 포아송 분포는 평균 θ를 갖는 이산분포 중 최소정보/최대 퍼짐성(최대 entropy)을 갖는 분포이다. ◆

다음은 $Poi(2)$와 $Poi(20)$의 확률밀도함수를 그려보고, $Poi(2)$로부터 3000개의 난수를 생성하여 표본평균, 표본분산을 계산하는 R 프로그램이다. 표본평균과 표본분산을 실제 평균, 분산과 비교하여 보자. 또한 포아송 분포는 평균 θ가 크면 정규분포로 근사시킬 수 있다. $\theta = 2$와 $\theta = 20$인 경우 각각에 대하여 포아송 분포의 확률밀도함수와 해당하는 평균과 분산을 갖는 정규분포의 확률밀도함수를 비교한 것이 그림 3.2이다. $\theta = 2$인 경우에 비하여 $\theta = 20$인 경우 근사가 월등히 좋아졌음을 볼 수 있다.

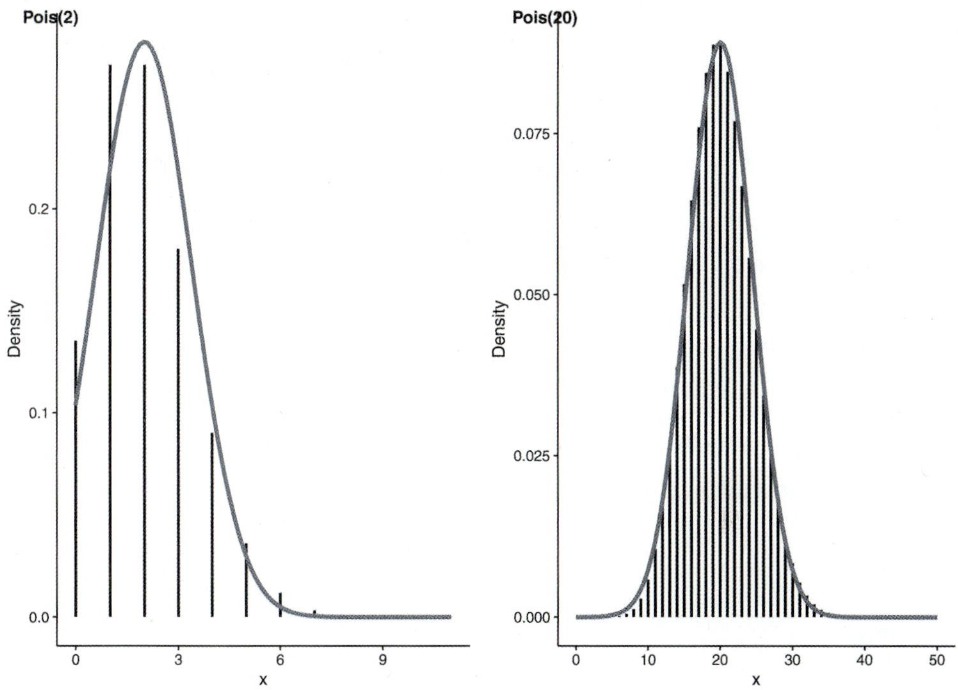

그림 3.2 포아송 분포의 정규근사

```
par(mfrow=c(1,2))
x<- c(0:12)
plot( x,dpois(x,2), xlab="x", ylab="p(x|theta=2)", type="h" )
lines( x,dnorm(x,2, sqrt(2)), lty=1 )
x<-c(0:100)
plot( x,dpois(x,20), xlab="x", ylab="p(x|theta=20)", type="h" )
lines( x,dnorm(x,20, sqrt(20)), lty=1 )
rx <- rpois(3000,2)
mean.x <- mean(rx)
var.x <- var(rx)
```

음이항분포

성공확률이 θ인 베르누이 시행의 독립적 반복에서 r번째 성공 이전에 있었던 실패의 횟수를 X라고 하면 X의 확률밀도함수는

$$f(x|\theta)=P(X=x|\theta)=\binom{x+r-1}{x}\theta^r(1-\theta)^x \ , \ x=0,1,2,\cdots$$

로 주어진다. 이때 X는 음이항분포를 따른다고 하며 $X\sim NB(r,\theta)$로 나타낸다. 음이항분포의 평균과 분산은 $E(X)=r(1-\theta)/\theta$, $Var(X)=r(1-\theta)/\theta^2$이다. ◆

다음은 $NB(10,0.2)$ 분포의 확률밀도함수를 그리는 R 프로그램이다.

```
x<-seq(0:100)
plot(x,dnbinom(x,10,0.2),type="h",xlab="y",
     ylab="f(y|r=10,theta=0.2)")
title("Density function of NB(10,0.2)")
```

3.3 연속분포

3.3.1 정의

확률변수 X가 어떤 구간에 속하는 임의의 값을 취할 수 있는 경우 X의 원소는 셀 수 없는데, 이때 X를 연속확률변수(continuous random variable)라고 한다. 예를 들어 $\mathfrak{X}=\{모든\ 실수\}$라고 하자. 이때는 $f(x)=P(X=x)$로 정의할 수 없다. 왜냐하면 무수히 많은 x가 존재하여 $f(x)$가 양의 수라면 $\sum_{x\in\mathfrak{X}}f(x)=\infty$가 되기 때문이다.

그렇다면 $f(x)$ 대신 누적분포함수 $F(x)=P(X\le x)$를 생각해 보자. $F(x)$는 확률이기 때문에 $F(-\infty)=0$, $F(\infty)=1$이고, $a<b$이면 $F(a)\le F(b)$를 항상 만족하는데, 이 $F(x)$에 대응하여 다음 관계식을 만족하는 0 또는 양수값을 가지는(non-negative) 함수 $f(x)$가 항상 존재한다.

$$F(a)=\int_{-\infty}^{a}f(x)dx$$

이때의 $f(x)$를 X의 확률밀도함수라고 하며, $f(x)$는 이산변수의 밀도함수와 거의 동일한 성질을 갖는다.

연속변수의 확률밀도함수

- 모든 $x \in \mathfrak{X}$에 대하여 $f(x) \geq 0$이다.
- $\int_{x \in \mathfrak{X}} f(x) dy = 1$
- 서로 배반인 임의의 부분집합 A와 B에 대하여

$$P(X \in A \cup B) = P(X \in A) + P(X \in B) = \int_{X \in A} f(x) dx + \int_{X \in B} f(x) dx$$

가 성립한다.

연속변수에서는 이산변수와 달리 $f(x) \leq 1$인 조건이 필요치 않다. 연속변수 X의 평균과 분산은 각각 $E(X) = \int_{x \in \mathfrak{X}} x f(x) dx$, $Var(X) = \int_{x \in \mathfrak{X}} (x - E(X))^2 f(x) dx$로 정의된다. 이산변수의 경우와 비교하면 단지 합이 적분으로 바뀌었음을 알 수 있다.

3.3.2 자주 사용되는 연속분포들

균일분포(Uniform distribution)

주어진 구간 (α, β)에서 균일한 확률밀도함수

$$f(x|\alpha, \beta) = \frac{1}{\beta - \alpha} \ , \ \alpha < x < \beta \ , \ \beta > \alpha$$

를 갖는 변수 X는 균일분포를 따른다고 하며 $X \sim U(\alpha, \beta)$로 표시한다.

$$E(X) = \frac{\alpha + \beta}{2} \ , \ Var(X) = \frac{(\beta - \alpha)^2}{12}$$

이다. ◆

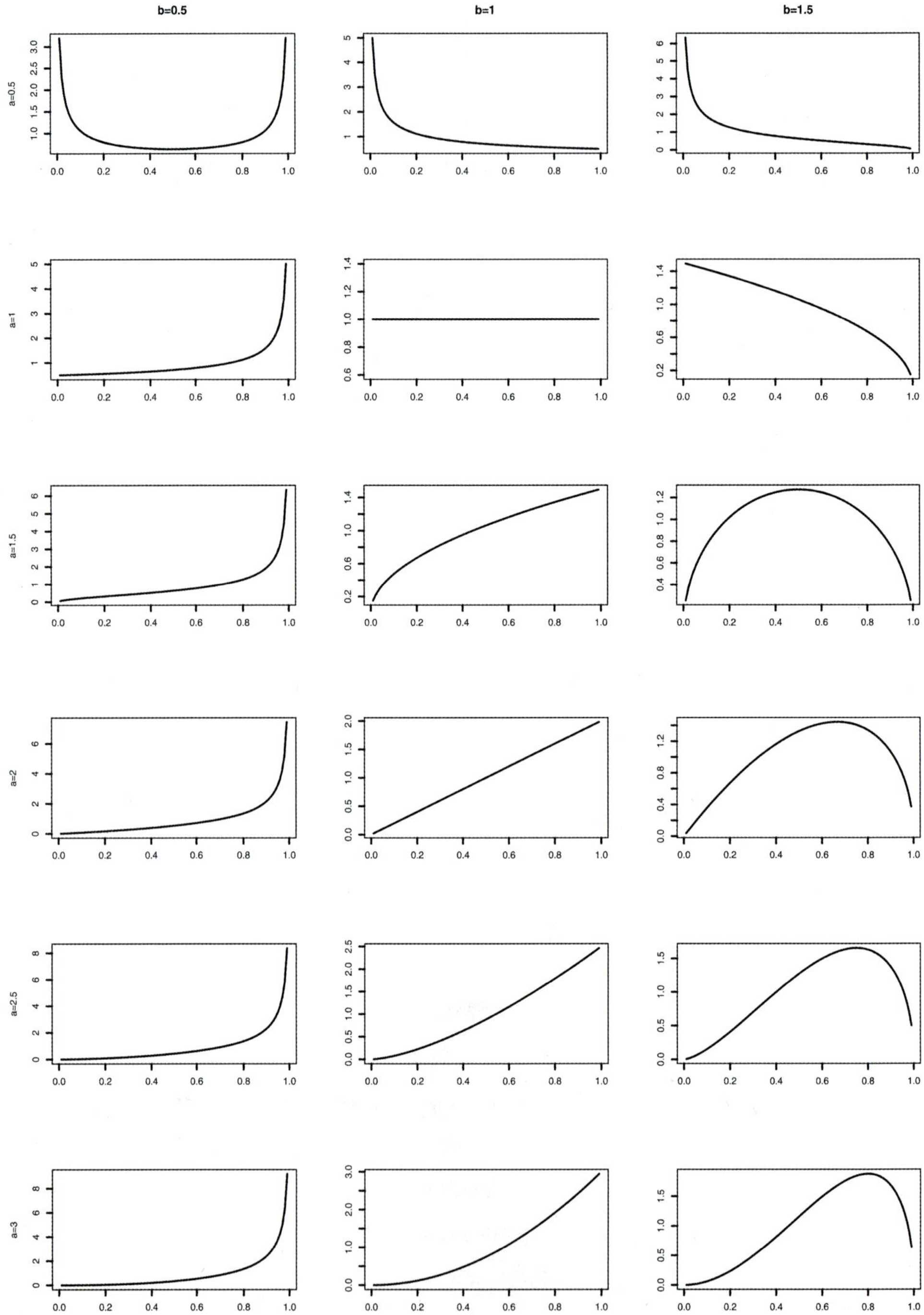

그림 3.3 베타 분포의 확률밀도함수

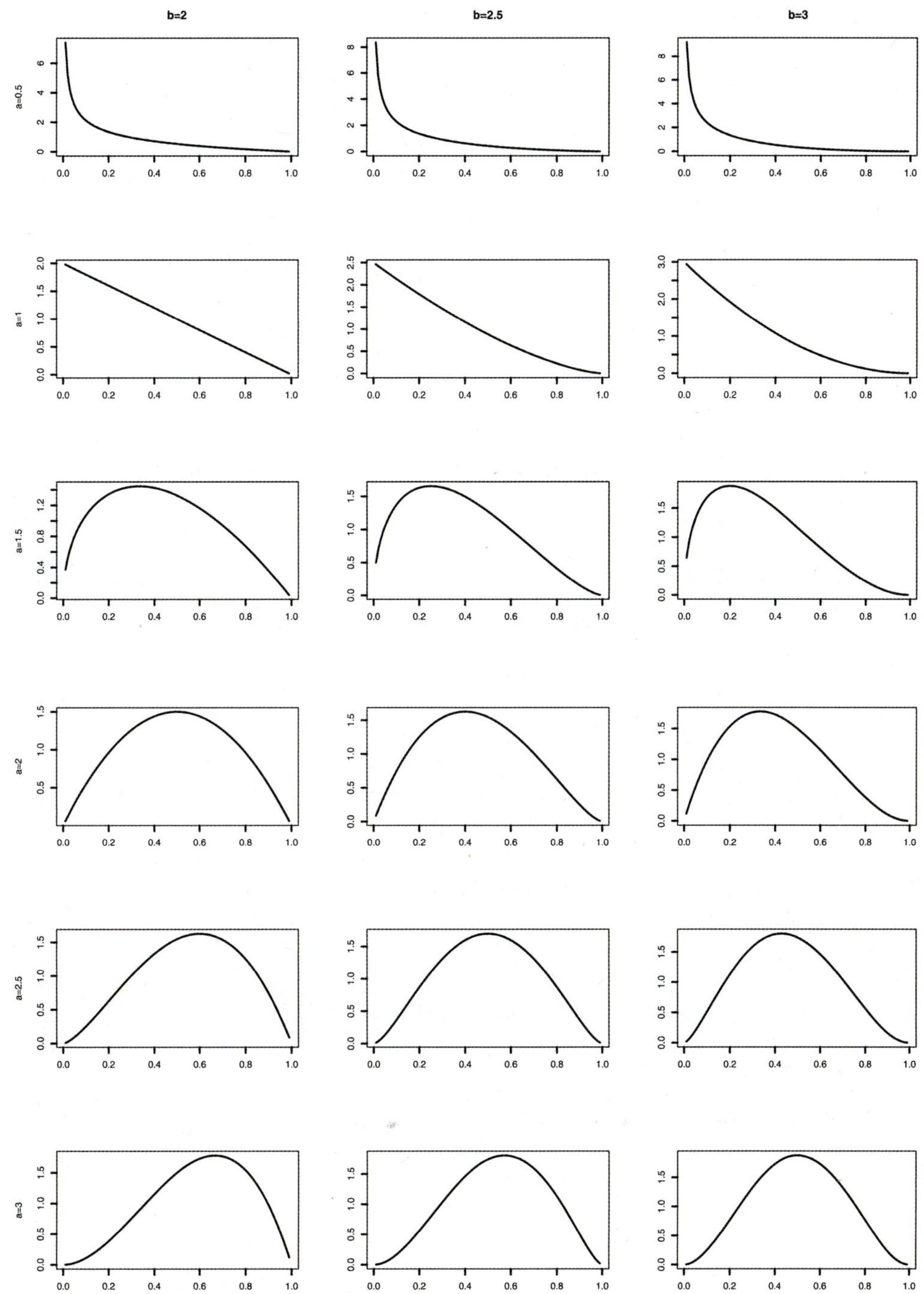

그림 3.3 베타 분포의 확률밀도함수(계속)

베타 분포(Beta distribution)

변수 X가 어떤 사건이 발생할 확률을 나타낸다고 할 때 X는 0과 1 사이의 실수값을 가질 것이다. 변수 X가 양의 상수 α, β에 대하여 다음과 같은 확률밀도함수를 가질 때 X는 베타 분포를 따른다고 하며 $X \sim Beta(\alpha, \beta)$로 나타낸다.

$$f(x|\alpha,\beta) = \frac{\Gamma(\alpha+\beta)}{\Gamma(\alpha)\Gamma(\beta)} x^{\alpha-1}(1-x)^{\beta-1}\ ,\ 0 < x < 1,$$

$$E(X) = \frac{\alpha}{\alpha+\beta}\ ,\ Var(X) = \frac{\alpha\beta}{(\alpha+\beta)^2(\alpha+\beta+1)}.$$

위 식에서 $\Gamma()$는 감마함수를 나타낸다. 베타 분포는 α와 β값에 따라 매우 다양한 모양의 분포를 가지는데 이들을 그림 3.3에 표시하였다. ◆

감마 분포(Gamma distribution)

양의 상수 α, β에 대하여 X의 밀도함수가 다음과 같이 주어질 때, X는 감마 분포를 따른다고 하며 $X \sim Gamma(\alpha, \beta)$로 나타낸다.

$$f(x|\alpha,\beta) = \frac{\beta^{\alpha}}{\Gamma(\alpha)} x^{\alpha-1} e^{-\beta x},\ 0 < x < \infty,\ \alpha > 0,\ \beta > 0$$

기대치와 분산은 $E(X) = \alpha/\beta$, $Var(X) = \alpha/\beta^2$이다. ◆

감마 분포의 특수한 경우로 $\alpha = 1$인 경우 지수분포라고 한다. 또한 자유도 ν를 갖는 카이제곱분포는 감마 분포 $Gamma(\nu/2,1/2)$와 동일하다.

그림 3.4는 모수를 변화시키면서 감마 분포의 확률밀도함수를 그려본 것이다. legend 함수는 그림에 설명을 붙일 때 사용한다. β가 고정되었을 때 모수 α가 커질수록 분포가 대칭에 가까워진다는 것을 알 수 있다.

```
par(mfrow=c(1,1))
x=seq(0,12, length=100)
```

```
plot(x,dgamma(x,1,1),type="l")
lines(x,dgamma(x,2,1),lty=2)
lines(x,dgamma(x,5,1),lty=3)
lines(x,dgamma(x,10,1),lty=4)
legend(5,0.6, c("alpha=1, beta=1","alpha=2, beta=1" ,
"alpha=5, beta=1","alpha=10, beta=1"),lty=1:4 )
```

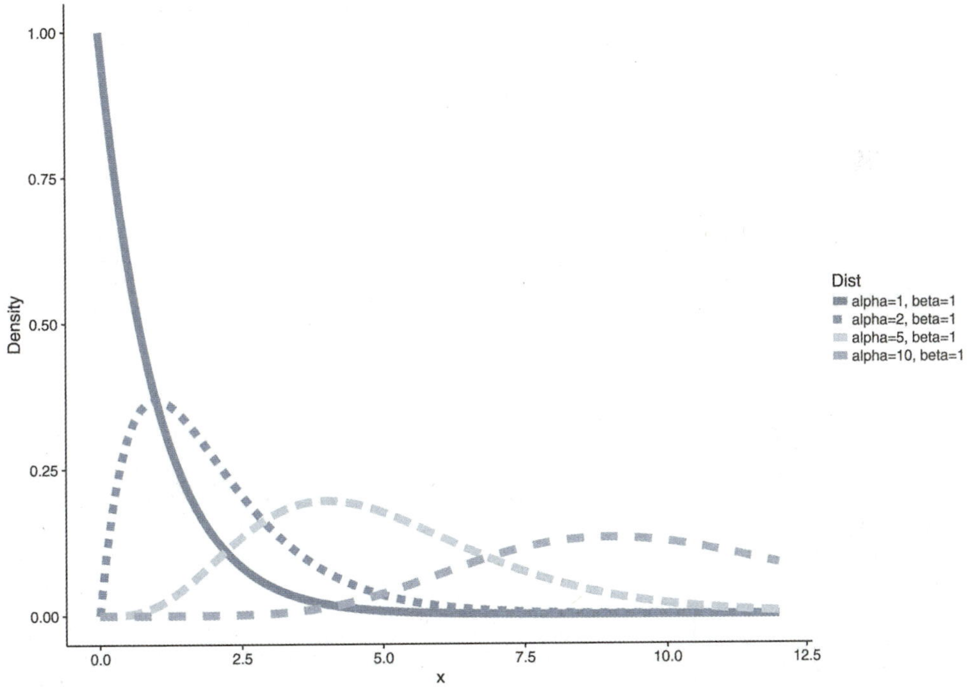

그림 3.4 감마 분포의 확률밀도함수

▌역감마 분포(Inverse Gamma distribution)

$Y \sim Gamma(\alpha,\beta)$일 때, $X=\dfrac{1}{Y}$인 변수 X는 역감마 분포를 따르며 $X \sim IG(\alpha,\beta)$로 표시한다. X의 밀도함수는

$$f(x|\alpha,\beta)=\frac{\beta^{\alpha}}{\Gamma(\alpha)}x^{-\alpha-1}e^{-\beta/x}\ ,\ x>0,$$

이며, $\alpha > 1$이면 기대치가 존재하며 $E(X) = \dfrac{\beta}{\alpha - 1}$이고 $\alpha > 2$이면 분산이 존재하며 $Var(X) = \dfrac{\beta^2}{(\alpha-1)^2(\alpha-2)}$이다.

$Y \sim Gamma(\alpha,\beta)$일 때 $X = \dfrac{1}{Y}$를 사용하여 역감마 난수를 생성하고 히스토그램을 역감마 확률밀도함수와 비교해 보자. 그림 3.5를 보면 잘 근사됨을 알 수 있다.

```
x=seq(0,15,length=100)
a=5; b=10
fx=b**a/gamma(a)* x**(-a-1)*exp(-b/x)
rgam=rgamma(1000,a,b)
rIG=1/rgam
hist(rIG, prob=T, xlab="x", ylim=c(0,0.5), main="")
lines(x,fx)
```

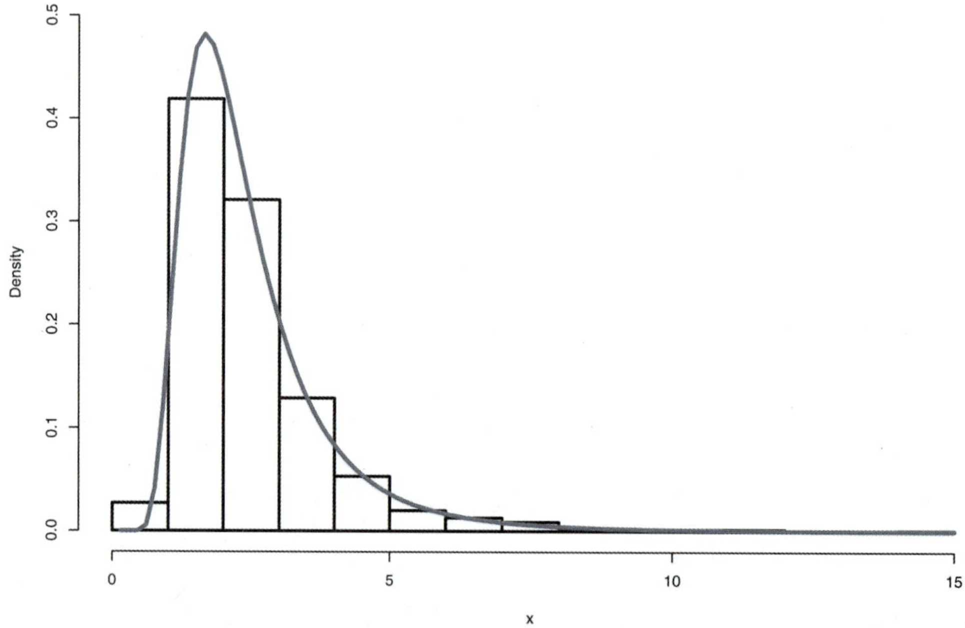

그림 3.5 역감마 분포 $IG(5,10)$의 난수 히스토그램과 확률밀도함수

정규분포(Normal distribution)

변수X가 다음과 같은 확률밀도함수를 가질 때 X는 평균 μ, 분산 σ^2을 갖는 정규분포를 따른다고 한다.

$$f(x|\mu,\sigma^2) = \frac{1}{\sqrt{2\pi}\,\sigma} e^{-\frac{1}{2\sigma^2}(x-\mu)^2}, \quad -\infty < x < \infty.$$

이때 $X \sim N(\mu,\sigma^2)$로 표시하며 $E(X)=\mu$, $Var(X)=\sigma^2$이다.

연습 R을 사용하여 평균 0, 분산 1을 갖는 정규분포로부터 50개의 난수를 생성하여 이들의 히스토그램을 그리고, 그 위에 밀도함수를 겹쳐 그려 히스토그램과 밀도함수를 비교하라. 난수를 각각 200개, 500개로 늘려 같은 작업을 하고 난수의 수에 따른 변화를 관찰하라.

정규분포는 자연적 모집단의 키, 몸무게 같은 자료나 어떤 것을 반복 측정했을 때 측정치의 분포에서 흔히 나타나므로 매우 중요한 분포이다. 특히 동일한 분포를 따르는 변수를 독립적으로 여러 번 측정했을 때 관측치 수가 많으면 그 평균과 합이 변수의 분포에 관계없이 대략적으로 정규분포를 따르므로 가장 빈번하게 사용되는 분포 중의 하나이다.

스튜던트 t분포(Student's t distribution)

변수 X가 다음과 같은 확률밀도함수를 가질 때 X는 자유도 ν, 위치모수 μ, 척도모수 σ을 갖는 t분포를 따른다고 한다.

$$f(x|\nu,\mu,\sigma^2) = \frac{\Gamma((\nu+1)/2)}{\sigma(\nu\pi)^{1/2}\Gamma(\nu/2)}\left(1+\frac{(x-\mu)^2}{\nu\sigma^2}\right)^{-(\nu+1)/2},$$
$$-\infty < x < \infty,\ \nu > 0,\ \sigma^2 > 0.$$

t분포는 두터운 꼬리를 갖는 분포로 $\nu > 1$일 때 기대치가 존재하며 $E(X)=\mu$이고, $\nu > 2$일 때 분산이 존재하며 $Var(X)=\sigma^2\frac{\nu}{\nu-2}$이다. t분포에서 자유도 $\nu=1$인 경우를 코쉬 분포라고 한다. 코쉬 분포는 기대치와 분산이 존재하지 않는다.

스튜던트 t분포(Student's t distribution or t distribution)는 1908년 William Sealy Gosset이 처음으로 유도한 분포이다. 당시 그는 더블린의 Guinness 맥주회사에서 일하고 있었는데 이 회사는 논문 발표를 금지하고 있었기 때문에 자기 이름으로 논문을 발표하지 못하고 Student라는 가명으로 논문을 발표하게 되었다. t분포와 관련된 이론은 R.A.Fisher에 의하여 널리 알려지게 되었는데 Fisher가 Student's distribution이라 부르면서 스튜던트 t분포라는 이름을 갖게 되었다. t분포는 정규분포를 따르는 소수의 변수들의 평균을 추정할 때 사용되는 분포이다. t밀도함수는 정규밀도함수와 모양이 유사하나 양 극단에서 0으로 수렴하는 속도가 정규밀도함수에 비하여 느리기 때문에 보다 두터운 꼬리를 갖는다.

3.4 다변량 분포

다변량 변수는 2개 이상의 원소를 갖는 벡터 또는 행렬 변수를 말한다. 다변량 변수의 원소 변수들은 보통 서로 연관성을 지닌다. 자주 사용되는 다변량 분포를 살펴보자.

다항분포(multinomial distribution)

다항분포는 이항분포의 확장이다. 먼저, 다항시행이란 시행의 결과가 $k(k \geq 2)$개의 서로 배반인 범주 중의 하나에 속하는 시행을 말한다. k개 범주의 확률을 $\theta_1,\ldots,\theta_k$라 하면 $0 < \theta_i < 1,\ \sum_{i=1}^{k}\theta_i = 1$을 만족해야 한다.

독립적인 다항 시행을 n번 반복하였을 때 k개 범주의 도수를 $X_1,\ldots,X_k$라고 하면 $(X_1,\ldots,X_k)$의 결합확률밀도함수는

$$P(X_1 = x_1,\ldots,X_k = x_k) = \frac{n!}{x_1!\ldots x_k!}\theta_1^{x_1}\ldots\theta_k^{x_k}, \qquad \sum_{i=1}^{k} x_i = n\,,$$

이다. 이때 $(X_1,\ldots,X_k)$는 다항분포를 따른다고 하며

$$(X_1,\ldots,X_k)\ \sim Multi(n,(\theta_1,\ldots,\theta_k))$$

으로 표시한다. 제약조건 $\sum_{i=1}^{k} x_i = n$때문에 $k-1$개의 변수가 정해지면 나머지 하나의 변수는 자동적으로 결정되므로 사실은 $k-1$개 변수의 결합분포인 셈이다.

다항분포에서 $k=2$인 경우가 바로 이항분포이다. 참고로, $(X_1,\ldots,X_k) \sim Multi(n,(\theta_1,\ldots,\theta_k))$일 때 X_i의 주변분포를 생각하면 i번째 범주를 성공으로, 나머지는 모두 실패로 간주하면 되므로 X_i의 주변분포는 $B(n,\theta_i)$이다.

다항분포로부터 난수를 생성시켜 보자. 다항난수를 생성하는 내장함수는 존재하지 않으므로 다른 사람이 만들어 놓은 패키지를 사용하기로 한다. Google에서 다항난수를 검색하여 아래와 같은 사이트를 열어보면 multinomRob이란 패키지에 rmultinomial 함수가 제공되는 것을 알 수 있다. R의 메뉴에서 [패키지]-[패키지인스톨]을 선택하고 Korea를 지정한 후 패키지 리스트에서 multinomRob을 클릭하면 해당 패키지가 인스톨 된다. 다음, 아래 명령을 실행하여 $n=10, \theta=(0.5,0.2,0.3)$를 갖는 다항난수를 1000개를 생성하여 그린 X_1, X_2의 히스토그램이 그림 3.6이다.

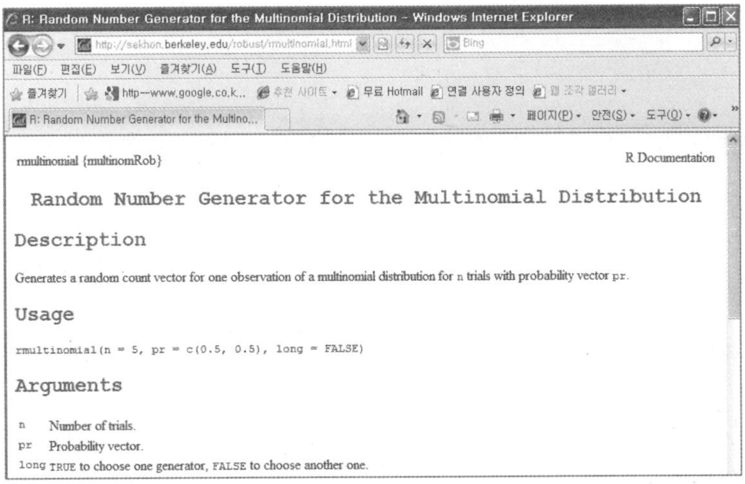


```
install.packages("multinomRob")
library(multinomRob)
par(mfrow=c(1,2))
n=10; theta=c(0.5, 0.2, 0.3)
nsim=1000
```

```
Rmultinom=matrix(0,nsim,3)
for (i in 1:nsim) Rmultinom[i,]=rmultinomial(n,theta)
hist(Rmultinom[,1], prob=T, xlab="X1", main="")
hist(Rmultinom[,2], prob=T, xlab="X2", main="")
```

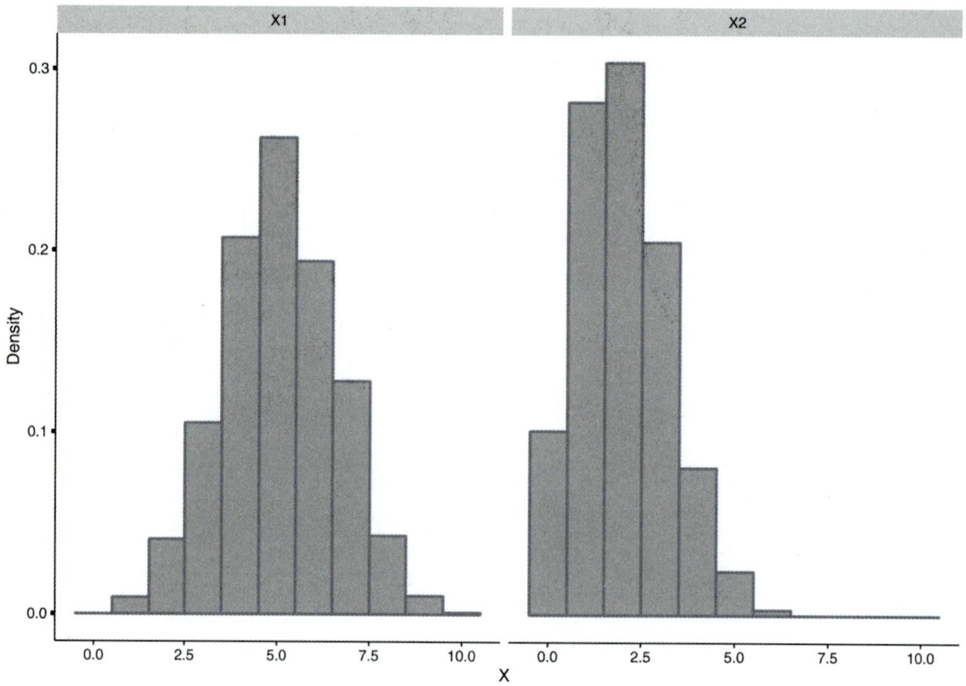

그림 3.6 $(X_1,X_2,X_3) \sim Multi(10,(0.5,0.2,0.3))$에서 X_1,X_2의 분포

디리슈레(Dirichlet) 분포

디리슈레 분포는 베타 분포의 확장이다. 다항시행에서 $k(k \geq 2)$개 범주의 확률을 변수 $(X_1,...,X_k)$라고 하면 $0 < X_i < 1,\ i=1,\cdots,k,\ \sum_{i=1}^{k} X_i = 1$을 만족하여야 할 것이다. $(X_1,...,X_k)$가 다음과 같은 확률밀도함수를 가지면 $(X_1,...,X_k)$는 모수 $(\theta_1,...,\theta_k),\ \theta_i > 0,$를 갖는 디리슈레 분포를 따른다고 하고 $(X_1,...,X_k) \sim Dirichlet(\theta_1,...,\theta_k)$로 표시한다. 참고로, 변수 $(X_1,...,X_k)$는 k차원이지만 $\sum_{i=1}^{k} X_i = 1$ 조건 때문에 디리슈레 분포는 실은 $k-1$차원 변수의 결합분포이다.

$$f(x_1,...,x_k) = \frac{\Gamma(\sum_{i=1}^{k}\theta_i)}{\prod_{i=1}^{k}\Gamma(\theta_i)}\prod_{i=1}^{k}x_i^{\theta_i - 1},\ \ 0 < x_i < 1,\ \sum_{i=1}^{k}x_i = 1.$$

$\theta_0 = \sum_{i=1}^{k}\theta_i$이라 정의하면

$$E(X_i) = \theta_i/\theta_0,\ \ Var(X_i) = (\theta_0 - \theta_i)\theta_i/(\theta_0^2(\theta_0+1)),\ \ Cov(X_i,X_j) = -\theta_i\theta_j/(\theta_0^2(\theta_0+1))$$

이다.

$i = 1,...,k$에 대하여 Y_i가 독립적으로 $Gamma(1,\theta_i)$를 따를 때 $X_i = Y_i/\sum_{j=1}^{k}Y_j$로 놓으면

$$(X_1,...,X_k) \sim Dirichlet(\theta_1,...,\theta_k)$$

이다. 이 사실을 이용하여 다음과 같은 디리슈레 난수 생성 사용자정의 함수를 만들고 $(X_1,\ X_2,\ X_3) \sim Dirichlet(3,\ 4,\ 2)$ 난수를 5000개 생성하여 (X_1, X_2)의 산점도를 그려본 것이 그림 3.7이다. 아래 프로그램에서 apply(x,1,sum)는 x 행렬의 첫 번째 차원, 즉, 각 행에 대하여 원소들의 합을 구하는 것이고, apply(x,2,mean)는 각 열에 대하여 원소들의 평균을 구하는 것이다.

```
#Dirichelet generator
rDirich<-function(n,p,a){
x=matrix(0,n,p)
for(i in 1:p) x[,i]=rgamma(n,a[i])
x=x/apply(x,1,sum)
}

n=5000
theta=c(3,4,2)
x=rDirich(n,3,theta)
apply(x,2,mean)  # true mean of x = (0.333, 0.444,0.222)
```

```
plot(x[,1],x[,2], xlab="x1", ylab="x2")
```

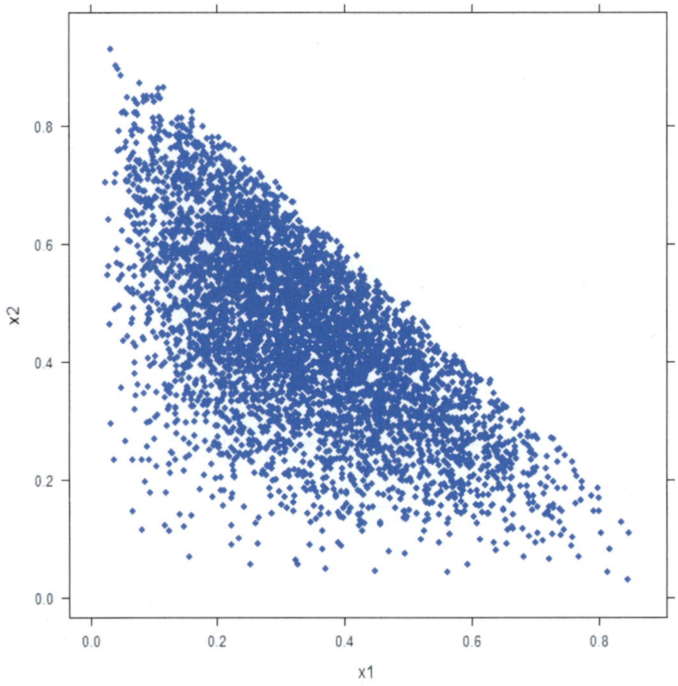

그림 3.7 $(X_1,X_2,X_3) \sim Dirichlet(3,4,2)$에서 (X_1,X_2)의 산점도

▮ 다변량 정규분포(Multivariate Normal distribution)

$\boldsymbol{X}$가 k차원 벡터변수이고, k차원 벡터 $\boldsymbol{\mu}$를 평균으로, $k \times k$ 양정치 행렬(positive definite matrix) Σ를 분산으로 갖는 k변량 정규분포를 따른다고 할 때, $\boldsymbol{X} \sim N_k(\boldsymbol{\mu}, \Sigma)$로 표시하며 밀도함수는

$$f(\boldsymbol{x}|\boldsymbol{\mu},\Sigma) = \frac{1}{(2\pi)^{k/2}|\Sigma|^{1/2}} e^{-\frac{1}{2}(\boldsymbol{x}-\boldsymbol{\mu})'\Sigma^{-1}(\boldsymbol{x}-\boldsymbol{\mu})}$$

이다. $|\Sigma|$는 Σ의 행렬값(determinant)이다.

다변량 정규분포의 확률밀도함수를 계산하는 R 사용자정의 함수와 난수생성함수, 그리고 그림 예시는 1장에서 소개하였다.

다변량 t분포

자유도 ν, 위치모수 $\boldsymbol{\mu}$, 척도모수 $\Sigma^{\frac{1}{2}}$를 갖는 k-변량 t분포를 따르는 변수 $\boldsymbol{X}$의 확률밀도 함수는 다음과 같고 $\boldsymbol{X} \sim T_k(\nu, \boldsymbol{\mu}, \Sigma)$로 표시한다.

$$f(\boldsymbol{x}) = \frac{\Gamma((\nu+k)/2)}{|\Sigma|^{1/2}(\nu\pi)^{k/2}\Gamma(\nu/2)}\left[1+\frac{1}{\nu}(\boldsymbol{x}-\boldsymbol{\mu})'\Sigma^{-1}(\boldsymbol{x}-\boldsymbol{\mu})\right]^{-(\nu+k)/2}$$

이다. $\nu > 1$이면 기대치가 존재하며 $E(\boldsymbol{X}) = \boldsymbol{\mu}$이고 $\nu > 2$이면 분산이 존재하며 $Var(\boldsymbol{X}) = \nu\Sigma/(\nu-2)$이다. 다변량 t분포의 밀도함수는 정규밀도함수와 비슷하나 꼬리가 두터운 모양을 가진다.

위샤트(Wishart) 분포

차원이 $k \times k$이며 양정치인 행렬변수 $\boldsymbol{X}$의 분포가 자유도 ν, 척도행렬모수 Λ를 갖는 위샤트 분포를 따를 때 $\boldsymbol{X} \sim Wish_k(\nu, \Lambda)$로 표기하며, $\boldsymbol{X}$의 확률 밀도함수는 다음과 같다.

$$f(\boldsymbol{x}|\nu, \Lambda) = \frac{|\Lambda|^{\frac{\nu}{2}}|\boldsymbol{x}|^{(\nu-k-1)/2}}{2^{\nu k/2}\pi^{k(k-1)/4}\prod_{i=1}^{k}\Gamma(\frac{1}{2}(\nu+1-i))}e^{-\frac{1}{2}tr(\Lambda\boldsymbol{x})}.$$

함수 tr()는 행렬의 대각합(trace)을 나타낸다.

참고로, $Z_j \sim iid\ N_k(0, \Sigma)$, $j = 1,..,n$, 일 때 $\sum_{j=1} Z_j Z_j'$은 $Wish_k(n, \Sigma)$를 따른다.

역위샤트(Inverse Wishart) 분포

감마 분포를 따르는 변수의 역수를 취하면 역감마 분포를 따르는 것과 마찬가지로 k차원 위샤트 분포(Wishart distribution)를 따르는 $k \times k$ 차원 양정치 행렬변수의 역행렬을 취하면 역위샤트 분포를 따른다. $k \times k$ 차원 행렬변수 $\boldsymbol{X}$가 모수 ν, Λ를 가진 역위샤트 분포를 따르면 $\boldsymbol{X} \sim IW_k(\nu, \Lambda)$로 표시하고, 이때 확률밀도함수는

$$f(\boldsymbol{x}|\nu,\Lambda)=\frac{|\Lambda|^{\frac{\nu}{2}}|\boldsymbol{x}|^{-(\nu+k+1)/2}}{2^{\nu k/2}\,\pi^{k(k-1)/4}\prod_{i=1}^{k}\Gamma(\frac{1}{2}(\nu+1-i))}e^{-\frac{1}{2}tr(\Lambda\boldsymbol{x}^{-1})}$$

이다.

3.5 분포의 요약

앞절에서 소개된 자주 사용되는 분포를 표로 요약하면 다음과 같다.

표 3.1 이산분포

이름	기호	확률밀도함수	평균	분산
베르누이	$Ber(\theta)$ $0 \le \theta \le 1$	$\theta^x(1-\theta)^{1-x},\quad x=0,1$	θ	$\theta(1-\theta)$
이항	$B(n,\theta)$ $0 \le \theta \le 1$	$\binom{n}{x}\theta^x(1-\theta)^{n-x},\quad x=0,1,...,n$	$n\theta$	$n\theta(1-\theta)$
포아송	$Poi(\theta)$ $\theta > 0$	$e^{-\theta}\theta^x/x!\,,\quad x=0,1,2,...$	θ	θ
음이항	$NB(r,\theta)$ $0<\theta<1,$ $r>0$	$\binom{x+r-1}{x}\theta^r(1-\theta)^x,\quad x=0,1,2,...$	$r(1-\theta)/\theta$	$r(1-\theta)/\theta^2$

표 3.2 연속분포

이름	기호	확률밀도함수	평균	분산
균일	$U(\alpha,\beta)$ $\alpha<\beta$	$\frac{1}{\beta-\alpha},\quad \alpha<x<\beta$	$\frac{(\alpha+\beta)}{2}$	$\frac{(\beta-\alpha)^2}{12}$
베타	$Beta(\alpha,\beta)$ $\alpha>0$, $\beta>0$	$\frac{\Gamma(\alpha+\beta)}{\Gamma(\alpha)\Gamma(\beta)}x^{\alpha-1}(1-x)^{\beta-1}$, $0<x<1$	$\frac{\alpha}{\alpha+\beta}$	$\frac{\alpha\beta}{(\alpha+\beta)^2(\alpha+\beta+1)}$
감마	$Gamma(\alpha,\beta)$ $\alpha>0$, $\beta>0$	$\frac{\beta^\alpha}{\Gamma(\alpha)}x^{\alpha-1}e^{-\beta x},\quad x>0$	$\frac{\alpha}{\beta}$	$\frac{\alpha}{\beta^2}$
역감마	$IG(\alpha,\beta)$ $\alpha>0$, $\beta>0$	$\frac{\beta^\alpha}{\Gamma(\alpha)}x^{-\alpha-1}e^{-\beta/x},\ x>0$	$\frac{\beta}{\alpha-1}$	$\frac{\beta^2}{(\alpha-1)^2(\alpha-2)}$
정규	$N(\mu,\sigma^2)$ $\sigma^2>0$	$\frac{1}{\sqrt{2\pi}\,\sigma}e^{-\frac{1}{2\sigma^2}(x-\mu)^2}$	μ	σ^2
t	$t_v(\mu,\sigma^2)$ $\sigma^2>0$	$\frac{\Gamma((v+1)/2)}{\sigma\sqrt{v\pi}\,\Gamma(v/2)}(1+\frac{(x-\mu)^2}{v\sigma^2})^{\frac{-(v+1)}{2}}$	$\mu,\nu>1$	$\frac{v}{v-2}\sigma^2,\ v>2$

표 3.3 다변량 분포

형태	이름	기호	확률밀도함수	평균	분산
이산	다항	$Multi(n,\boldsymbol{\theta})$ $\boldsymbol{\theta}=(\theta_1,\cdots,\theta_k)$ $0<\theta_i<1$	$\frac{n!}{x_1!\cdots x_k!}\theta_1^{x_1}\cdots\theta_k^{x_k},\ \ x_i=0,1,\cdots,n,\ \sum_{i=1}^{k}x_i=n$	$E(X_i)=\theta_i$	$Var(X_i)=n\theta_i(1-\theta_i)$ $Cov(X_i,X_j)=-n\theta_i\theta_j$
연속	디리슈레	$Dirichlet$ $(\theta_1,\cdots,\theta_k)$ $\theta_i>0$	$\frac{\Gamma(\theta_0)}{\Gamma(\theta_1)\cdots\Gamma(\theta_k)}x_1^{\theta_1-1}\cdots x_k^{\theta_k-1}$ $0<x_i<1,\ \ \sum_{i=1}^{k}x_i=1,\ \ \theta_0=\sum_{i=1}^{k}\theta_i$	$E(X_i)=\frac{\theta_i}{\theta_0}$	$Var(X_i)=\frac{\theta_i(\theta_0-\theta_i)}{\theta_0^2(\theta_0+1)}$
	다변량 정규	$N_k(\mu,\Sigma)$ $\lvert\Sigma\rvert>0$	$\frac{1}{(2\pi)^{k/2}\lvert\Sigma\rvert^{\frac{1}{2}}}e^{-\frac{1}{2}(x-\mu)'\Sigma^{-1}(x-\mu)}$	μ	Σ
	다변량 t	$T_\nu(\mu,\Sigma)$ $\lvert\Sigma\rvert>0,\ \nu>0$	$\frac{\Gamma((\nu+k)/2)}{\lvert\Sigma\rvert^{\frac{1}{2}}(\nu\pi)^{k/2}\Gamma(\frac{\nu}{2})}(1+\frac{1}{k}(x-\mu)'\Sigma^{-1}(x-\mu))^{-(\nu+k)/2}$	$\mu,\quad \nu>1$	$\frac{\nu}{\nu-2}\Sigma\quad,\nu>2$
	위샤트	$Wish_k(\nu,\Lambda)$ $\lvert\Lambda\rvert>0$	$\frac{\lvert\Lambda\rvert^{\frac{\nu}{2}}\lvert\boldsymbol{x}\rvert^{(\nu-k-1)/2}}{2^{\nu k/2}\pi^{k(k-1)/4}\prod_{i=1}^{k}\Gamma(\frac{1}{2}(\nu+1-i))}e^{-\frac{1}{2}tr(\Lambda\boldsymbol{x})},\quad \lvert\boldsymbol{x}\rvert>0$	$E(x_{ij})=\nu A_{ij},$ $A=\Lambda^{-1}$	$Cov(X_{ij},X_{km})$ $=\nu(A_{ik}A_{jm}+A_{im}A_{jk})$
	역위샤트	$IW_k(\nu,\Lambda)$ $\lvert\Lambda\rvert>0,\ \nu>0$	$\frac{\lvert\Lambda\rvert^{\frac{\nu}{2}}\lvert\boldsymbol{x}\rvert^{-(\nu+k+1)/2}}{2^{\nu k/2}\pi^{k(k-1)/4}\prod_{i=1}^{k}\Gamma(\frac{1}{2}(\nu+1-i))}e^{-\frac{1}{2}tr(\Lambda\boldsymbol{x}^{-1})},\quad \lvert\boldsymbol{x}\rvert>0$	$\frac{\Lambda}{\nu-k-1},$ $\nu>k+1$	$Var(X_{ij})$ $=\frac{(\nu-k+1)\lambda_{ij}^2+(\nu-k-1)\lambda_{ii}\lambda_{jj}}{(\nu-k)(\nu-k-1)^2(\nu-k-3)}$

3.6 결합확률분포

3.6.1 이산변수

두 이산변수에 대하여 결합확률밀도함수는 다음과 같이 정의된다. 는 변수 Y의 표본공간이다.

$$f_{XY}(x,y) = P(X=x, Y=y), \quad x \in \ , \ y \in \ .$$

위의 결합확률분포로부터 X의 주변분포는 다음과 같이 얻어진다.

$$f_X(x) = P(X=x) = \sum_{y \in} P(X=x, Y=y) = \sum_{y \in} f(x,y)$$

또한 $Y=y$가 주어지고 $f_Y(y) > 0$일 때 X의 조건부 확률밀도함수는

$$f_{X|Y}(x|y) = \frac{P(X=x, Y=y)}{P(Y=y)} = \frac{f_{XY}(x,y)}{f_Y(y)}$$

이다. 변수 X와 Y가 독립이면 $f_{XY}(x,y) = f_X(x) f_Y(y)$이다.

예제 3.2

두 개의 확률변수 X, Y에 대하여 결합확률분포가 다음과 같다.

Y	X		
	1	2	3
1	0.2	0.3	0.2
2	0.1	0.1	0.1

이 경우 X, Y에 대한 주변확률분포를 구해 보면,

x	1	2	3
$f_X(x)$	0.3	0.4	0.3

y	1	2
$f_Y(y)$	0.7	0.3

이다. 다음, Y가 주어졌을 때 X의 조건부 분포를 $f(x|y) = f(x,y)/f(y)$를 적용하여 구해 보면,

x	1	2	3
$f(x\|y=1)$	2/7	3/7	2/7
$f(x\|y=2)$	1/3	1/3	1/3

이다. 이 경우 X와 Y는 독립인지 확인해 보자.

$$0.2 = f_{XY}(1,1) \neq f_X(1) \cdot f_Y(1) = 0.3 \cdot 0.7 = 0.21$$

이므로 X와 Y는 독립이 아니다.

3.6.2 연속변수

X와 Y의 결합누적분포함수는 $F_{XY}(a,b) = P(X \le a, Y \le b)$로 정의된다. 이때 $F_{XY}(a,b)$에 대하여

$$F_{XY}(a,b) = \int_{-\infty}^{b} \int_{-\infty}^{a} f_{XY}(x,y)dxdy$$

를 만족하는 0 또는 양의 값을 갖는(non-negative) 함수 $f_{XY}(x,y)$가 존재하는데, 이를 X와 Y의 결합밀도함수라고 한다. 이산변수의 경우와 같이

$$f_X(x) = \int_{y \in \vartheta} f_{XY}(x,y)dy$$

$$f_{X|Y}(x|y) = f_{XY}(x,y)/f_{Y(y)}, \quad f_{Y(y)} > 0$$

가 성립한다. 변수 X와 Y가 독립이면 $f_{XY}(x,y) = f_X(x)f_Y(y)$가 성립한다.

3.6.3 이산과 연속의 합성

X가 연속, Y가 이산변수일 때 X와 Y의 결합밀도함수는 $f_{XY}(x,y) = f_X(x) \cdot$

$f_{Y|X}(y|x)$이며

$$P(X \in A, Y \in B) = \sum_{y \in B} \int_{x \in A} f_{XY}(x,y)dx$$

이다.

3.7 베이즈 정리

연속 모수 θ와 연속 변수 X를 고려하자. X에 대한 관측값을 얻기 전에 θ에 대하여 가지고 있는 사전정보(prior information)가 사전밀도함수 $\pi(\theta)$에 요약되어 있다고 가정하고, θ가 주어진 상태에서 $X=x$가 관측될 조건부 밀도함수를 $f(x|\theta)$라고 하자. 관측이 끝난 후 우리의 관심은 $X=x$가 관측된 조건하에서 θ에 대한 사후정보(posterior information)를 요약한 사후분포이다. $X=x$가 관측된 조건하에서 θ에 대한 사후밀도함수는

$$\pi(\theta|x) = \frac{f(x,\theta)}{f(x)} = \frac{\pi(\theta)f(x|\theta)}{f(x)} = \frac{\pi(\theta)f(x|\theta)}{\int \pi(\theta)f(x|\theta)d\theta}$$

로 주어진다. 즉, 사전밀도함수와 관측값의 조건부 밀도함수로부터 사후밀도함수가 얻어지는 것이다. θ가 연속이 아닌 이산모수인 경우에는 위 식의 적분이 합으로 바뀌게 된다.

$X=x$가 관측된 조건하에서 θ의 두 값 θ_1과 θ_2은 사후밀도함수값의 비율 $posterior.odds(\theta_1,\theta_2) = \pi(\theta_1|x)/\pi(\theta_2|x)$을 이용하여 비교하는데, 이를 θ_1과 θ_2에 대한 사후비(posterior odds)라고 한다. 만약 $posterior.odds(\theta_1,\theta_2)$가 1보다 크다면, 사전정보와 관측값이 주는 정보를 고려했을 때 θ_1이 θ의 추정치로 θ_2보다 더 적절할 것이다.

3.8 변수의 독립성

변수의 독립성

$X_1, \cdots, X_n$이 공통 표본공간 를 갖는 변수이고 θ를 미지의 모수라고 하자.
의 임의의 부분집합 $A_1, \cdots, A_n$에 대하여

$$P(X_1 \in A_1, .., X_n \in A_n | \theta) = P(X_1 \in A_1 | \theta) \times \cdots \times P(X_n \in A_n | \theta)$$

이면 $X_1, \cdots, X_n$는 θ가 주어졌을 때 조건부 독립이다.

이는 앞서 말한 사건의 독립성에 대응된다. 또한 사건의 독립에서와 같이

$$P(X_i \in A_i | \theta,\ X_j \in A_j) = P(X_i \in A_i | \theta)$$

가 성립하는데 이것이 의미하는 바는 θ가 주어졌을 때 X_j의 정보가 X_i에 대하여 아무런 추가정보를 주지 못함을 의미한다. 만약 θ가 주어진 상태에서 $X_1, \cdots, X_n$이 조건부 독립이면 조건부 결합확률밀도함수는 각 조건부 주변밀도함수의 곱과 같다. 즉,

$$f(x_1, \cdots, x_n | \theta) = \prod_{i=1}^{n} f_{X_i}(x_i | \theta)$$

이다.

만약 X_i가 모두 같은 분포를 따른다면 $f_{X_i} = f_X$이므로

$$f(x_1, \cdots, x_n | \theta) = \prod_{i=1}^{n} f_X(x_i | \theta)$$

이다. 이때 X_i들은 θ가 주어졌을 때 conditionally independent and identically distributed(조건부 iid)라고 한다. 참고로, 조건부 iid는 주변 iid와 구분된다. X_i들이 주변 iid라 함은 X_i들의 주변밀도함수가 모두 같고 또한 독립임을 의미한다. 즉,

$$f(x_1,\cdots,x_n)=\prod_{i=1}^{n} f_X(x_i)$$

을 의미한다.

3.9 교환가능성

앞의 2.4절에서 우리는 사건의 독립성, 그리고 3.6절에서는 변수의 독립성에 대하여 알아보았다. 그런데 독립성은 매우 엄격한 조건으로 독립성을 만족시키기 어려운 경우들이 많다. 예를 들면 주어진 모집단에서 비복원으로 표본을 추출할 경우 독립성을 만족시키지 못한다. 왜냐하면 첫 번째 표본으로 무엇이 추출되느냐에 따라 두 번째 관측값의 확률이 달라지기 때문이다.

교환가능성은 독립성보다는 덜 엄격하면서도 베이지안 추론의 핵심이 되는 De Finetti 정리에 필요한 조건이 되는 중요한 성질이다. 독립성이 만족되면 교환가능성도 만족하나 그 반대는 성립하지 않는다.

예제 3.3

10명의 이화여대생을 랜덤 추출하여 통계학에 관심이 있는지 조사하였다. 변수 X_i를

$$X_i=\begin{cases}1, & i\text{번째 대상이 통계학에 관심이 있으면,}\\ 0, & \text{아니면,}\end{cases}$$

이라 정의하고 $X_1,\cdots,X_{10}$의 결합밀도함수 $P(X_1=x_1,\cdots,X_{10}=x_{10})=f(x_1,\cdots,x_{10})$를 생각해 보자. 예를 들면 0과 1의 수는 같으나 배열 순서가 다른 $(1,0,0,1,0,1,1,0,0,0)$과 $(0,1,1,0,0,1,0,1,0,0)$에 대해 확률 $f(1,0,0,1,0,1,1,0,0,0)$과 $f(0,1,1,0,0,1,0,1,0,0)$은 같을까?

교환가능성(Exchangeability)

$X_1,\cdots,X_n$의 결합밀도함수 $f(x_1,\cdots,x_n)$이 $\{1,\cdots,n\}$의 임의의 순열(permutation) $\{\pi_1,\cdots,\pi_n\}$에 대하여 $f(x_1,\cdots,x_n)=f(x_{\pi_1},\cdots,x_{\pi_n})$이면 $X_1,\cdots,X_n$은 교환가능하다고 한다.

독립성과 조건부 독립성, 그리고 교환가능성의 관계에 대하여 알아보자.

예제 3.3(계속)

이화여대 전체에서 통계학에 관심 있는 사람의 비율을 θ라고 하자. 변수 $X_1,\cdots,X_n$은 n명의 표본을 추출하여 통계학에 관심이 있으면 1, 아니면 0의 값을 갖는 이항변수이다. 랜덤으로 표본을 추출하면 θ가 주어진 상태에서 X_i는 서로 조건부 독립이며 동일한 분포를 갖는다(비복원 추출이지만 모집단의 크기가 표본크기에 비해 월등히 크다고 가정한다).
즉,

$$P(X_i=x_i|\theta,X_j,\ j\neq i)=\theta^{x_i}(1-\theta)^{1-x_i}$$

이다. 따라서 $X_1,\cdots,X_n$의 조건부 결합분포를 구하면

$$P(X_i=x_i,\cdots,X_n=x_n|\ \theta)=\prod_{i=1}^{n}\theta^{x_i}(1-\theta)^{1-x_i}=\theta^{\Sigma x_i}(1-\theta)^{n-\Sigma x_i}$$

이다.

θ가 불확실할 경우(모집단 전체를 조사하기 전에는 θ를 알 수 없다) θ에 대한 사전 가능성의 정도를 사전밀도함수 $\pi(\theta)$로 나타내기로 하자. 이때 $X_1,\cdots,X_n$의 주변결합밀도함수는

$$f(x_1,\cdots,x_n)=\int_0^1 f(x_1,\cdots,x_n|\theta)\pi(\theta)\,d\theta=\int_0^1\theta^{\Sigma x_i}(1-\theta)^{n-\Sigma x_i}\pi(\theta)\,d\theta$$

이다. 따라서

$$f(1,0,0,1,0,1,1,0,0,0)=\int_0^1\theta^4(1-\theta)^6\pi(\theta)\,d\theta$$

$$f(0,1,1,0,0,1,0,1,0,0) = \int_0^1 \theta^4 (1-\theta)^6 \pi(\theta)\, d\theta$$

이다. 임의의 사전분포 $\pi(\theta)$에 대하여 $X_1, \cdots, X_n$의 결합밀도함수는 0과 1의 개수에만 의존할 뿐 순서에는 무관하므로 $X_1, \cdots, X_n$는 교환가능하다.

이번에는 $\pi(\theta)$로 $(0,1)$에서의 균일분포의 밀도함수, 즉 $\pi(\theta) = 1,\ 0 < \theta < 1$을 가정하고 $X_1, \cdots, X_n$의 독립성에 대하여 알아보자. 임의의 i에 대하여 X_i의 주변밀도함수는

$$P(X_i = 1) = \int_0^1 \theta^1 (1-\theta)^0\, d\theta \; = \; \frac{1}{2}$$

이다. 그런데 $X_1, \cdots, X_n$의 결합밀도함수는

$$P(X_1 = 1, \cdots, X_n = 1) = \int_0^1 \theta^n (1-\theta)^0 d\theta = \frac{1}{n+1} \neq \frac{1}{2^n} = \prod_{i=1}^{n} P(X_i = 1)$$

이므로 $X_1, \cdots, X_n$는 독립이 아니다. 요약하면, $X_1, \cdots, X_n$는 θ가 주어진 조건하에서는 독립이다. 그러나 주변적으로는 독립이 아니며 단지 교환가능성만 만족한다.

위의 예제를 일반화시킬 수 있다. 모수 θ가 임의의 사전밀도함수 $\pi(\theta)$를 갖고 θ가 주어진 상태에서 $X_1, \cdots, X_n$이 서로 조건부 독립이며 동일한 분포를 가지면 $X_1, \cdots, X_n$는 교환가능하다.

그렇다면 역으로 $X_1, \cdots, X_n$이 교환가능하다면, θ가 주어진 상태에서 $X_1, \cdots, X_n$의 조건부 독립이 성립하도록 하는 모수 θ와 밀도함수 $\pi(\theta)$가 존재할까?

De Finetti 정리

변수 X_i가 모두 같은 를 갖고 임의의 n에 대하여 $X_1, \cdots, X_n$이 교환가능하면, $X_1, \cdots, X_n$의 결합밀도함수에 대하여 다음 식을 만족하는 모수 θ와 그의 밀도함수 $\pi(\theta)$, 그리고 X_i의 조건부 밀도함수 $f(x_i|\theta)$가 존재한다.

$$f(x_1, \cdots, x_n) = \int \prod_{i=1}^{n} f(x_i|\theta) \pi(\theta) d\theta.$$

위의 정리는 처음에 De Finetti(1931, 1937)가 이항자료에 대하여 증명하였고 후에 Hewitt and Savage(1955)가 실수공간 상의 연속변수에 대하여도 성립함을 증명하였다.

베이지안 추론에서 De Finetti 정리는 교환가능성이 있는 자료에 대하여 조건부 iid가 성립하는 자료의 조건부 분포 $\prod_{i=1}^{n} f(x_i|\theta)$와 모수 θ의 사전분포 $\pi(\theta)$가 존재함을 뜻하므로 매우 중요한 의미를 지닌다.

$X_1, \cdots, X_n$이 교환가능한 예를 살펴보면, 1) $X_1, \cdots, X_n$이 반복실험으로부터의 결과일 때, 2) $X_1, \cdots, X_n$이 무한모집단으로부터의 비복원추출의 결과일 때, 3) $X_1, \cdots, X_n$이 유한모집단으로부터의 복원추출의 결과일 때 등이다. 또한 $X_1, \cdots, X_n$이 유한모집단으로부터의 비복원추출의 결과일 때에도 모집단의 크기가 표본크기에 비하여 매우 클 경우에는 대략적으로 교환 가능성이 성립한다고 할 수 있다.

연습문제

1 (1) $N(0,1)$ 분포의 확률밀도함수와 $t_4(0,2/4)$, $t_{10}(0,8/10)$ 분포의 확률밀도함수를 겹쳐 그리고 비교하라. 참고로, 위의 세 분포는 평균 1, 분산 1을 갖는다. t 분포의 확률밀도함수를 계산하는 R 사용자정의 함수를 만들고 이를 이용하라.

(2) 역감마 분포의 확률밀도함수를 계산하는 R 사용자정의 함수를 만들고, 이를 이용하여 $IG(0.1,0.1), IG(1,1), IG(10,10)$ 분포의 확률밀도함수를 겹쳐 그려라.

2 연속변수 X, Y에 대하여 $Y=y$로 주어지고 $f_Y(y)>0$일 때 X의 조건부 밀도함수는 $f_{X|Y}(x|y)=f_{XY}(x,y)/f_Y(y)$이다. $f_{X|Y}(x|y)$가 3.3절의 확률밀도함수 성질을 모두 만족함을 보여라.

3 결합확률밀도함수가 아래와 같이 정의되는 두 변수 x,y가 있다.

$$f_{XY}(x,y)=x-y, \qquad 1\le x\le 2, \quad 0\le y\le 1.$$

X와 Y의 주변확률밀도함수를 구하고 X와 Y가 서로 독립인지 아닌지 밝혀라.

4 변수 $X_1,\cdots,X_5$는 어떤 동전을 5번 독립적으로 던졌을 때 각각 앞면이 나오면 1, 뒷면이 나오면 0의 값을 갖는 이항변수이다. 따라서 이들은 독립적으로 서로 같은 베르누이 분포를 따르는 변수이다. 그런데 이 동전을 랜덤으로 던졌을 때 앞면이 나오는 확률은 0.1,0.2,...,0.9 중 하나인데 이 중 정확히 어느 값인지는 모른다고 한다. 즉, 이 동전이 실제로 앞면이 나오는 확률을 "변수" θ라고 하면 θ는 0.1, 0.2, ..., 0.9의 각 값에 대하여 1/9의 확률을 갖는 이산균일분포를 따른다. 철수가 동전을 다섯 번 던져서 변수 $X_1,\cdots,X_5$의 관측값을 보니 $(x_1,\cdots,x_5)=(1,1,0,0,1)$이었다. $(x_1,\cdots,x_5)=(1,1,0,0,1)$이 주어진 조건하에서 실제 확률 θ가 0.5일 확률 $P(\theta=0.5|(x_1,\cdots,x_5)=(1,1,0,0,1))$을 구하라. 다른 θ값에 대해서도 사후확률을 구하고 θ의 사후분포를 그림으로 나타내라.

5 4번 문제에서

(1) 조건부 확률 $P((X_1,\cdots,X_5)=(1,1,0,0,1)|\theta=0.5)$는 얼마인가?

(2) 주변확률 $P((X_1,\cdots,X_5)=(1,1,0,0,1))$은 얼마인가?

(3) $X_1,\cdots,X_5$는 서로 교환가능한 변수인가?

6 변수 X는 다음과 같은 확률밀도함수를 가지는 이산과 연속의 합성변수이다. X의 확률밀도함수를 그림으로 표시하라.

$$f_X(x)=\begin{cases}\frac{1}{2} & ,\ x=0 \\ \frac{1}{2}\frac{1}{\sqrt{2\pi}}e^{-\frac{1}{2}x^2} & ,\ x\neq 0\end{cases}$$

7 (1) R을 사용하여 $B(10,0.7)$ 분포의 확률밀도함수를 그려보라. 그리고 그 위에 같은 평균과 분산을 갖는 정규분포의 확률밀도함수를 겹쳐 그려라.

(2) 같은 작업을 $B(100,0.7)$에 대하여 수행하라.

(3) 위의 두 그림을 비교하여 무엇을 알 수 있는가?

04

베이지안 추론

4.1 통계적 모형

통계추론의 주요 목적 중 하나는 자료를 이용하여 미지의 관심모수 θ를 추정하는 것이다. 다시 말하면 자료에서 주어지는 정보를 이용하여 여러 후보 θ값들 중 어느 것이 실제 θ값일 가능성이 높은지를 추정하고, 나아가 이 추정에 수반하는 오차가 어느 정도인지를 알아내는 것이다. 자료 $\boldsymbol{x} = (x_1, \cdots, x_n)$가 주어졌을 때 이들은 보통 통계적 실험이나 표본조사 혹은 어떤 다른 랜덤 메커니즘으로부터 얻어진 것으로 확률변수 $\boldsymbol{X} = (X_1, \cdots, X_n)$의 관측치이다. 통계추론의 첫 단계는 우선 자료를 생성한 통계적 모형을 가정하는 것인데 이 통계적 모형은 보통 자료변수의 확률분포로 요약된다. 요약하면, 자료 $\boldsymbol{x}$는 확률변수 $\boldsymbol{X}$의 관측치이며, $\boldsymbol{X}$의 분포는 미지의 관심모수 θ에 의존하는 확률밀도함수 $f(\cdot \mid \theta)$를 갖는다고 가정한다.

4.2 우도함수

모수 θ에 대한 정보를 가진 자료 $\boldsymbol{x}$가 주어졌을 때 임의의 θ에 대하여 변수 $\boldsymbol{X}$의 관측치 $\boldsymbol{x}$에서의 조건부 결합확률밀도함수 $f(\boldsymbol{x}|\theta)$를 계산할 수 있다. 만약 $\boldsymbol{X}$가 이산변수라면 $f(\boldsymbol{x}|\theta_0)$는 $\theta = \theta_0$인 경우 주어진 자료 $\boldsymbol{x}$가 발생할 확률이다. 두 개의 θ값 θ_a와 θ_b에 대하여 만약 $f(\boldsymbol{x}|\theta_a) > f(\boldsymbol{x}|\theta_b)$라면 $\theta = \theta_a$일 때 주어진 자료 $\boldsymbol{x}$가 발생할 확률이 $\theta = \theta_b$일 때보다 크므로 우리는 θ의 추정치로 θ_b보다는 θ_a를 선택하는 것이 더 바람직할 것이다. 이렇게 $f(\boldsymbol{x}|\theta)$를 이용하여 다양한 θ값에 대하여 추정치로서의 가능성을 타진할 수 있으므로 $f(\boldsymbol{x}|\theta)$를 θ의 우도함수 또는 가능도함수(likelihood function)라고 한다. 자료 $\boldsymbol{x}$는 이미 관측된 상수이기 때문에 $f(\boldsymbol{x}|\theta)$는 θ만의 함수이므로 이를 부각시키기 위하여 $f(\boldsymbol{x}|\theta)$를 $L(\theta|\boldsymbol{x})$로 표기하거나 혹은 상수 $\boldsymbol{x}$를 무시하고 $L(\theta)$로 표기한다. 주의할 점은 우도함수는 θ에 대한 확률밀도함수가 아니라는 점이다.

예제 4.1

성공확률이 θ인 베르누이 시행을 10번 독립적으로 반복했을 때 성공횟수 X는 이항분포 $B(10,\theta)$를 따른다. X의 관측치로 $x=3$을 얻었다면 θ의 우도함수는

$$L(\theta|x=3)=f(3|\theta)=\binom{10}{3}\theta^3(1-\theta)^7 \tag{4.1}$$

인데 이를 그림으로 표시하면 그림 4.1과 같다.

```
theta=seq(0,1,length=200)
ltheta=120*theta^3*(1-theta)^7
plot(theta, ltheta,type="l")
abline(v=0.3, lty=2)
```

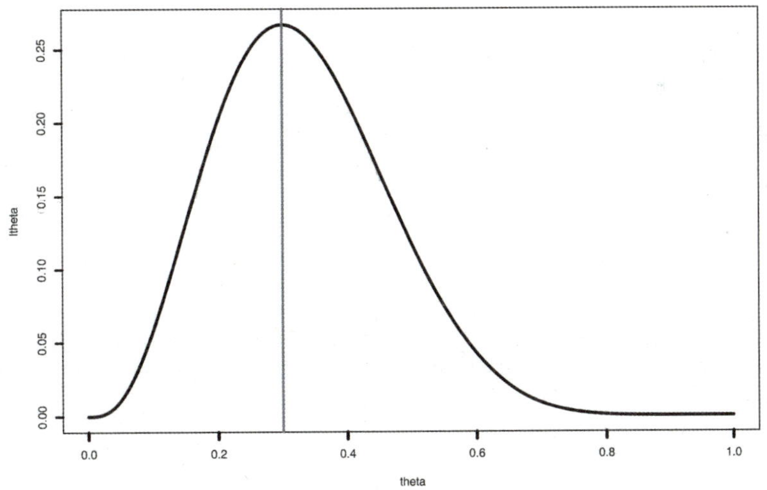

그림 4.1 $X|\theta\sim(10,\theta)$에서 $x=3$일 때 θ의 우도함수

우도함수 $L(\theta|\boldsymbol{x})=f(\boldsymbol{x}|\theta)$값이 큰 θ일수록 관측치 $\boldsymbol{x}$로 미루어 볼 때 θ의 참값일 가능성이 더 크다는 것을 나타낸다. 따라서 우도함수값을 가장 크게 만드는 θ값을 종종 θ의 추정치로 사용하는데, 이를 최우추정치(maximum likelihood estimate)라고 한다. 보통 우도함수는 log를 취하면 오목한 모양을 가지므로, 최우추정치는

$$\frac{d}{d\theta}\log L(\theta|\boldsymbol{x}) = 0$$

의 해(solution) $\hat{\theta}$이다. 모수가 여러 개일 때는

$$\frac{\partial}{\partial\theta_j}\log L(\theta_1,\ \cdots,\theta_p|\boldsymbol{x}) = 0\ ,\ j = 1,\ \cdots,p$$

의 연립방정식의 해가 최우추정치이다.

연습 $X|\theta \sim Poi(\theta)$를 따르고 X의 관측치로 $x = 2$를 얻었다. θ의 우도함수를 그려보아라. θ의 최우추정치는 어느 값이 적당할까?

성공확률이 θ인 베르누이 시행에서 3번째 성공이 나올 때까지 실험을 계속하기로 한다면 실패횟수 X는 음이항분포 $NB(3,\theta)$를 따르고

$$f(x|\theta) = \binom{3+x-1}{x}\theta^3(1-\theta)^x$$

이다. $x = 7$이 주어졌을 때 θ의 우도함수를 보면

$$L(\theta|x=7) = f(7|\theta) = \binom{9}{7}\theta^3(1-\theta)^7 \tag{4.2}$$

이다.

식 (4.2)를 식 (4.1)에 주어진 이항분포의 우도함수와 비교해 보자. 두 우도함수는 비례상수만 다를 뿐 θ에 대해서는 똑같은 함수식을 가진다. 그런데 3장에서 소개한 사후밀도함수에 대한 베이즈 정리

$$\pi(\theta|x) = \frac{\pi(\theta)f(x|\theta)}{\int\pi(\theta)f(x|\theta)d\theta}$$

를 보면 분모와 분자에 모두 우도함수 $f(x|\theta)$가 들어가므로 비례상수는 서로 상쇄되며, 사후분포에는 단지 θ에 대한 함수식만 영향을 미친다. 따라서 식 (4.1)과 식 (4.2)의 우도함수는, 만약 θ에 대하여 같은 사전분포를 가정한다면, 같은 사후분포를 유도한다. 다시 말하면, $X|\theta \sim B(10,\theta)$에서 $x = 3$을 얻었을 때(3번의 성공, 7번의 실패)와 $X|\theta \sim NB(3,\theta)$에서

$x=7$을 얻었을 때(3번의 성공, 7번의 실패), 두 실험의 방법은 차이가 있지만 우도함수가 주는 정보는 동일하고 따라서 베이지안 추론의 결과는 동일하다. 이는 다음과 같은 우도원리와 일치한다.

우도원리(Likelihood Principle)

통계적 실험에서 관측치 $\boldsymbol{x}$가 가지고 있는 $\boldsymbol{\theta}$의 추론에 관한 정보는 우도함수에 모두 포함되어 있다.

베이지안 추론은 우도원리에 근거하여 만약 θ에 대하여 같은 사전분포를 가정한다면 위의 두 실험에서 얻은 자료로부터 동일한 결론을 얻는다. 고전적 추론에서는 우도원리를 채택하지 않는다. 고전적 추론에서는 주어진 관측치에 의존하는 우도함수뿐만 아니라 관측되지 않은 X의 가능한 값들, 즉 X의 표본공간에 의존한다. 따라서 위의 두 실험에서 비록 우도함수는 같으나 실험방법이 다름으로 인해 X의 표본공간이 다르기 때문에 다른 결론을 도출한다. 어느 쪽이 더 일리가 있다고 생각하는가? 이에 대한 보다 자세한 설명은 4.5절에서 다루기로 한다.

θ에 대한 추정치로 두 개의 값 θ_a와 θ_b를 비교할 때 우도함수의 비율 $f(\boldsymbol{x}|\theta_a)/f(\boldsymbol{x}|\theta_b)$을 종종 사용하며 이를 우도비(likelihood ratio)라고 한다. 우도비를 사용할 때 충분통계량을 알면 유용하다. 통계량이란 변수 $\boldsymbol{X}$의 함수로, 편리한 분석을 위하여 $\boldsymbol{X}$를 요약해 놓은 것이라 할 수 있고 보통 $T(\boldsymbol{X})$로 표시하는데, 예를 들면 $\overline{X}$, $\sum X_i$, $\sum(X_i-\overline{X})^2$, $\max\{X_i\}$ 등이 통계량이다.

충분통계량(Sufficient Statistic)

$\boldsymbol{X}$가 밀도함수 $f(\boldsymbol{x}|\theta)$를 갖는다고 하자. $T(\boldsymbol{X})$가 주어졌을 때 $\boldsymbol{X}$의 조건부 분포가 θ에 의존하지 않으면 $T(\boldsymbol{X})$를 θ의 충분통계량이라고 한다.

다시 말하면 $f(\boldsymbol{x}|\theta)=f(T(\boldsymbol{x})|\theta)f(\boldsymbol{x}|T(\boldsymbol{x}))$로 표시될 수 있을 때 $T(\boldsymbol{X})$는 θ에 대한 충분통계량이다. 여기서 $f(T(\boldsymbol{x})|\theta)$와 $f(\boldsymbol{x}|T(\boldsymbol{x}))$는 각각 θ가 주어졌을 때 $T(\boldsymbol{x})$의 조건부 밀도함수와 $T(\boldsymbol{x})$가 주어졌을 때 $\boldsymbol{x}$의 조건부 밀도함수를 나타낸다.

통계량 $T(\boldsymbol{X})$가 충분통계량이 되기 위한 필요충분조건은 $f(\boldsymbol{x}|\theta)=g(T(\boldsymbol{x}),\theta)h(\boldsymbol{x})$를 만족하는 함수 g와 h가 존재하는 것이다. 이 조건은 $T(\boldsymbol{X})$가 주어졌을 때 $\boldsymbol{X}$의 조건부 분포를 유도하지 않고도 충분통계량을 판별하는 데 유용하게 사용될 수 있다.

모수 $\boldsymbol{\theta}$가 벡터일 때 충분통계량은 벡터 $T(\boldsymbol{X})=(T_1(\boldsymbol{X}),\cdots,T_m(\boldsymbol{X}))$로 주어질 수 있다. 충분통계량은 무수히 많을 수 있고, 실은 자료 전체 $\boldsymbol{X}=(X_1,\cdots,X_n)$도 충분통계량이 될 수 있는데 이 경우는 요약적인 의미가 없으므로 가장 잘 요약된 충분통계량, 즉 차원이 가장 작은 통계량을 찾는 것이 중요한데 이를 최소충분통계량(minimal sufficient statistic)이라고 한다. 참고로, 최소충분통계량의 일대일 변환도 또한 최소충분통계량이다.

예제 4.2

$X_1,\cdots,X_n$이 $N(\theta,1)$을 따를 때 $\overline{X}$, $\sum X_i$와 $(X_1, \sum_{i=2}^{n} X_i)$은 모두 다 충분통계량이다. 이 중 최소충분통계량은 $\overline{X}$과 $\sum X_i$이다.

모수 θ의 충분통계량이 $T(\boldsymbol{X})$일 때 두 값 θ_a와 θ_b에 대한 우도비를 보면

$$\frac{f(\boldsymbol{x}|\theta_a)}{f(\boldsymbol{x}|\theta_b)}=\frac{f(T(\boldsymbol{x})|\theta_a)f(\boldsymbol{x}|T(\boldsymbol{x}))}{f(T(\boldsymbol{x})|\theta_b)f(\boldsymbol{x}|T(\boldsymbol{x}))}=\frac{f(T(\boldsymbol{x})|\theta_a)}{f(T(\boldsymbol{x})|\theta_b)}$$

이므로 우도비가 충분통계량에만 의존한다. 따라서 θ가 주어졌을 때 충분통계량의 분포만 알면 되므로 매우 간편하게 우도비를 구할 수 있다.

예제 4.3

$X_1,\cdots,X_n$이 $N(\theta,1)$을 따를 때 θ에 대한 최소충분통계량은 $\overline{X}=\sum X_i/n$이고 $\overline{X}$의 분포는 $N(\theta,1/n)$이므로 두 값 θ_a와 θ_b에 대한 우도비는

$$\frac{f(\overline{x}|\theta_a)}{f(\overline{x}|\theta_b)}=\frac{e^{-\frac{n}{2}(\overline{x}-\theta_a)^2}}{e^{-\frac{n}{2}(\overline{x}-\theta_b)^2}}=e^{-\frac{n}{2}(\theta_a-\theta_b)(\theta_a+\theta_b-2\overline{x})}$$

이다. 만약 $n=10$, $\bar{x}=0.1$이면 $\theta_a=0$과 $\theta_b=1$의 우도비는 $e^4=54.6$이며 로그 우도비는 4이다. 따라서 θ_a가 θ_b보다 더 적합하다고 할 수 있다.

예제 4.4

$X_1,\cdots,X_n$이 $Ber(\theta)$을 따를 때 최소충분통계량은 $Y=\sum X_i$이고 Y의 분포는 $B(n,\theta)$이므로 두 값 θ_a와 θ_b에 대한 우도비는

$$\frac{f(y|\theta_a)}{f(y|\theta_b)}=\frac{\theta_a^y(1-\theta_a)^{n-y}}{\theta_b^y(1-\theta_b)^{n-y}}=\left(\frac{\theta_a}{\theta_b}\right)^y\left(\frac{1-\theta_a}{1-\theta_b}\right)^{n-y}$$

이다.

자료가 가진 θ에 대한 정보가 충분통계량에 모두 포함되어 있으므로 충분통계량만 알면 더 이상 자료의 세부 내용을 몰라도 충분하다는 의미로 해석될 수 있다. 이와 반대되는 개념으로 어떤 통계량은 그 통계량의 분포가 θ와 무관하여 θ에 대한 정보를 전혀 가지고 있지 않을 수도 있다. 이런 통계량을 보조통계량(ancillary statistic)이라고 한다.

예제 4.5

두 변수 X_1,X_2는 $U\left(\theta-\frac{1}{2},\theta+\frac{1}{2}\right)$, 즉 구간의 길이가 1이고 중심이 θ인 균일분포를 따른다. 이때 두 변수의 차이 X_1-X_2는 θ에 대한 정보를 가지고 있지 않은 보조통계량이다.

예제 4.6

변수 $X_1,\cdots,X_n$이 독립적으로 $N(\theta,1)$분포를 따를 때 $s^2=\frac{1}{n}\sum(X_i-\overline{X})^2$은 θ에 대한 보조통계량이다.

4.3 베이지안 추정

베이지안 추정을 위해서는 우도함수 $f(\boldsymbol{x}|\theta)$뿐만 아니라 추가로 모수에 대한 분포가 필요하다. 이 분포는 자료와 무관하게 또는 자료를 얻기 전에 θ에 대하여 가지고 있는 정보를 내포하기 때문에 사전분포(prior distribution 또는 prior)라고 한다. 사전분포는 관측치가 주어지는 것이 아니므로 특정한 룰이 있는 것이 아니며 다양한 선택이 있을 수 있다. 사전분포는 크게 둘로 나누어 개인의 주관적 정보를 요약한 것일 경우 주관적 사전분포(subjective prior)라 하고, 반대의 경우 객관적 사전분포(objective prior) 혹은 무정보 사전분포(non-informative prior)라 한다. 주관적 혹은 객관적 사전분포 내에서도 매우 다양한 사전분포가 존재할 수 있다. 이런 다양성 때문에 때로는 베이지안 추론의 결과가 사전분포에 얼마나 민감하게 변하는지 조사하는 민감성 분석(sensitivity analysis)이 필요하다.

주어진 사전정보로부터 θ의 사전분포를 결정하는 예를 살펴보자.

예제 4.7

어느 공장에서 생산되는 제품의 불량률 θ를 알아보고자 한다. 제품을 조사하기 전에 과거의 경험으로부터 우리는 θ가 대략 0.2인 것을 알고 있다. 이 사전정보는 현재가 아닌 과거의 정보이고 랜덤추출로부터 얻어진 것이 아닐 수 있는데 사전정보의 양(정확도)을 따질 때 대략 현재의 독립적인 관측치 9개와 맞먹는다고 간주된다.

이 정보를 가지고 사전분포를 정하여 보자. θ가 0과 1 사이의 확률이므로 베타 분포가 적당할 것이고 베타 분포의 모수 α와 β를 정하면 되는데, 베타 분포의 평균은 $\alpha/(\alpha+\beta)$이므로 분자 α를 대략 성공 횟수, 분모 $\alpha+\beta$를 관측치의 수로 간주할 수 있다. 따라서 $\alpha/(\alpha+\beta)=0.2$와 $\alpha+\beta=9$를 동시에 만족하는 α와 β를 구하면 $\alpha=1.8,\ \beta=7.2$이다. 사전분포는 정확한 관측치로부터 얻어지는 것이 아니므로 편의상 $\alpha=2,\ \beta=7$을 사용해도 무방하겠다. 따라서 θ의 사전분포는 $Beta(2,7)$로 정할 수 있다.

사전분포를 정하는 또 다른 예로 과거의 자료를 이용하는 경우를 살펴보자.

예제 4.8

(Kennett and Ross, 1983)

Ennerdale Granophyre 라는 광물의 나이 θ를 추정하고자 한다. 1960 ~ 1970년대 초까지는 $K-40$과 $Argon-40$의 비율에 근거한 K/Ar 방법을 사용하여 추정하였는데, 그 결과 나이가 370 ± 21백만 년으로 추정되었다. 1970년대에 와서 $Rubidium-87$과 $Strontium-87$의 비율에 근거한 Rb/Sr 방법이 개발되었는데, 그 결과 421 ± 8백만 년으로 추정되었다. 이때 두 추정치가 존재하는데, 최근의 추정인 Rb/Sr의 결과만 사용하는 것보다는 과거의 추정결과도 함께 사용하는 것이 도움이 될 것이다.

최근의 추정 결과를 관측치로, 과거의 추정 결과를 사전정보로 사용하기로 하자. Ennerdale Granophyre의 나이에 대하여 정규분포를 가정한다면 사전분포로 $N(370, 21^2)$를 사용할 수 있겠다. 최근의 방법으로부터 421(백만 년)이 추정치로 얻어졌으므로 이를 관측치의 평균 $\bar{x}$로 놓을 수 있다. 관측치에 대하여 정규분포 $N(\theta, \sigma^2)$를 가정하면 평균의 분산은 σ^2/n이다. 추정치 421에 대한 오차가 8이므로 $\sqrt{\sigma^2/n} = 8$로 놓을 수 있다. 이를 정리하면

$$\theta \sim N(370, 21^2)$$
$$\bar{X}|\theta \sim N(\theta, 8^2), \qquad \bar{x} = 421$$

로 요약될 수 있다. 이 사전분포와 관측치를 이용한 θ에 대한 베이지안 추론은 7장에서 다루도록 하겠다.

우도함수 $f(x|\theta)$와 사전밀도함수 $\pi(\theta)$가 주어지면 베이즈 정리에 의하여 자료 $X = x$가 주어졌을 때 θ의 조건부 분포를 구할 수 있다. 이 θ의 조건부 분포는 자료 $X = x$를 얻고 난 후 θ에 대한 정보를 요약하는 것이므로 사전분포에 대응되는 개념으로 사후분포(posterior distribution)라 한다. θ가 연속인 경우 사후분포의 밀도함수는

$$\pi(\theta|x) = \frac{\pi(\theta) f(x|\theta)}{\int \pi(\theta) f(x|\theta) d\theta}$$

식으로 얻어질 수 있다. θ가 이산인 경우는 위 식의 적분이 θ의 가능한 값에 대한 합으로 바뀐다. 참고로, 위 식에서 분자는 θ와 X의 결합밀도함수이고, 분모는 X의 주변밀도함수이다. 사후분포는 θ에 대한 사전분포 $\pi(\theta)$와 자료가 주는 θ에 대한 정보 $f(x|\theta)$를 베이즈 정리를 이용하여 결합한 것으로, 자료를 얻기 전에 θ에 대하여 가지고 있던 정보 $\pi(\theta)$를

개선시킨 것으로 볼 수 있다. 이를 도식으로 표현하면 다음과 같다.

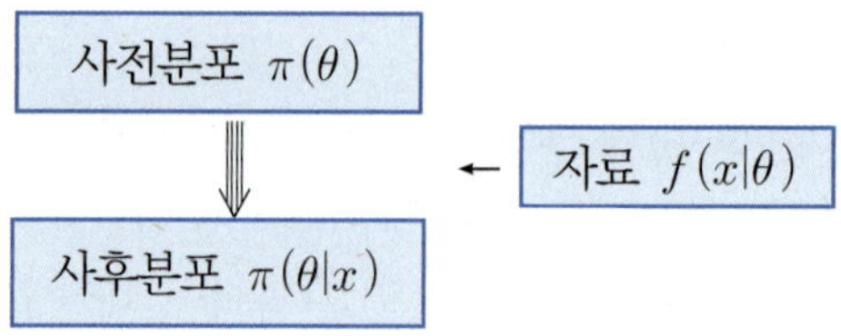

사후밀도함수 식에서 보면 우도함수 $f(x|\theta)$가 분자와 분모 양쪽에 있으므로 우도비에서와 같이 충분통계량 $T(X)$을 알면

$$\pi(\theta|x) = \frac{\pi(\theta) f(T(x)|\theta)}{\int \pi(\theta) f(T(x)|\theta) d\theta}$$

이므로, 이를 이용하면 대부분의 경우에 보다 간편하게 사후분포를 구할 수 있다.

베이지안 추정은 사후분포를 근거로 한다. 예를 들면 θ에 대한 추정치를 원할 경우 θ에 대한 사후기대치

$$E(\theta|x) = \int \theta \pi(\theta|x) d\theta$$

를 사용하거나 사후 중앙값, 모드 등을 사용한다.

편의상 앞으로는 사후밀도함수와 사후분포는 동일하게 $\pi(\theta|x)$로 표시하도록 하겠다.

기본적인 베이지안 추정의 절차

- 관심모수 θ에 대한 이론, 경험, 과거의 자료 등 가능한 정보로부터 사전분포 $\pi(\theta)$를 정한다.
- 관측변수 X를 정하고 통계조사나 실험 등을 통하여 관측치 x를 얻는다. 적절한 통계 모형으로부터 θ가 주어졌을 때 관측치 x의 조건부 밀도함수 $f(x|\theta)$를 구한다.
- $\pi(\theta)$와 $f(x|\theta)$로부터 베이즈 정리를 이용하여 사후분포 $\pi(\theta|x)$를 구하고 이를 추정에 사용한다.

예제 4.9

예 4.1에서 $X|\theta \sim B(10,\theta)$이고 $x=3$이 관측되었다. 사전정보를 볼 때 어떤 특정한 θ값에 대하여 더 가능성이 있다고 보여지지 않으므로 균일분포 $U(0,1)$을 가정하기로 하였다. 위의 두 정보로부터 사후분포를 유도하면

$$\pi(\theta|x=3)=\frac{\binom{10}{3}\theta^3(1-\theta)^7}{\int\binom{10}{3}\theta^3(1-\theta)^7 d\theta}=\frac{\Gamma(12)}{\Gamma(4)\Gamma(8)}\theta^3(1-\theta)^7$$

인데, 이는 $Beta(4,8)$ 분포의 밀도함수식이므로 θ의 사후분포는 $Beta(4,8)$이다. θ의 사후추정치로는 베타 분포의 평균인 $4/(4+8)=1/3$이 될 수 있고 이 추정치에 대한 오차로는 베타 분포의 표준편차인

$$\sqrt{4\cdot 8/[(4+8)^2(4+8+1)]}=0.13$$

을 사용할 수 있다.

4.4 베이지안 구간추정

베이지안 추론은 모수 θ에 대한 최종 정보가 사후분포에 요약되어 있다고 간주하므로 구간추정도 마찬가지로 사후분포에 근거한다. 구간추정은 주어진 신뢰수준을 만족하는 구간 중에서 가장 좋은 구간을 찾는 것이 목적이다. 그렇다면 주어진 신뢰수준을 만족하면서 그 구간에 속하는 θ들의 사후밀도함수값이 큰 구간을 찾는 것이 바람직할 것이다. 즉, 주어진 신뢰수준을 만족하는 조건에서 가장 우수한, 가능성이 높은, θ들을 모으는 것이 현명하다는 것이다.

베이지안 신뢰구간(Credible Set)

θ에 대한 $100(1-\alpha)\%$ 베이지안 신뢰구간은 변수 X의 관측치가 $X=x$로 주어졌을 때 다음을 만족하는 θ의 집합 C를 말한다.

$$P(\theta \in C|x) = 1-\alpha.$$

θ가 연속변수라면 $\alpha_1+\alpha_2=\alpha$인 α_1, α_2에 대하여 c_1, c_2가 각각 $100\alpha_1\%$, $100(1-\alpha_2)\%$ 사후분위수일 때 구간 (c_1, c_2)는 θ에 대한 $100(1-\alpha_2)\%$ 베이지안 신뢰구간이다. θ가 이산변수라면 정확하게 $100(1-\alpha)\%$ 신뢰도를 만족하는 θ의 집합을 찾기가 불가능할 수도 있다. 이 경우는

$$P(\theta \in C|x) \geq 1-\alpha$$

를 만족하는 집합 C중에서 집합 C의 사후확률이 최대한 $1-\alpha$에 가까운 것을 선택한다. C의 사후확률이 $1-\alpha$보다 큰 것을 허용하는 것은, 구간의 신뢰도를 실제보다 크게 보고하는 것이 더 위험하다는 보수적인 입장으로, 간혹 연속변수인 경우에도 정확한 신뢰도를 맞추기 힘들 때 주어진 것보다 약간 큰 신뢰도를 갖는 구간을 사용할 수 있다.

예제 4.10

$N(\theta,4)$분포로부터 16개의 표본을 추출한 결과 $\bar{x}=0.3$이었다. θ에 대한 무정보 사전분포로 $\pi(\theta)=1$을 가정하고, 이를 $\overline{X}\ |\theta \sim N(\theta,\ 4/16)$과 합성하여 사후분포를 유도하면

$$\pi(\theta|\bar{x}) \propto f(\bar{x}|\theta)\pi(\theta) \propto exp\left[-\frac{1}{2\cdot 0.25}(0.3-\theta)^2\right] = \exp\left[-\frac{1}{2\cdot 0.25}(\theta-0.3)^2\right]$$

으로 θ의 사후분포는 $N(0.3, 1/4)$이다. 이 경우 θ의 95% 베이지안 신뢰구간을 구해 보자.

```
theta<-seq(-3,3,length=500)
par(mfrow=c(1,2))
plot(theta, dnorm(theta,0.3,0.5), type="l",ylab="density")
abline(v=qnorm(c(0.049, 0.999), 0.3,0.5) , lty=2)
```

```
abline(v=qnorm(c(0.025, 0.975), 0.3,0.5) , lty=1)
```

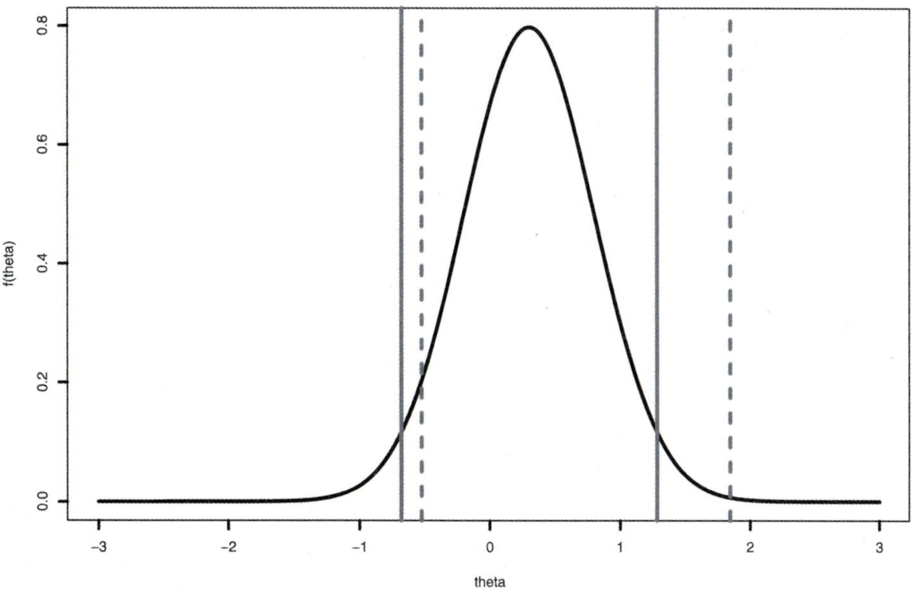

그림 4.2 예 4.10에서 θ에 대한 95% 베이지안 신뢰구간

그림 4.2에서 실선으로 표시된 $(0.3-1.96\times0.5,\ 0.3+1.96\times0.5)$ 구간과 점선으로 표시된 $(0.3-1.65\times0.5,\ 0.3+3.09\times0.5)$ 구간은 둘 다 95% 베이지안 신뢰구간이다.

예 4.10과 같이 95% 베이지안 신뢰구간은 여러 개가 존재할 수 있다. 그렇다면 이들 구간 중에서 가장 좋은 신뢰구간은 어떤 것일까? 실선으로 표시된 신뢰구간 Ⅰ과 점선으로 표시된 신뢰구간 Ⅱ를 비교해 보면 구간 Ⅱ는 Ⅰ에 비하여 오른쪽에서 사후밀도함수 값이 낮은 θ를 포함하고 있는 것을 알 수 있다. 사후밀도함수 값이 낮다는 것은 θ의 추정치로서 적절치 않다는 것을 나타낸다. 따라서 같은 신뢰도를 갖는 구간이라면 사후밀도함수 값이 높은 우량의 θ를 많이 포함하고 있는 것이 바람직할 것이다. 신뢰도는 신뢰구간의 범위에서 사후밀도함수의 적분값, 즉 면적이다. 따라서 사후밀도함수 값이 높은 θ를 많이 포함한다면 신뢰구간의 길이가 짧아질 것이므로 θ에 대하여 오차가 작은, 더 정확한 추정을 한다고 볼 수 있다.

최대사후구간(Highest Posterior Density(HPD) interval)

θ에 대한 $100(1-\alpha)\%$ 최대사후구간은 다음을 만족하는 θ_l과 θ_h 사이의 구간이다.

1) $P(\theta_l < \theta < \theta_h|x) = 1-\alpha$

2) 만약 $\theta_a \in (\theta_l, \theta_h)$이고 $\theta_b \notin (\theta_l, \theta_h)$이면 $P(\theta_a|x) > P(\theta_b|x)$이다.

쉽게 이야기하면, 최대사후(HPD) 구간은 주어진 신뢰도를 만족하는 베이지안 구간 중 최대한 사후밀도함수값이 높은 θ들을 모아놓은 것이다. θ가 연속변수이고 사후밀도함수가 단봉(unimodal)이면 θ의 최대사후구간은 베이지안 신뢰구간 중에서 구간의 길이가 가장 짧은 구간이다. θ가 이산(discrete)변수일 경우는 간단하게 사후확률이 높은 θ 값부터 차례로 HPD 구간에 포함시키다가 포함된 θ들의 누적 사후확률이 최초로 $1-\alpha$를 초과하거나 같을 때 중단하면 된다.

예를 들면 θ의 사후분포가 $N(0.3, 0.25)$일 때 θ의 95% 베이지안 최대사후구간은 사후확률밀도함수값이 높은 중앙에서 95% 확률을 취한 구간 $0.3 \pm 1.95 \cdot 0.5 = (-0.68, 1.28)$이다. 이 최대사후구간은 95% 신뢰구간 중 가장 짧은 구간 길이를 갖는다.

θ가 연속변수일 때 HPD 구간을 생각해 보자. 그림 4.3은 최대 확률밀도함수가 비대칭이거나 다봉일 경우 HPD 구간의 예를 보여 주고 있다. 그림 4.3을 보면 구간의 경계값들에서 사후밀도함수값이 동일함을 알 수 있다. 즉, 주어진 신뢰도를 만족하는 구간 중 최대한 사후밀도함수값이 높은 θ들을 모으기 위하여 가상의 수평 막대를 사후밀도함수의 최댓값에서부터 점차 아래로 내리면서 만나는 점들 사이의 면적을 계산하여 면적이 최초로 $1-\alpha$와 동일하거나 클 때의 구간이 HPD 구간이 되는 것이다. 따라서 HPD 구간을 구하려면 임의의 상수 c에 대하여 $\pi(\theta|x) = c$를 만족하는 θ값을 구해야 하고 또 임의의 상수 a, b에 대하여 $\int_a^b \pi(\theta|x)d\theta$를 계산해야 한다. 보통 방정식의 해나 적분값은 수리적으로 주어지지 않아 수치적 방법을 써야 하는 복잡성이 따르므로 근사적 HPD 구간을 사용할 것을 권장한다. 이 책에서는 근사적 최대사후구간을 구하는 세 가지 방법을 소개하기로 한다.

첫 번째 방법은 매우 간단한 방법으로 $\alpha/2$ 사후분위수 $\theta_{\alpha/2}$와 $1-\alpha/2$ 사후분위수 $\theta_{1-\alpha/2}$를 찾아 $(\theta_{\alpha/2}, \theta_{1-\alpha/2})$를 대략적인 최대사후구간으로 사용하는 것이다. $\theta_{\alpha/2}$와 $\theta_{1-\alpha/2}$는 θ의 사후분포가 잘 알려진 분포일 경우에는 R 패키지의 함수를 사용하면 되고, θ의 사후 표본이 충분히 많이 주어질 경우는 표본으로부터 $\alpha/2$ 사후분위수와 $1-\alpha/2$ 사후분위수를 구하여 $\theta_{\alpha/2}$와

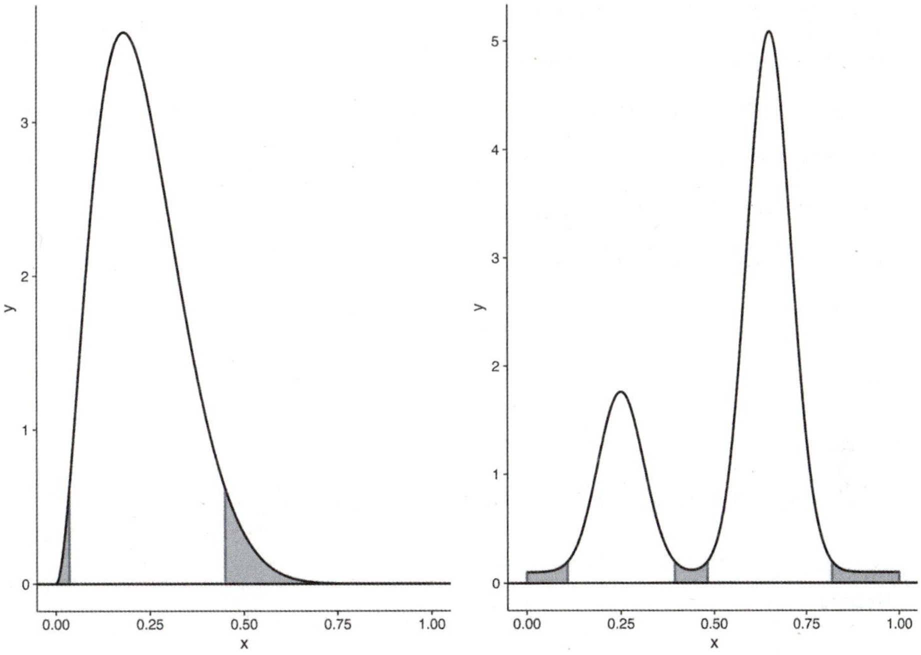

그림 4.3 최대사후구간의 예

$\theta_{1-\alpha/2}$를 대치할 수 있다. 이 방법은 매우 간편하지만 사후밀도함수가 단봉(unimodal)이 아니거나 비대칭이 심하면 실제 HPD와 매우 다른 결과를 얻을 수 있다.

두 번째 방법은 격자점을 이용한 근사인데, 이 방법의 아이디어는 연속변수인 θ를 이산변수로 변환하여 HPD 구간을 구하는 것이다. θ의 모수공간에서 일정한 간격으로 N개의 격자점 $\theta_1, \ldots, \theta_N$을 정한 다음, 각 θ_i에 대하여

$$\hat{\pi}(\theta_i|x) = \pi(\theta_i)f(x|\theta_i) / \sum_{j=1}^{N} \pi(\theta_j)f(x|\theta_j)$$

를 계산한다. $\hat{\pi}(\theta_i|x)$를 내림차순으로 정렬하여 이를 $\hat{\pi}(\theta^{(i)}|x)$라 한다. M을 $\sum_{j=1}^{m} \hat{\pi}(\theta^{(j)}|x) \geq 1-\alpha$를 만족하는 m 중 가장 작은 값이라고 하면 $\{\theta^{(1)}, \ldots, \theta^{(M)}\}$이 속하는 구간이 근사적 HPD 구간이다.

이 방법을 구현하는 R 함수 HPDgrid()를 다음과 같이 정의하자. HPDgrid() 함수에서 계산하는 HPD$index는 HPD 구간에 포함된 θ 격자점들의 첨자이고, HPD$level은 HPD 구간에 포함된 θ 격자점들의 사후확률의 합이다.

```
HPDgrid=function(prob,level=0.95){
prob.sort=sort(prob, decreasing=T)
M=min( which(cumsum(prob.sort)>= level))
height=prob.sort[M]
HPD.index=which( prob >= height)
HPD.level=sum(prob[HPD.index])
res=list(index=HPD.index, level=HPD.level)
return(res)
}
```

HPDgrid 함수를 이용하여 예 4.10에서 θ의 95% HPD 구간을 구해 보자.

```
N=1001
theta=seq(-3,3,length=N)
prob=exp(-0.5/0.25*(theta-0.3)**2)
prob=prob/sum(prob)
alpha=0.05
level=1-alpha
HPD=HPDgrid(prob, level)
```

Y 축을 1로 고정하고 HPD 구간에 포함된 θ들을 그려보면 거의 연속적인 점들로 이루어져 있는 것을 볼 수 있다. 따라서 HPD 구간을 하나의 연속 구간으로 보고 HPD 구간에 포함된 θ들 중에서 최솟값부터 최댓값까지의 구간을 근사적 HPD 구간으로 간주한다. 얻어진 구간을 보면 (-0.678, 1.278)이고 이 구간에 θ가 속할 확률은 약 0.9502이다. 실제 HPD 구간 (-0.68, 1,28)과 매우 가까운 값이 얻어진 것을 볼 수 있다. HPDgrid 함수로부터 얻어진 근사적 HPD 구간을 그림 4.4에 그려보았다.

```
plot(theta[HPD$index],rep(1,length(HPD$index)))
HPDgrid.hat=c( min(theta[HPD$index]), max(theta[HPD$index]) )
HPDgrid.hat
```

```
 [1] -0.678  1.278
HPD$level
[1] 0.9502389
```

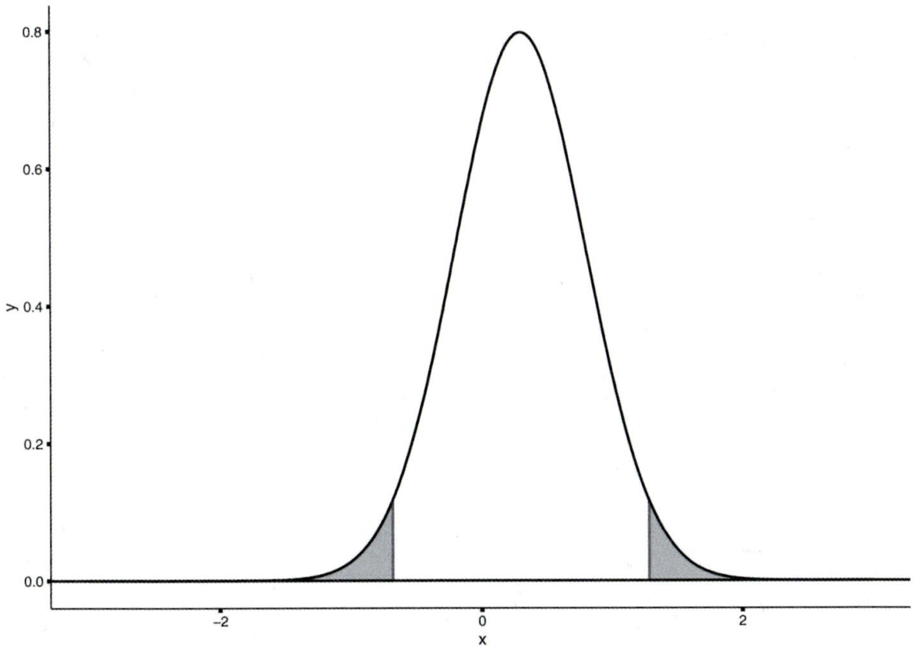

그림 4.4 예 4.10에서 θ의 근사적 HPD 구간

격자점을 이용한 근사적 HPD 구간은 θ가 다변량이거나 θ의 사후밀도함수가 다봉(multimodal)인 경우를 포함하여 사후밀도함수의 모양에 상관없이 적용가능하다는 장점이 있다. 그러나 θ의 격자점을 일정 간격으로 잡기 때문에 격자점의 수가 크지 않을 경우 사후밀도함수가 큰 구간에서 근사가 좋지 않을 가능성이 있으며, θ의 차수가 증가함에 따라 격자점의 수가 기하급수적으로 증가하고, 또한 모수공간이 유한하지 않고 무한한 경우 격자점을 어떻게 잡아야 좋은지 분명하지 않다는 단점이 있다.

세 번째 방법은 θ의 사후 표본을 이용하는 방법이다. 많은 경우 θ의 사후밀도함수가 복잡한 형태이거나 또는 수리적으로 주어져 있지 않은 경우에도 θ의 사후 표본 생성은 가능하다. 사후 표본 생성에 대해서는 10장에서 보다 자세히 다루도록 한다. 세 번째 방법의 아이디어는 사후 표본의 히스토그램이 대략적으로 사후밀도함수와 근사하다는 점을 이용하여 가능한 신뢰구간 중 가장 짧은 길이를 갖는 구간을 취하는 것이다. 예를 들어 10,000개의 사후 표본이 주어졌을 때 95% 신뢰구간은 9,500개의 표본을 포함할 것이다. θ의 사후 표본을 오름차순으로 정렬하여 $\theta_{(1)},\ldots,\theta_{(10000)}$이라고 하면 가능한 95% 신뢰구간은 $(\theta_{(1)},\theta_{(9500)})$, $(\theta_{(2)},\theta_{(9501)})$, …, $(\theta_{(501)},\theta_{(10000)})$으로 총 501개의 구간이다. 이 구간 중 가장 길이가 짧은 것을 취하여 근사적 HPD 구간으로 취하는 것이다. 이 작업을 수행하는 함수 HPDsample( )를 아래와 같이 정의하였다.

```
HPDsample=function(theta,level=0.95){
N=length(theta)
theta.sort=sort(theta)
M=ceiling(N*level)
nCI=N-M  # number of possbile CIs
CI.width=rep(0,nCI)
for( i in 1:nCI)CI.width[i]=theta.sort[i+M]-theta.sort[i]
index=which.min(CI.width)
HPD=c(theta.sort[index], theta.sort[index+M])
return(HPD)
}
```

HPDsample() 함수를 사용하여 예 4.10에서 θ의 HPD 구간을 구해 보자. 결과가 실제 HPD 구간과 매우 근사하다. 참고로, θ의 사후 표본이 랜덤으로 생성되기 때문에 각 수행마다 약간 다른 구간이 나올 수 있다. HPDsample에서 얻어진 HPD 구간은 HPDgrid에서 얻어진 구간과 거의 유사하기 때문에 그림은 생략한다.

```
N=30000
theta=rnorm(N,0.3, 0.5)
alpha=0.05
level=1-alpha
HPDsample(theta)
[1] -0.6840862  1.2736353
```

HPDsample( ) 함수를 이용한 근사적 HPD는 단변량 단봉 밀도함수에 대해서만 적용이 가능하다. 다변량 모수에 대한 다차원 사후구간을 찾는 데에는 사용할 수 없고, 또한 사후밀도함수가 다봉(multimodel)인 경우는 더 적절치 않다. 단, 다변량 모수의 각 원소모수의 주변 HPD 구간을 찾는 데는 사용 가능하다. 이때 주변 사후분포의 단봉성(unimodality)을 표본의 히스토그램을 그려보아 파악하는 것이 필요하다.

사후 표본을 이용한 근사의 장점은 모수를 임의로 변환해도 변환된 모수의 HPD 구간을 쉽게 구할 수 있다는 점이다. $\eta = g(\theta)$의 관계가 있을 때 θ의 사후 표본 $\{\theta_i\}$을 $\eta_i = g(\theta_i)$로 변환하면 $\{\eta_i\}$가 변환된 모수 η의 사후 표본이 되므로 $\{\eta_i\}$를 이용하여 η의 HPD 구간을 구할 수 있다.

베이지안 추론에서는 θ를 변수로 취급하고, θ의 사후분포로부터 최대사후구간이 얻어지기 때문에 해석이 매우 간단하고 우리의 직관과 일치한다. 예 4.10에서 θ가 $0.3 \pm 1.96 \cdot 0.5$구간에 속할 사후확률은 95%이다. 즉, $P(\theta \in 0.3 \pm 1.96 \cdot 0.5 | x) = 0.95$이다.

반면, 고전적 구간추정을 위의 예에 적용시켜 보자. 이 경우 θ의 95% 고전적 신뢰구간은 $\bar{x} \pm 1.96 \cdot 0.5 = 0.3 \pm 1.96 \cdot 0.5$로 베이지안 최대사후구간과 일치한다. 그러나 해석은 판이하게 다르다. 고전적 추론에서는 θ를 상수로 취급하기 때문에 θ가 구간 $0.3 \pm 1.96 \cdot 0.5$에 속할 확률은 0 또는 1이다. 그렇다면 95% 신뢰수준은 어디서 온 것인가? 만약 우리가 관측치 $X_1, \cdots, X_{16}$을 얻고 이로부터 $\overline{X} \pm 1.96 \cdot 0.5$의 공식을 사용하여 신뢰구간을 구하는 작업을 무수히 반복하면 그 중 95%는 θ를 포함하고 나머지는 포함하지 않을 것이라는 의미이다. 즉, 95% 신뢰계수는 신뢰구간을 구하는 공식 $\overline{X} \pm 1.96 \cdot 0.5$에 결부된 확률이며, 현재 우리에게 주어진 $0.3 \pm 1.96 \cdot 0.5$구간이 θ를 포함하는지 아닌지는 알 수 없다. 이처럼 고전적 신뢰구간의 해석은 복잡할 뿐더러 우리의 직관과도 상충된다. 고전적 통계추론에서 신뢰구간의 해석에 대해서 설명하기 위하여 많은 시간을 들이지만 여전히 많은 사람들이 θ가 $0.3 \pm 1.96 \cdot 0.5$에 속할 확률이 95%라고 해석하고 있다.

4.5 고전적 추정의 문제점

고전적 통계추론에서 추론의 적합성을 측정하는 측도들은 변수 X의 함수에 대한 "기대치"에 기초한다. 예를 들면 편이(bias), 분산, 신뢰구간의 신뢰계수, 가설검정의 오차확률 등은 모든 가능한 X값에 대하여 적분이나 합의 형식을 취한 것들이다. 따라서 이들은 어떤 특정한 관측치에 의존하는 것이 아니라 모든 가능한 관측치들을 고려한 것이다. 다시 말하면, 현재 주어진 관측치가 아니라 실험이나 표본조사를 무한히 반복했을 때 발생할 수 있는 가능한 모든 관측치들을 고려하여 얻어지는 것들이다. 이러한 기법은 현재 주어진 관측치에만 의존하는 베이지안 통계추론과는 상반되는 것으로, 빈도론자(Frequentist) 통계추론이라고 한다.

고전적 통계추론은 가상적인 반복실험을 가정하기 때문에 때로 납득하기 어려운 결과를 제공하기도 한다. Ghosh, et al.(2006, Sec. 2.4)에서 언급한 다음 두 예는 고전적 통계추론의 결과가 현재 얻어진 관측치로부터 우리가 추측할 수 있는 결과와 얼마나 차이가 있을 수 있는지 보여 준다.

예제 4.11

(Cox, 1958)

분산 σ^2이 1인 정규분포의 평균 θ를 추정하고자 한다. 표본을 얻기 전에 먼저 동전을 던져 앞면이 나오면 표본을 2개만 취하고 뒷면이 나오면 표본을 1,000개를 취하기로 하였다. 즉, 표본크기 n은 각각 확률 1/2로, 2 아니면 1,000이 될 것이다. 이 실험에서 θ에 대한 추정치는 표본의 평균 $\overline{X}$가 적절하며 추정치 $\overline{X}$의 정확도를 측정하는 통계량으로는 $\overline{X}$의 분산이 적절할 것이다. $\overline{X}$의 분산은

$$\begin{aligned} Var(\overline{X}) &= \frac{1}{2}Var(\overline{X}|n=2) + \frac{1}{2}Var(\overline{X}|n=1000) \\ &= \frac{1}{2}(\sigma^2/2 + \sigma^2/1000) \approx \sigma^2/4 \end{aligned}$$

로 주어진다.

그런데 만약 동전의 결과가 뒷면이고 따라서 1,000개의 표본을 취한 결과 $\overline{x} = 0.1$이었다고 하자. 고전적 통계추론에 의하면 θ에 대한 추정치는 0.1이고 추정오차는 $\sqrt{\sigma^2/4} = \sigma/2 = 0.5$로 결론짓는다. 이미 1,000개의 표본을 취했다는 것을 안 상태에서, $\sigma/\sqrt{1000} = 0.03$이 아닌 $\sigma/2 = 0.5$를 합리적인 추정오차라고 할 수 있겠는가?

예제 4.12

(Welch, 1939)
두 변수 X_1, X_2는 $U\left(\theta-\frac{1}{2}, \theta+\frac{1}{2}\right)$, 즉 구간의 길이가 1이고 중심이 θ인 균일분포를 따른다. 고전적 통계추론에서 θ에 대한 95% 신뢰구간을 구하면, 적절한 양의 상수 C에 대하여 $\bar{x} \pm C$의 형태를 지닌다. 여기에서 $\bar{x}$는 두 변수의 관측치의 평균이고, C는 변수의 주어진 관측치가 아니라 두 변수들의 모든 가능한 값들, 즉 변수들의 분포에 의존하는 상수로 특정 관측치에 의존하지 않는다.

이제 두 변수를 관측하여 보니 $x_1 = 2,\ x_2 = 1$이었다고 하자. 이 경우 우리는 θ를 정확히 추정할 수 있다. 두 관측치의 차이가 1인데 이들은 구간의 길이가 1인 분포에서 얻어진 것이므로 각각 분포의 최솟값과 최댓값일 수밖에 없고, 분포가 균일분포이므로 θ는 최솟값과 최댓값의 중간인 1.5임이 확실하다. 자료 $x_1 = 2, x_2 = 1$이 얻어진 경우에도 여전히 신뢰계수를 100%가 아닌 95%로 보는 것이 타당한가?

위와 같이 이상한 결과가 나온 것은 추정의 오차, 즉 분산이 관측치에 의존하는 것이 아니라 X의 분포, 즉 가능한 모든 X값을 고려하여 계산되기 때문이다. R.A.Fisher는 이 문제에 대하여 적절한 보조 통계량이 주어진 상태에서 조건부 추론을 하는 것이 적절하다고 주장하였다. 예를 들면, 예 4.11에서 표본크기 n이 주어진 상태에서는 $n=1000$일 때의 분산 $\sigma^2/1000$을 사용하는 것이 적절하다는 것이다. 참고로, n은 보조통계량이기 때문에 n을 조건부로 놓더라도 θ의 우도함수는 변하지 않는다. 예 4.12에서는 $x_1 - x_2 = 1$이 주어진 상태에서 θ에 대한 추론을 하면 추정치는 1.5이고 이 추정치의 정확도는 100%로 하는 것이 적절하다는 것이다. 참고로 여기에서 $X_1 - X_2$는 θ에 대한 보조통계량이다.

만약 당신이 고전적 통계학자인데 이와 같은 Fisher의 조건부 원리(Conditionality Prin- ciple)에 수긍이 가고 이 원리를 추론에 사용하는 것에 동의한다고 하자. 그런데 고전적 추론에서 권유하는 또 다른 원리가 있는데, 이는 '추론은 최소충분통계량에 의존하는 것이 좋다'는 충분원리(Sufficiency Principle)이다. 이 두 원리에 동의한다면 당신은 베이지안의 우도원리에 동의하는 것이다. 왜냐하면 Birnbaum(1962)이 이 두 원리가 성립하면 우도원리가 성립한다는 것을 증명했기 때문이다. 즉, 조건부 원리와 충분원리가 옳다면, 통계추론은 고전적 추론에서와 같이 모든 가능한 X값을 고려하는 것이 아니라 베이지안 추론에서와 같이 오직 주어진 관측치에만 의존하는 우도함수를 기반으로 하여야 한다는 것이다.

연습문제

1 $X_1, X_2, \cdots, X_7$이 독립적으로 $Ber(\theta)$ 분포를 따른다. $X_1, X_2, \cdots, X_7$의 관측치가 (1, 1, 0, 1, 0, 0, 0)으로 주어질 때 θ의 우도함수를 구하고 최우추정치를 구하라.

2 $X_1, X_2, \cdots, X_n$이 $N(0,\theta)$를 따른다고 한다. $\sum_1^n X_i^2$이 θ에 대한 충분통계량임을 보여라.

3 $X_1, X_2, \cdots, X_n$이 $Poi(\theta)$를 따른다고 할 때 $\sum_1^n X_i$이 θ에 대한 충분통계량임을 보여라.

4 예 4.1에서 $X \sim B(10,\theta)$인 X의 관측치 $x=3$이 관측되고 모수 θ에 대한 사전분포로 균일분포 $U(0,1)$을 가정할 경우 θ의 사후분포로 $Beta(4,8)$이 유도됨을 알 수 있었다.

1) 격자점 방법을 사용하여 θ의 95% 최대사후구간을 구하라.

2) θ의 사후표본을 이용하여 θ의 95% 최대사후구간을 구하라.

5 쌍둥이를 가진 산모가 자연분만할 경우 두 태아가 시간 간격을 두고 출산하는데 이 간격이 길어짐에 따라 문제점이 발생할 가능성이 늘어난다고 한다.

오영희 씨는 한국에서 쌍둥이를 임신한 산모들의 평균 출산간격 θ를 알아보고자 한다. 이를 위해 자연분만한 산모들 100명을 대상으로 출산 간격(단위: 분)을 조사한 결과 평균 15분을 얻었다. 각 산모의 출산간격 X_i에 대하여 $N(\theta,20^2)$를 가정하였고 θ의 사전분포로 $N(\theta_0,\sigma_0^2)$를 선택하였다.

사전분포의 모수를 결정하기 위해 쌍둥이 자연분만에 대한 과거 자료를 조사해 보니 독일 헤세 지방의 경우 두 아기의 출산 간격은 평균적으로 13.5분이고 분산은 대략 225분이었다. 이 정보를 이용하여 θ의 사전분포로 $N(13.5,\ 225)$를 사용하기로 하였다. 위의 사전분포와 우도함수로부터 θ의 사후분포를 유도하면 $N(14.97,\ 3.93)$이다 (7장 참고). θ의 95% 최대사후구간을 구하라.

6 성공확률 θ를 가진 베르누이 시행을 20번 독립적으로 반복한 결과 5번의 성공을 얻었다. 그런데 성공확률 θ는 0.1, 0.2,..., 0.9 중 하나의 값을 갖는데 사전적으로 이들은 모두 같은 가능성을 가진다고 한다. 따라서 $\theta_i = 0.1, 0.2, \cdots, 0.9$에 대하여 $\pi(\theta_i) = P(\theta = \theta_i) = 1/9$의 이산균일분포를 가정하였다. 이상으로부터 θ의 사후분포를 구하고 θ의 95% 최대사후구간을 구하라.

05

이항분포에 대한 베이지안 추론

이 장에서는 앞 장에서의 베이지안 추론에 대한 지식을 기반으로 모수의 점추정, 구간추정, 미래의 관측치에 대한 예측을 비롯한 이항분포를 중심으로 기술하도록 하겠다. 구체적인 설명을 위하여 이항분포를 예로 사용하지만 추론의 방법은 일반적인 다른 분포에도 적용되므로 매우 중요한 장이라고 할 수 있겠다.

5.1 이항비율의 추정

예제 5.1

새로운 교육방법이 효과가 있는지 알아보기 위하여 40명의 어린이들을 표본으로 삼아 조사하고자 한다. 변수 X_i를 i번째 어린이에게 효과가 있으면 1, 아니면 0 값을 갖는다고 정의한다. 어떤 어린이를 먼저 조사하고 어떤 어린이를 나중에 조사하는지 상관이 없다면, 즉 어린이들을 조사하는 순서를 어떻게 하든 상관이 없다면 자료 $X_1, \cdots, X_{40}$은 교환가능성을 지니므로 De Finetti 정리에 의하여 $X_1, \cdots, X_n$이 갖고 있는 정보를 다음과 같이 나누어 생각할 수 있다.

- $\theta = \lim_{n \to \infty} \frac{1}{n} \sum_{i=1}^{n} X_i$에 대한 사전정보를 요약한 $\pi(\theta)$
- θ가 주어졌을 때 X_i들은 조건부 독립이며 각 i에 대하여 $X_i = 1$일 확률은 θ이다. 따라서 자료 정보를 요약한 우도함수

$$f(x_1, \cdots, x_{40}|\theta) = \theta^{\sum x_i}(1-\theta)^{40-\sum x_i}$$

모든 θ 값에 대하여 같은 가능성을 가정한다면 θ의 사전분포로 $U(0,1)$, 즉 $\pi(\theta) = 1$, $0 \le \theta \le 1$,을 가정할 수 있다. 이 경우 베이즈 정리에 의해 θ의 사후분포는

$$\pi(\theta|x_1, \cdots, x_n) = \pi(\theta)f(x_1, \cdots, x_n|\theta)/f(x_1, \cdots, x_n)$$

이다.

조사를 수행한 결과 40명 중 15명의 어린이에게 새 교육방법이 효과가 있었다. 이 자료를 대입하면

$$\pi(\theta|x_1, \cdots, x_{40}) = \theta^{15}(1-\theta)^{25}/f(x_1, \cdots, x_{40}),\ 0 \le \theta \le 1, \tag{5.1}$$

이고

$$\begin{aligned} f(x_1, \cdots, x_{40}) &= \int_0^1 \theta^{15}(1-\theta)^{25} d\theta \\ &= \frac{\Gamma(16)\Gamma(26)}{\Gamma(42)} \int_0^1 \frac{\Gamma(42)}{\Gamma(16)\Gamma(26)} \theta^{16-1}(1-\theta)^{26-1} d\theta \\ &= \frac{\Gamma(16)\Gamma(26)}{\Gamma(42)} \end{aligned} \tag{5.2}$$

이다. 위 식에서 마지막 등식은 확률밀도함수의 적분은 1이므로 임의의 양의 상수 a,b에 대하여

$$\int_0^1 \frac{\Gamma(a+b)}{\Gamma(a)\Gamma(b)} \theta^{a-1}(1-\theta)^{b-1} d\theta = 1$$

임을 이용한 것이다.

식 (5.1)과 (5.2)로부터

$$\pi(\theta|x_1, \cdots, x_{40}) = \frac{\Gamma(42)}{\Gamma(16)\Gamma(26)} \theta^{16-1}(1-\theta)^{26-1}\ ,\ 0 \le \theta \le 1$$

인데 이는 바로 $Beta(16, 26)$ 분포이다. 즉, 교환 가능한 이항자료의 관측치와 이항확률에 대한 균일 사전분포를 결합시켜 θ의 사후분포로 $Beta(16, 26)$를 얻은 것이다. 이 분포로부터

$$\begin{aligned} Mode(\theta|x_1, \cdots, x_{40}) &= 15/(15+25) = 0.375 \\ E(\theta|x_1, \cdots, x_{40}) &= 16/(16+26) = 0.381 \\ Var(\theta|x_1, \cdots, x_{40}) &= 16 \times 26/[(16+26+1)(16+26)^2] = 0.00548 \end{aligned}$$

를 얻을 수 있다.

예 5.1에서 사전밀도함수, 우도함수, 사후밀도함수 등을 다음 R 프로그램을 사용하여 그려보았다.

```
# theta ~ Beta(a, b)
a=1 ; b=1
# X|theta ~ B(n, theta)
n=40 ; x=15
 # a discretization of the possible theta values
theta = seq(0, 1, length=50)
prior.theta = dbeta(theta, a, b)
# prob of data|theta(likelihood)
likhd.theta = dbinom(x, n, theta)
# joint prob of data & theta
joint.xtheta = prior.theta*likhd.theta
# posterior of theta
post.theta = dbeta(theta, a+x, b+n-x)

par(mfrow=c(2, 2)) # set up a 2x2 plotting window
plot(theta, prior.theta, type="l", sub="(a) prior: pi(theta)")
abline(v=(a-1)/(a-1+b-1), lty=2) # a vertical line at the mode

plot(theta, likhd.theta, type="l", sub="(b) likelihood: f(x|theta)")
abline(v=x/n,lty=2)

plot(theta, joint.xtheta, type="l", sub="(c) prior x likelihood: pi(theta)x
f(x|theta)")
abline(v=(a+x-1)/(a+b+n-2), lty=2)

plot(theta, post.theta, type="l", sub="(d) posterior: pi(theta|x)")
abline(v=(a+x-1)/(a+b+n-2), lty=2)
```

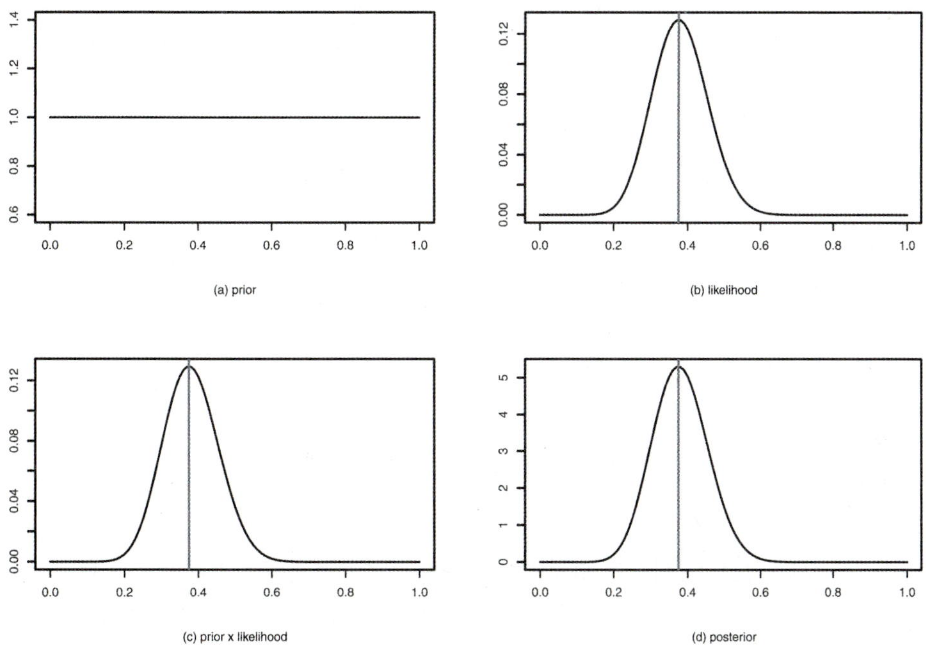

그림 5.1 θ의 사전분포, 우도함수, 사후분포

그림 5.1을 보면, (a)의 사전밀도함수는 일정한 값을 갖는 상수함수이다. 따라서 (b)의 우도함수와 (c)의 우도함수×사전밀도함수 그림을 비교하면 동일하다는 것을 알 수 있다. 그러나 (b)와 (c)의 동일성은 사전분포가 균일분포가 아니면 성립하지 않는다. 주목할 점은, (c)의 우도함수×사전밀도함수와 (d)의 사후밀도함수의 그림을 비교하면 단지 세로축의 스케일이 다를 뿐 정확하게 모양이 일치한다는 것이다. 이는 사전분포나 자료분포의 형태에 상관없이 항상 성립하는 것으로, 사후밀도함수가

$$\pi(\theta|x_1, \cdots, x_n) = \pi(\theta)f(x_1, \cdots, x_n|\theta)/f(x_1, \cdots, x_n)$$

인데 이때 분모인 $f(x_1, \cdots, x_n)$가 모수 θ와는 무관하고 자료값에만 의존하는 θ에 대한 상수함수이기 때문이다. 따라서 임의의 사전분포와 우도함수에 대하여

$$\pi(\theta|x_1, \cdots, x_n) \propto \pi(\theta)f(x_1, \cdots, x_n|\theta)$$

이 항상 성립한다.

4장에서 사후분포는 자료 정보를 추가하여 사전분포를 개선시킨 것이라고 하였는데, 그런

의미에서 사전밀도함수와 사후밀도함수를 같은 도면상에서 비교하는 것은 의미가 있으므로 R을 사용하여 그려보자.

```
par(mfrow=c(1, 1))
plot(theta, post.theta, type="l", col="blue")
lines(theta, prior.theta, col="red", lty=2)

legend(.5, 3, legend=c(paste("beta(",a,", ",b,") prior"),
        paste("post under beta(",a,", ",b,") prior")),
        lty=c(2, 1), col=c("red", "blue"), bty="n")
```

그림 5.2를 보면 사전밀도함수는 평평한데 반하여, 사후밀도함수는 15/40 = 0.375를 최댓값으로 뾰족한 형태를 취한다. 즉, 사전정보는 어떤 특정한 θ에 대하여 차별을 두지 않으나 사후정보는 θ가 0.375에 가까운 값일 확률이 매우 높다는 정보를 우리에게 준다. 이 차이는 자료정보로부터 기인한 것으로 40개의 자료 중 15개가 성공이라는 정보가 추가됨으로써 발생한 것이다.

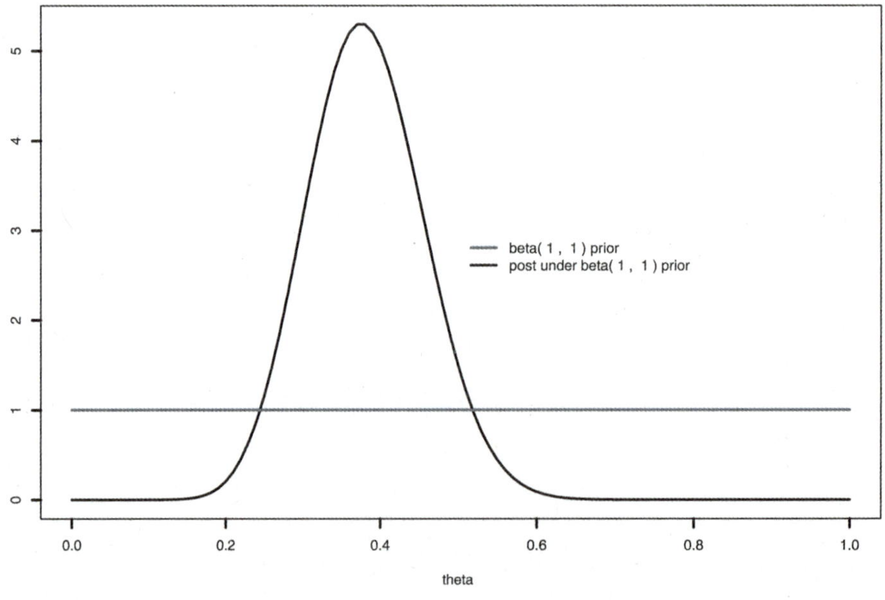

그림 5.2 θ의 사전분포와 사후분포

위의 사후분포는 밀도함수가 수리적 형태로 주어지기 때문에 사후평균, 분산을 구하고 밀도함수를 그리는 데 문제가 없다. 그러나 밀도함수식이 수리적으로 주어지지 않거나 유도가 복잡하여 사후평균이나 분산 등을 수리적으로 구하기는 어렵지만 사후분포로부터 표본을 생성하는 것은 가능한 경우가 있다. 이때는 사후분포로부터 표본을 생성하여 이 표본을 바탕으로 사후추정치나 사후밀도함수를 근사적으로 구할 수 있다. 즉, 시뮬레이션을 통하여 사후추정치나 사후밀도함수를 구하는 것인데 이를 몬테칼로 방법이라고 한다. 예 5.1에 몬테칼로 방법을 적용하여 보자.

```
# simulation-based inference
theta = rbeta(2000, a+x, b+n-x) # generate posterior samples
hist(theta, prob=T, main="Histogram of theta")
lines(density(theta))
mean.theta = mean(theta)
abline(v=mean.theta, lty=2)
quantile(theta, c(.025, .975)) # simulation-based quantiles
qbeta(c(.025, .975), a+x, b+n-x) # theoretical quantiles
# simulation-based estimates
mean(theta) ; var(theta)
##   [1] 0.3821471
##   [1] 0.005200715
# theoretical estimates
(a+x)/(a+b+n) ; (a+x)*(b+n-x)/((a+b+n+1)*(a+b+n)^2)
##   [1] 0.3809524
##   [1] 0.005484364
```

표본으로부터 추정된 값과 이론적으로 나온 실제값을 비교해 보면 큰 차이가 없음을 볼 수 있다. 만약 표본크기를 더 크게 한다면 보다 더 정확하게 표본으로부터 사후평균, 분산, 그리고 사후밀도함수를 추정할 수 있을 것이다. 그림 5.3은 2,000개 θ의 사후 표본으로부터 추정한 사후확률밀도함수를 보여 준다.

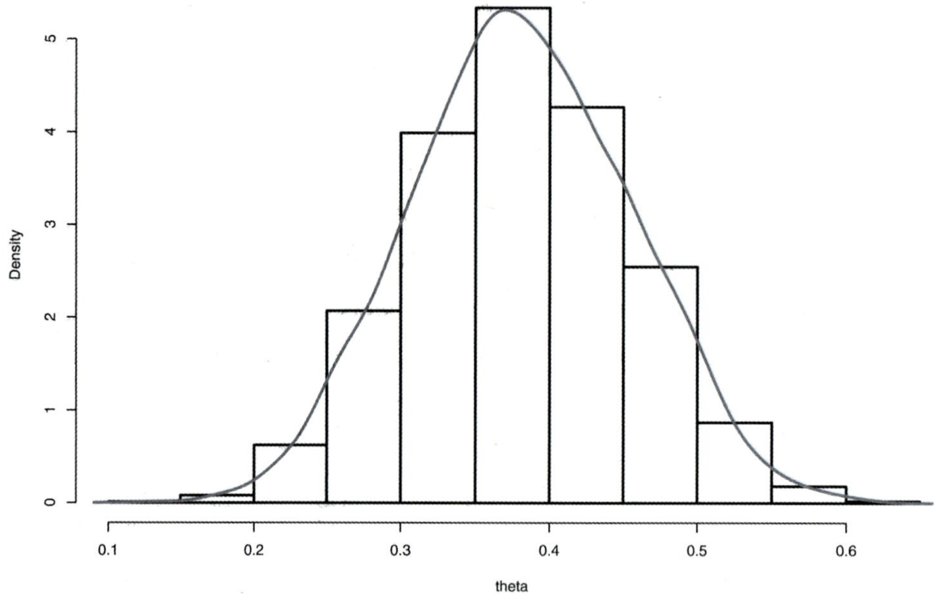

그림 5.3 표본으로부터 추정한 θ의 사후분포

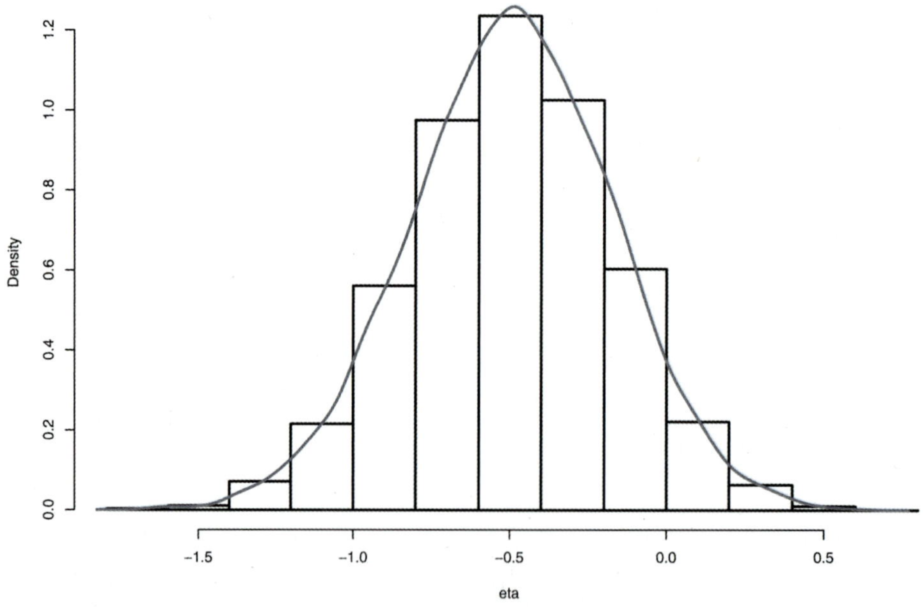

그림 5.4 표본으로부터 추정한 로그오즈비의 사후분포

이항분포에서 성공 확률 θ 대신 로그 오즈 $\eta = \log\left(\frac{\theta}{1-\theta}\right)$의 추정에 관심이 있다고 하자.

η의 사후밀도함수나 사후평균 등은 수리적 유도가 복잡하나 η의 표본생성은 매우 간단하다. θ의 표본을 생성하여 $\eta = \log\left(\frac{\theta}{1-\theta}\right)$ 변환을 하면 η의 표본을 얻게 되는 것이다. 즉, η의 i번째 표본은 θ의 i번째 표본 θ_i로부터 변환 $\eta_i = \log\left(\frac{\theta_i}{1-\theta_i}\right)$을 통하여 얻어진다. 이를 적용시켜 η의 근사적 사후분포를 구해 보면 그림 5.4와 같다.

```
a=b=1
x=15;n=40
theta=rbeta(10000,a+x,b+n-x)
eta=log(theta/(1-theta))
hist(eta, prob=T, main="Histogram of eta")
lines(density(eta), lty=2)
mean.eta=mean(eta)
mean.eta
## [1] -0.4996417
var.eta=var(eta)
var.eta
## [1] 0.1035706
```

예 5.1을 일반적인 이항자료의 경우로 확장시켜 $x_1, \cdots, x_n$이 θ가 주어졌을 때 $Ber(\theta)$로부터의 독립적인 표본이고 θ가 $\pi(\theta)$ 사전분포를 가지는 경우를 생각해 보자. $f(x_1, \cdots, x_n|\theta) = \theta^{\sum x_i}(1-\theta)^{n-\sum x_i}$로, θ는 $\sum x_i$를 통해서만 $x_1, \cdots, x_n$에 의존하므로 $X = \sum X_i$가 θ에 대한 충분통계량이며 $X = \sum X_i$의 분포만 고려하면 된다. 그런데 $X_1, \cdots, X_n | \theta \overset{iid}{\sim} Ber(\theta)$일 때 $X|\theta \sim B(n, \theta)$이다. 따라서 $x = \sum x_i$가 관측되었을 때 θ의 사후분포

를 구해 보면

$$\pi(\theta|x) = \frac{f(x|\theta)\pi(\theta)}{f(x)} = \frac{\binom{n}{x}\theta^x(1-\theta)^{n-x}\pi(\theta)}{f(x)} \tag{5.3}$$

$$= c(x)\theta^x(1-\theta)^{n-x}\pi(\theta) \tag{5.4}$$

인데, 여기서 $c(x)$는 $\int \pi(\theta|x)d\theta = 1$이 성립하도록 하는 정규화 상수이다.

먼저 $\pi(\theta) = I(0 \le \theta \le 1)$, 즉, 균일 사전분포의 경우를 보면

$$\begin{aligned}
1 &= \int_0^1 \pi(\theta|x)d\theta \\
&= \int_0^1 c(x)\theta^x(1-\theta)^{n-x}d\theta \\
&= c(x)\frac{\Gamma(x+1)\Gamma(n-x+1)}{\Gamma(n+2)}\int_0^1 \frac{\Gamma(n+2)}{\Gamma(x+1)\Gamma(n-x+1)}\theta^{(x+1)-1}(1-\theta)^{(n-x+1)-1}d\theta \\
&= c(x)\frac{\Gamma(x+1)\Gamma(n-x+1)}{\Gamma(n+2)}
\end{aligned}$$

이다. 따라서 $c(x) = \dfrac{\Gamma(n+2)}{\Gamma(x+1)\Gamma(n-x+1)}$이고

$$\begin{aligned}
\pi(\theta|x) &= \frac{\Gamma(n+2)}{\Gamma(x+1)\Gamma(n-x+1)}\theta^x(1-\theta)^{n-x}I(0 \le \theta \le 1) \\
&= \frac{\Gamma(n+2)}{\Gamma(x+1)\Gamma(n-x+1)}\theta^{(x+1)-1}(1-\theta)^{(n-x+1)-1}I(0 \le \theta \le 1) \\
&\sim Beta(x+1, n-x+1)
\end{aligned}$$

이다.

참고로, 정규화 상수 $c(x)$를 구하지 않고도 사후분포를 구할 수 있다. 식 (5.3)과 (5.4)에서 $\pi(\theta|x) \propto \theta^x(1-\theta)^{n-x}I(0 \le \theta \le 1)$인데 이는 $Beta(a,b)$ 분포의 밀도함수 $\theta^{a-1}(1-\theta)^{b-1}\ I(0 \le \theta \le 1)$과 동일한 함수형태이다. 사후밀도함수의 적분값은 1이어야 하므로 사후밀도함수는 $Beta(x+1,n-x+1)$ 분포의 밀도함수와 같고, 따라서 θ의 사후분포는 $Beta(x+1,n-x+1)$이다. 이 방법을 사용하면 많은 경우에 사후밀도함수의 θ에 대한 식으로부터 손쉽게 사후분포를 알아낼 수 있다.

이번에는 사전분포가 $Beta(a,b)$를 따르는 경우를 생각해 보자. 참고로 균일분포는 $Beta(1,1)$ 분포로 $Beta$ 분포의 특수한 경우에 해당한다. 식 (5.3)을 적용하면

$$\begin{aligned}
\pi(\theta|x) = \frac{f(x|\theta)\pi(\theta)}{f(x)} &= \frac{1}{f(x)}\binom{n}{x}\theta^x(1-\theta)^{n-x}\frac{\Gamma(a+b)}{\Gamma(a)\Gamma(b)}\theta^{a-1}(1-\theta)^{b-1}I(0 \le \theta \le 1) \\
&\propto \theta^{x+a-1}(1-\theta)^{n-x+b-1}I(0 \le \theta \le 1) \\
&\sim Beta(x+a, n-x+b)
\end{aligned}$$

이다.

θ에 대한 $Beta(x+a, n-x+b)$ 사후분포로부터

$$\begin{aligned} E(\theta|x) &= \frac{a+x}{a+b+n} \\ Var(\theta|x) &= \frac{(a+x)(b+n-x)}{(a+b+n+1)(a+b+n)^2} \\ Mode(\theta|x) &= \frac{a+x-1}{a+b+n-2} \end{aligned}$$

을 얻을 수 있다.

위의 사후평균 $E(\theta|x)$을 보면 사전정보와 자료 정보를 자연스럽게 결합시키는 것을 알 수 있다.

$$\begin{aligned} E(\theta|x) &= \frac{a+x}{a+b+n} \\ &= \frac{a}{a+b+n} + \frac{x}{a+b+n} \\ &= \frac{a+b}{a+b+n} \times \frac{a}{a+b} + \frac{n}{a+b+n} \times \frac{x}{n} \\ &= \frac{a+b}{a+b+n} \times \text{사전평균} + \frac{n}{a+b+n} \times \text{표본평균} \end{aligned}$$

이므로 사후평균은 사전평균과 표본평균의 가중평균이다. 여기에서 a와 b는 사전정보로부터 얻어지는데 a는 성공의 개수, b는 실패의 개수, $a+b$는 사전정보를 얻는 데 사용된 독립표본의 개수로 간주할 수 있다. 이에 따라, 위 식에서 가중치로 사용된 $(a+b)/(a+b+n)$와 $n/(a+b+n)$는 사전자료 개수와 표본자료 개수의 합 중에서 각각 사전자료 개수와 표본자료 개수가 차지하는 비율을 나타내게 된다. 즉, 사후평균은 사전정보와 자료정보의 상대적 정확도를 가중치로 사용한 사전평균과 관측치 평균의 가중평균으로 주어진다. n이 $a+b$에 비하여 매우 크면 $(a+b)/(a+b+n) \approx 0$이므로 $E(\theta|x) \approx x/n$, $Var(\theta|x) \approx \frac{1}{n}\frac{x}{n}\left(1-\frac{x}{n}\right)$로 고전적인 추정치와 일치하게 된다.

균일 사전분포를 사용했을 때 베르누이 시행의 성공확률 θ의 베이지안 사후분포는 $Beta(x+1, n-x+1)$가 되며 사후평균은 $(x+1)/(n+2)$가 되는데, 이를 고전적 최우추정치 x/n과 비교하면 베이지안 추정치는 관측된 성공과 실패 횟수에 각각 1을 추가한 효과

를 준다. 만약 $Beta(a,b)$ 사전분포를 사용하면 베이지안 추정치는 $(x+a)/(n+a+b)$로 관측된 성공과 실패 횟수에 각각 a,b를 추가한 효과를 준다. 이렇듯 베이지안 추정에서는 사전정보를 사용함으로써 성공과 실패의 관측도수에 양의 상수 a,b을 더하는 효과를 주어 극단적인 값을 추정치로 선택하는 문제를 피할 수 있다. 예를 들어 n개의 관측치 중 $x=0$의 성공이 관측되었다면 θ의 최우추정치는 $\hat{\theta}_{mle}=0$(성공 가능성은 전혀 없다)이다. 그러나 베타 사전분포를 갖는 베이지안 추정치는 0에 무척 가깝겠지만 0보다는 큰 값(성공 가능성이 아주 작지만 전혀 없는 것은 아니다)이다.

이항확률에 대하여 베타 사전분포를 사용할 경우, 사전분포와 사후분포의 관계를 정리하면

$$\begin{array}{l} X|\theta \sim B(n,\ \theta) \\ \theta \sim Beta(a,\ b) \end{array} \quad \Rightarrow \quad \theta|x \sim Beta(x+a,\ n-x+b)$$

이며 간단히

Beta 사전분포 + 이항표본분포 ⇒ Beta 사후분포

이다. 여기에서 사전분포와 사후분포는 모두 $Beta$ 분포이다. 이렇게 사전분포와 사후분포가 같은 분포 형태를 가질 경우, $Beta$ 사전분포를 이항분포의 성공확률에 대한 공액 사전분포(conjugate prior)라고 한다. 사전분포에 대한 더 자세한 사항은 9장에서 다루기로 한다.

공액 사전분포의 특징을 요약하면 다음과 같다.

1) 사후분포의 유도가 쉽다.
2) 사후분포가 편리한 형태로 주어져 몬테칼로 기법의 적용이 용이하다.
3) 새로운 자료가 추가되었을 때 사후정보의 개선이 용이하다.
4) 분포의 형태가 고정되므로 실제 사전정보를 잘 나타내지 못할 수도 있다.

1) ~ 3)은 공액 사전분포의 장점이고 4)는 단점이다. 4)번의 단점은 다른 모수값을 갖는 여러 개의 공액 사전분포를 합성하면 다양한 모양의 밀도함수를 만들면서 동시에 공액 사전분포의 장점을 살릴 수 있기 때문에 큰 걸림돌이 되지는 않는다. 단지 무정보 사전정보를 나타내고자 할 때는 공액 사전분포의 형태가 고정되어 있기 때문에 문제가 될 수 있다.

공액 사전분포를 사용하면 새로운 자료가 추가되었을 때 사후정보의 개선이 용이하다. 예를 들면, $Beta(a,b)$ 사전분포와 자료 n, x를 결합하면 θ의 사후분포가 $Beta(a+x, b+n-x)$로 주어진다. 그 후 새로운 자료를 수집하였을 때 자료의 수가 m, 성공횟수가 z로 주어졌다고 하자. 이 두 번째 자료를 수집하는 시점을 기준으로 보면 $Beta(a+x, b+n-x)$를 사전분포로 간주할 수 있다. 왜냐하면 그 시점에서는 우리가 가진 θ에 대한 정보가 $Beta(a+x, b+n-x)$로 요약되었기 때문이다. $Beta(a+x, b+n-x)$ 사전분포와 새로운 자료 m, z를 결합하여 새로운 사후분포를 유도하면 첫 번째 경우의 a, b, n, x가 $a+x, b+n-x, m, z$로 대치되는 것이므로 새로운 사후분포는 $Beta(a+x+z, b+n-x+m-z)$이다. 마찬가지로 또 새로운 자료로 시행횟수 l, 성공횟수 w가 관측되었다면 θ의 사후분포는 $Beta(a+x+z+w, b+n-x+m-z+l-w)$로 개선될 것이다. 이렇듯 새로운 자료가 추가되었을 때 사후분포를 다시 유도하지 않고 모수만 바꾸면 되는 이유는 사전분포와 사후분포의 형태가 같기 때문에 새로운 시점에서 사후분포가 사전분포로 대치되었을 때 앞의 식에서 모수만 대치하면 되기 때문이다. 이것이 공액 사전분포의 큰 장점이라 할 수 있다.

예제 5.2

예 5.1에서 θ의 사전분포로 $Beta(2, 10)$을 가정하여 보자. 이때 사후분포는 $Beta(2+15, 10+25) = Beta(17, 35)$이다. 다음으로 10번의 추가적인 시행에서 5번의 성공이 있었다면 이때 사후분포는 $Beta(17+5, 35+5) = Beta(22, 40)$이다. 이를 그림으로 그려보면 그림 5.5와 같다.

```
theta = seq(0, 1, length=50)
a=2; b=10; x=15; n=40; z=5; m=10

prior.theta = dbeta(theta, a, b)
post.theta = dbeta(theta, a+x, b+n-x)
post2.theta = dbeta(theta, a+x+z, b+n-x+m-z)

plot(theta, post.theta, type="l", col="blue")
lines(theta, post2.theta, lty=2, col="black")
```

```
lines(theta, prior.theta, lty=3, col="red")

legend(.5, 3, legend=c(paste("beta(",a,", ",b,") prior"),
        paste("beta(",a+x,", ",b+n-x,") posterior"),
        paste("beta(",a+x+z,", ",b+n-x+m-z,")posterior")),
        lty=c(3, 1, 2), col=c("red", "blue", "black"), bty="n")
```

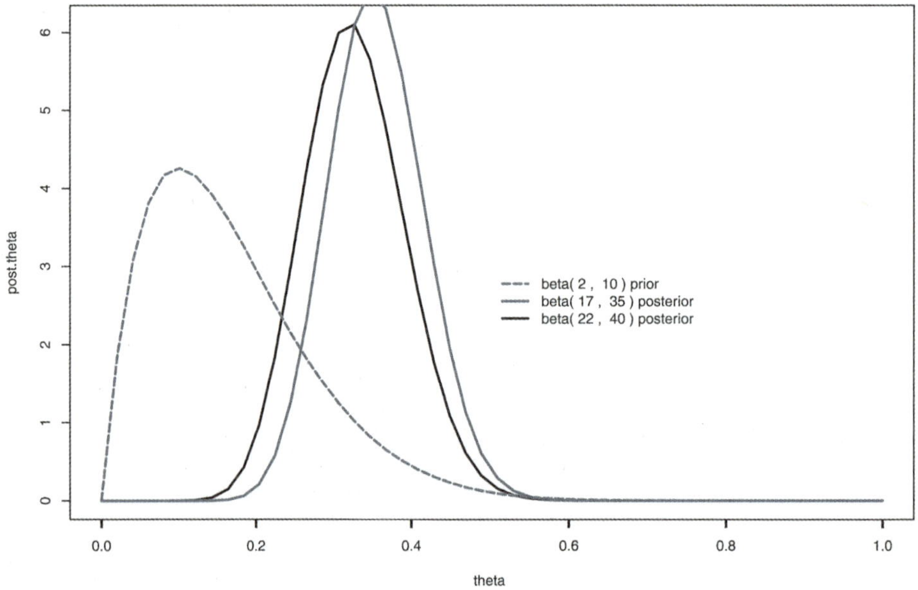

그림 5.5 $Beta(2,10)$ 사전분포를 사용했을 때 θ의 사후분포

자료를 수집하기 전 θ의 추정치(평균)는 $2/12 = 0.167$이다. $n = 40, x = 15$가 관측된 후 θ의 추정치는 $Beta(17,35)$분포의 평균인 $17/52 = 0.327$로 오른쪽으로 이동하였는데 이는 관측치의 정보 $15/40 = 0.375$의 영향 때문이다. 추가로 $m = 10, z = 5$가 관측된 후 θ의 추정치는 $Beta(22,40)$ 분포의 평균인 $22/62 = 0.355$로 오른쪽으로 더 이동하였는데 이는 $5/10 = 0.5$가 이전의 추정치 0.327보다 크기 때문이다.

다음으로, 사전분포로 $Beta(1,1)$, $Beta(2,10)$, $Beta(1,2)$을 사용하였을 경우 θ의 사후분포를 비교하여 보자.

```
par(mfrow=c(1,1))
theta=seq(0,1,length=201)
```

```
plot( theta, dbeta(theta,15+2,25+10), ylab="posterior",type="n")
lines( theta, dbeta(theta,16,26),lty=1)
lines( theta, dbeta(theta,15+2,25+10),lty=2)
lines( theta, dbeta(theta,16,27),lty=3)

legend(0.6,3,legend=c("Beta(1,1) prior", "Beta(2,10) prior",
"Beta(1,2) prior"), lty=c(1,2,3))
```

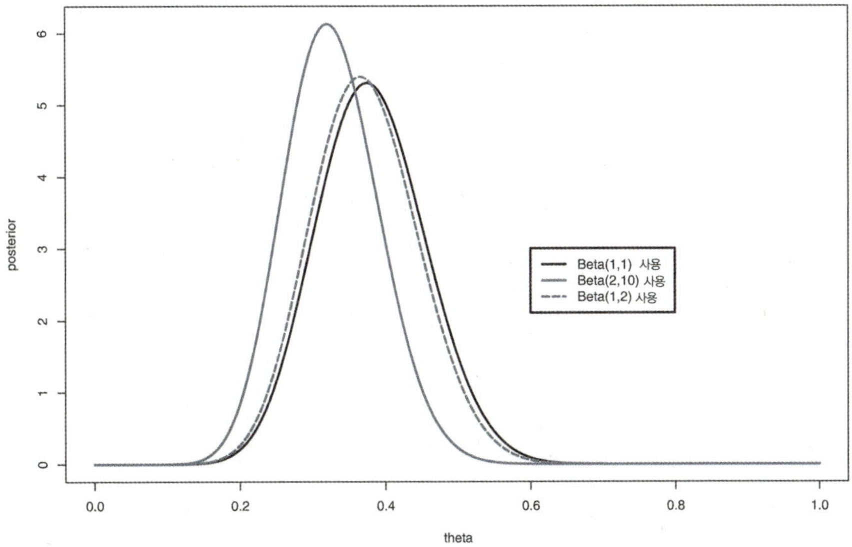

그림 5.6 사후분포에 대한 사전분포의 영향

$n=40, x=15$가 관측되었을 때 관측평균은 $15/40=0.375$이다. 이 관측치에 $Beta(1,1)$ 사전분포를 사용하면 사전평균 $1/2=0.5$의 영향으로 오른쪽으로 사후평균이 이동한다. 반면, 같은 관측치에 $Beta(1,2)$ 사전분포를 사용하면 사전평균 $1/3=0.333$의 영향으로 왼쪽으로 사후평균이 이동한다. 그러나 두 사후분포는 거의 차이가 없다. 이유는 $Beta(1,1)$은 2개의 관측치와 같은 정도의 사전정보, $Beta(1,2)$는 3개의 관측치와 같은 정도의 사전정보를 가지고 있으므로 40개의 관측치에 비하여 사전정보의 양이 미미하기 때문이다. 그러나 $Beta(2,10)$ 사전분포를 사용하면 사후분포가 사전평균 $2/12=0.167$의 영향으로 왼쪽으로 상당히 이동한다. 이는 $Beta(2,10)$은 12개의 관측치와 같은 정도의 사전정보를 가지고 있어 40개의 관측치에 상당한 영향을 미치기 때문이다.

5.2 예측분포

베이지안 추론의 중요한 특징 중의 하나는 미래의 관측치에 대한 예측분포를 모수의 추정값에 의존하지 않고 단지 이전의 자료에만 의존하여 구할 수 있다는 것이다. $Ber(\theta)$로부터 독립적인 관측치 $x_1, \cdots, x_n$이 주어졌을 때 다음 관측치 X_{n+1}에 대한 예측확률을 구해 보자. $X_{n+1} = 1$일 예측확률은

$$\begin{aligned} P(X_{n+1}=1|x_1, \cdots, x_n) &= \int P(X_{n+1}=1|\theta, x_1, \cdots, x_n)\pi(\theta|x_1, \cdots, x_n)d\theta \\ &= \int P(X_{n+1}=1|\theta)\pi(\theta|x_1, \cdots, x_n)d\theta \\ &= \int \theta\pi(\theta|x_1, \cdots, x_n)d\theta \\ &= E(\theta|x_1, \cdots, x_n) \\ &= \frac{a+\sum x_i}{a+b+n} \end{aligned} \quad (5.5)$$

이다.

식 (5.5)를 보면 $P(X_{n+1}=1|x_1,..x_n)$은 $\pi(\theta|x_1,...,x_n)$을 가중치로 θ를 가중평균한 값이다. 이것의 의미를 살펴보자. 만약 θ를 안다면 $P(X_{n+1}=1|\theta)=\theta$이므로 $X_{n+1}=1$일 확률은 θ이다. 그러나 θ는 0과 1 사이의 무수히 많은 가능한 값들을 가진 변수이다. θ의 가능한 값들은 서로 다른 가능성(이산변수라면 확률)을 가진다. 현재 관측치 $x_1, ..., x_n$이 주어진 상태에서 θ의 가능한 값들에 대한 가능성 정도를 요약한 것이 사후밀도함수 $\pi(\theta|x_1,...,x_n)$이다. 따라서 $\pi(\theta|x_1,...,x_n)$을 가중치로 사용한 θ의 가중평균은 $P(X_{n+1}=1|x_1,..x_n)$의 합리적인 추정치라고 할 수 있다. 일반적으로 베이지안 추론에서는 θ를 상수가 아닌 변수로 취급하기 때문에 θ의 가능한 값들, 그리고 각 값의 가능성 정도를 표현한 θ의 분포를 사용하여 θ함수의 가중평균으로 추정치를 도출한다. 이러한 베이지안 방법은 추정치의 오차에 θ의 변동성을 적절히 반영하는 장점이 있다. 고전적 추론과의 비교는 예 5.3을 참조하자.

다음으로 $Z = X_{n+1} + \cdots + X_{n+m}$에 대한 예측분포를 구해 보면

$$\begin{aligned} f(z|x_1, \cdots, x_n) &= \int f(z|\theta, x_1, \cdots, x_n)\pi(\theta|x_1, \cdots, x_n)d\theta \\ &= \int \binom{m}{z}\theta^z(1-\theta)^{m-z}\frac{\Gamma(a+b+n)}{\Gamma(a+x)\Gamma(b+n-x)}\theta^{a+x-1}(1-\theta)^{b+n-x-1}d\theta \\ &= \binom{m}{z}\frac{\Gamma(a+b+n)}{\Gamma(a+x)\Gamma(b+n-x)}\int \theta^{a+x+z-1}(1-\theta)^{b+n-x+m+z-1}d\theta \\ &= \binom{m}{z}\frac{\Gamma(a+b+n)}{\Gamma(a+x)\Gamma(b+n-x)}\frac{\Gamma(a+x+z)\Gamma(b+n-x+m-z)}{\Gamma(a+b+n+m)} \\ &= \binom{m}{z}\frac{Be(a+x+z, b+n-x+m-z)}{Be(a+x, b+n-x)} \end{aligned}$$

이다. 여기에서 $Be(a,b) = \dfrac{\Gamma(a)\Gamma(b)}{\Gamma(a+b)}$ 이다. 위의 예측분포를 베타-이항분포(Beta-Binomial distribution)라고 한다.

예제 5.3

앞서 교육방법의 예 5.1에서 균일 사전분포를 가정할 때 현 시점 이후로 10번의 시행 중 성공 횟수 Z에 대한 예측분포를 그림 5.7에 그려보았다. 그림을 보면 10번의 시행 중 3번 혹은 4번 성공할 확률이 높음을 알 수 있다. 위의 예측분포에서 Z의 예측평균을 구해 보면 3.8095이고 예측분산은 2.8558이다. 참고로 고전적 최우추정법에 의한 예측을 살펴보면

$$P(Z=z|\hat{\theta}=0.375) = \binom{10}{z}0.375^z(1-0.375)^{10-z},\ z = 0, \cdots, 10,$$

이며 Z의 예측평균은 3.75이고 예측분산은 2.3438이다. 베이지안 예측평균 3.8095가 고전적 예측평균 3.75보다 약간 큰 것을 알 수 있는데 이는 베이지안 추정에서 사용한 균일 사전분포의 평균 0.5의 영향 때문이다. 예측분산을 비교하면, 고전적 예측분산 2.3438이 베이지안 예측분산 2.8558보다 작음을 볼 수 있는데 이는 베이지안 예측에서는 θ의 변동성을 고려한 반면, 고전적 예측에서는 $\hat{\theta}$을 추정할 때 발생하는 오차를 고려하지 않았기 때문이다. 이는 고전적 예측에서 예측분산을 작게 추정하는(underestimate) 문제가 있음을 보여 주고 있다.

```
a = 1; b = 1
n = 40; x = 15
```

```
m = 10; z = c(0:10)
pred.z = gamma(m+1)/gamma(z+1)/gamma(m-z+1)*beta(a+z+x,
          b+n-x+m-z)/beta(a+x, b+n-x)
plot(z, pred.z, xlab="z", ylab="probability", type="h")
title("Predictive Distribution, a=1, b=1, n=40, x=15, m=10")
```

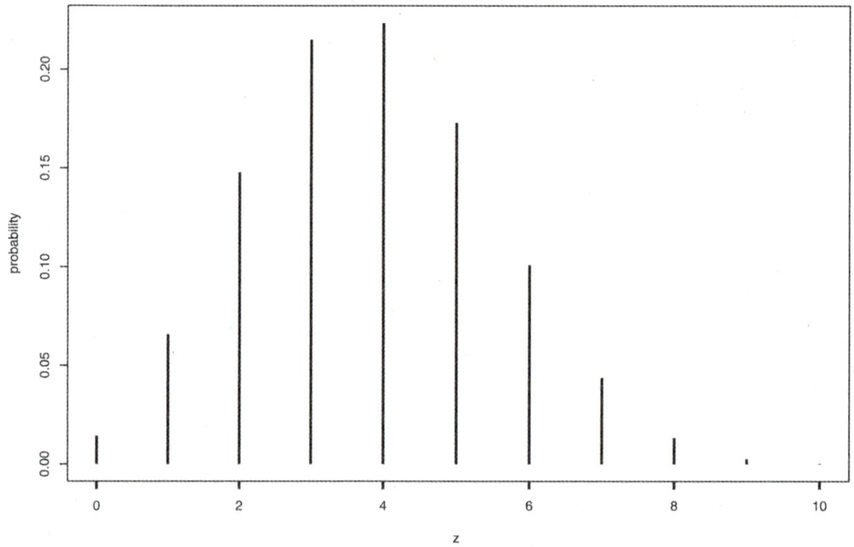

그림 5.7 $Z=\sum_{i=1}^{10} X_{n+i}$의 예측분포

다음으로, $Z=\sum_{i=1}^{10} X_{n+i}$의 예측분포를 몬테칼로 기법을 사용하여 근사적으로 구하여 보자.

$$\begin{aligned} f(z|x_1, \cdots, x_n) &= \int f(z|\theta, x_1, \cdots, x_n)\pi(\theta|x_1, \cdots, x_n)d\theta \\ &= \int f(z|\theta)\pi(\theta|x_1, \cdots, x_n)d\theta \end{aligned}$$

로부터

$$f(z|x_1, \cdots, x_n) = E(f(z|\theta))$$

즉 $f(z\,|\,\theta)$의 사후평균임을 알 수 있다. 따라서 $\theta_1, \cdots, \theta_N$이 사후분포로부터 생성된 표본이라면, $f(z|x_1, \cdots, x_n)$을

$$\hat{f}(z \mid x_1, \cdots, x_n) = \frac{1}{N}\sum_{i=1}^{N} f(z|\theta_i) = \frac{1}{N}\sum_{i=1}^{N}\binom{m}{z}\theta_i^z(1-\theta_i)^{m-z}$$

로 근사시킬 수 있다.

또 다른 방법은, $f(z|x_1, \cdots, x_n)$는 Z와 θ의 결합분포

$$f(z, \theta|x_1, \cdots, x_n) = f(z|\theta)\pi(\theta|x_1, \cdots, x_n)$$

로부터 얻은 Z의 주변분포임을 이용하는 것이다. 결합분포 $f(z, \theta|x_1, \cdots, x_n)$로부터 (Z,θ)의 표본은 간단히 $i = 1, \cdots, N$에 대하여,

$$\begin{aligned} \theta_i &\sim Beta(a+x, b+n-x) \\ z_i|\theta_i &\sim B(10, \theta_i) \end{aligned}$$

로 얻을 수 있다. 이렇게 얻은 $\{(\theta_i, z_i)\}$ 중에서 $\{z_i\}$만을 취하면 이 $\{z_i\}$가 $f(z|x_1, \cdots, x_n)$를 따르는 Z의 표본이므로 이 표본으로부터 원하는 사후 추정치를 근사적으로 구할 수 있다. 다음 R 프로그램을 수행하여 Z의 표본으로부터 추정한 예측분포를 그림 5.8에 그려보았다.

```
a=b=1
x=15; n=40
m=10
N=10000
theta=rbeta(N,a+x,b+n-x)
pred.z=c(1:(m+1))*0
for(z in c(0:m)) pred.z[z+1]=mean(dbinom(z,m,theta))
z=rbinom(N,m,theta)
plot(table(z)/N, type="h", xlab="z", ylab="predictive density",
main="")
mean(z)
## [1] 3.8109
var(z)
## [1] 2.859027
```

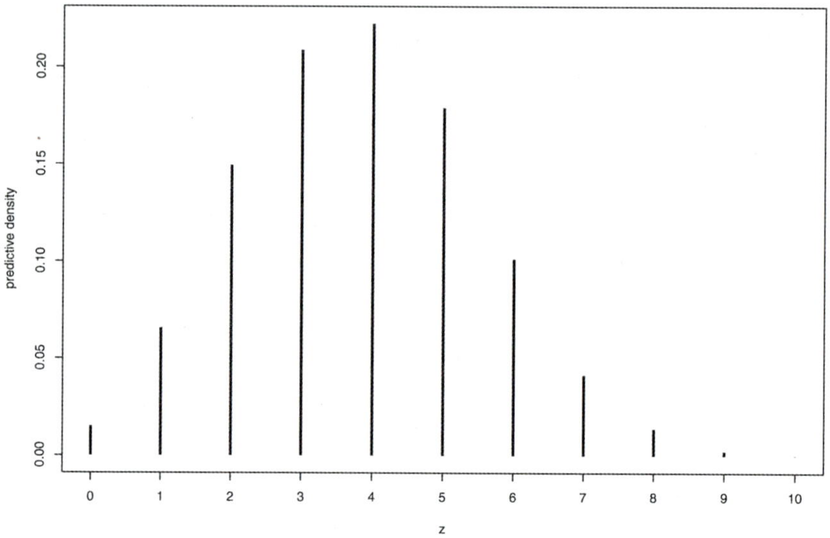

그림 5.8 $Z=\sum_{i=1}^{10} X_{n+i}$의 예측분포의 몬테칼로 추정치

몬테칼로 기법으로부터 얻은 예측분포가 실제분포와 거의 동일하고 또한 예측 기대치와 분산도 매우 정확한 근사치를 제공함을 볼 수 있다.

5.3 베이지안 신뢰구간

$n=10$번의 독립적인 베르누이 시행 중 $x=2$번의 성공이 관측되었다. 베르누이 시행의 성공확률 θ의 사전분포로 균일분포를 가정하고 θ의 95% 베이지안 신뢰구간을 구해 보자. θ의 사후분포는 $Beta(3,9)$인데 이 분포는 단봉이며 비대칭이다.

4.4절에서 소개된 격자점 방법을 이용하여 θ의 95% 최대사후(HPD)구간을 구해 보면 (0.041, 0.488)이다.

```
a=1; b=1
x=2; n=10
theta=seq(0,1,length=1001)
```

```
ftheta=dbeta(theta,a+x, n-x+b)
prob=ftheta/sum(ftheta)
HPD=HPDgrid(prob, 0.95)
HPD.grid=c( min(theta[HPD$index]), max(theta[HPD$index]) )
HPD.grid
## [1] 0.041 0.484
```

비교를 위하여 θ의 고전적 신뢰구간을 구해 보자. 표본크기 $n=10$이 크지 않으므로 정규근사를 사용하지 않고 R 패키지 binom이 제공하는 confint 함수를 사용하여 정확한 95% 신뢰구간을 구해보면 (0.025, 0.556)이다.

```
install.packages("binom")
library(binom)
n=10; x=2
CI.exact=binom.confint(x, n, conf.level = 0.95, methods = c("exact"))
CI.exact=c(CI.exact$lower, CI.exact$upper)
CI.exact
##  [1] 0.02521073 0.55609546
```

그림 5.9는 베이지안 최대사후구간과 고전적 신뢰구간을 표시한 것이다. 최대사후구간의 해석은 $P(\theta\in(0.041,0.484|x)=0.95$인 반면 고전적 신뢰구간은 이러한 간단한 해석이 맞지 않다. 자세한 내용은 4.4절을 참고하라. 또한, 최대사후구간이 신뢰구간보다 구간의 길이가 더 짧음을 볼 수 있다. 균일분포를 사용했음에도 불구하고 베이지안 신뢰구간이 고전적 신뢰구간보다 길이가 짧은 이유는, 균일 사전분포를 사용했을 때 베이지안 사후분포는 $Beta(x+1,n-x+1)$ 로 성공과 실패 횟수에 각각 1을 더한 효과를 주기 때문이다. 이렇듯 관찰 횟수에 1을 더하는 효과는 극단적인 값, 예를 들어 $x=0$또는 $x=n$이 관측되었을 경우 고전통계에서 θ의 추정치로 변방값인 0또는 1을 선택하는 문제를 피할 수 있다. $x=0$ 또는 $x=n$의 극단적인 값이 관측되는 경우는 보통 자료의 수가 작은 경우인데 베이지안 추정은 이때 자료의 영향을 희석시키는 효과가 있다. 성공과 실패 횟수에 1보다 더 작은 수를 더하고 싶으면 균일 사전분포 대신 작은 값 ϵ에 대하여 $Beta(\epsilon,\epsilon)$ 사전분포를 가정하면 성공과 실패 횟수에 각각 ϵ을 더하는 효과를 준다.

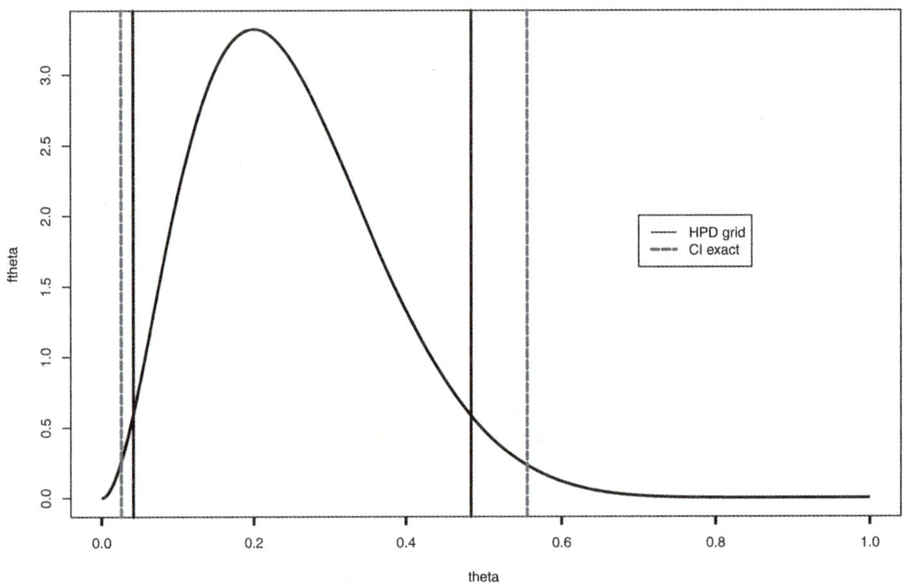

그림 5.9 θ의 95% 베이지안 최대사후구간과 고전적 신뢰구간

다음으로, 근사적 최대사후구간을 구해 보자. 비대칭성을 무시하고 $Beta(3,9)$인 사후분포에서 2.5% 와 97.5% 분위수의 구간을 구해 보면 (0.060, 0.518)이다. 이에 대응하여 이항분포에 대한 정규분포 근사를 적용하여 95% 신뢰구간을 구해 보면 $p=x/n$일 때 $p \pm 1.96\sqrt{p(1-p)/n} = (-0.047, 0.448)$이다. 이 두 구간을 그림 5.10에 표시하였다.

```
HPD.approx=qbeta(c(0.025, 0.975),a+x, n-x+b)
p=x/n
CI.asympt=c(p-1.96*sqrt(p*(1-p)/n) ,p+1.96*sqrt(p*(1-p)/n) )
HPD.approx
## [1] 0.06021773 0.51775585
CI.asympt
## [1] -0.04792257  0.44792257
```

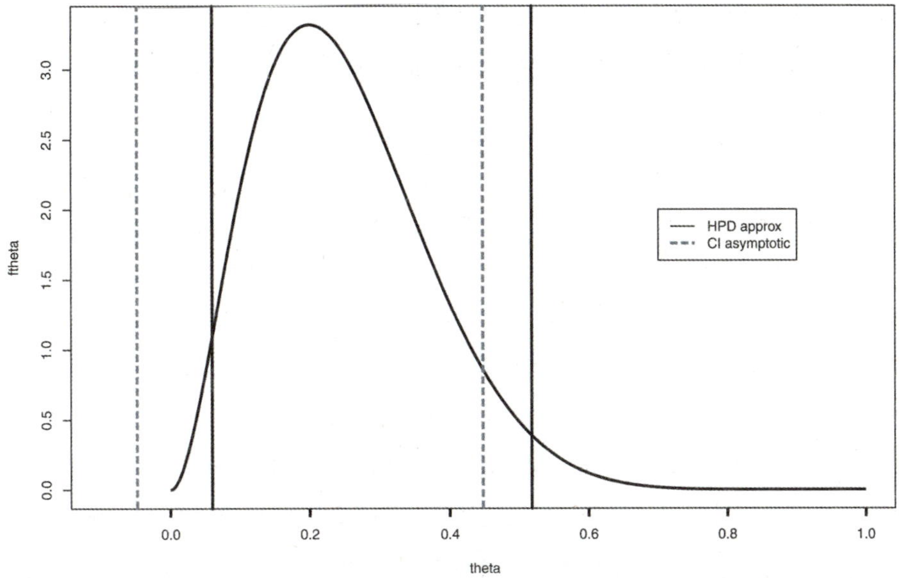

그림 5.10 θ의 95% 근사적 최대사후구간과 근사적 신뢰구간

두 신뢰구간을 비교해 보면, 고전적 신뢰구간은 0보다 작은 음의 값을 포함하고 있는 반면 베이지안 신뢰구간은 0과 1 사이의 구간 내에 존재함을 볼 수 있다. 이 예에서 보는 바와 같이 표본크기 n이 작을 경우 고전적 추정값 또는 신뢰구간은 적절한 모수공간을 벗어날 가능성이 존재한다. 그러나 베이지안 추론에서는 사전분포에서 모수를 주어진 모수공간으로 제한하면 추정값 또는 신뢰구간이 모수공간을 절대 벗어나지 않기 때문에 보다 합리적인 추정을 수행할 수 있다. 그림 5.10에서 구간의 위치를 보면, 베이지안 신뢰구간이 고전적 신뢰구간에 비하여 약간 오른쪽에 위치함을 볼 수 있는데 이는 베이지안 신뢰구간이 평균이 0.5인 균일 사전분포의 영향을 받기 때문이다.

5.4 두 비율의 비교

두 모집단에서 발생하는 특정 사건의 비율을 비교하고자 한다. 관심 있는 특정 사건을 성공이라 하고 모집단 Ⅰ과 모집단 Ⅱ의 성공확률을 각각 θ_1과 θ_2라고 하자. 모집단 Ⅰ에서 n_1개의 표본을 추출한 결과 x_1개의 성공이 관측되었고, 모집단 Ⅱ에서 n_2개의 표본을 추출한 결과 x_2개의 성공이 관측되었다. 모든 관측은 서로 독립이라 가정한다.

θ_1과 θ_2의 사전분포로 각각 $Beta(a_1,b_1)$과 $Beta(a_2,b_2)$를 가정하면 이들의 사후분포는 독립적으로 다음과 같다.

$$\theta_1|x_1 \sim Beta(a_1+x_1,\ b_1+n_1-x_1)$$
$$\theta_2|x_2 \sim Beta(a_2+x_2,\ b_2+n_2-x_2)$$

두 비율을 비교할 때는 보통 비율의 차이보다는 로그비(log ratio)가 주로 사용된다. 차이는 비율의 절대적 크기에 의존하기 때문이다. 예를 들면 0.001과 0.0001의 차이는 0.009로 차이가 없어 보이지만, 비(ratio)를 보면 0.001/0.0001=10배의 차이가 나는데 비율의 절대적 차이보다는 보통 상대적 비가 더 관심이 많기 때문이다. 또한 상대적 비에 로그함수를 취하면 로그비가 취할 수 있는 값이 전체 실수 공간이 되고 비가 1일 때 로그비는 0이 되어 해석이 쉽기 때문이다. 특히 모집단이 두 개이고 관측되는 명목변수의 범주가 두 개인 2×2 분할표의 분석에서는 로그 오즈비 $\log\left(\frac{\theta_1/(1-\theta_1)}{\theta_2/(1-\theta_2)}\right)$가 관심의 대상이 된다.

두 비율의 로그비 $\eta=\log(\theta_1/\theta_2)$와 로그 오즈비 $\xi=\log\left(\frac{\theta_1/(1-\theta_1)}{\theta_2/(1-\theta_2)}\right)$를 추정하여 보자. θ_1과 θ_2의 사후 표본은 베타 분포로부터 손쉽게 추출할 수 있으므로 이 표본을 변환하여 η와 ξ의 사후 표본을 얻은 뒤 몬테칼로 방법을 이용하면 된다.

예제 5.4

어느 대학에서 통계학 I 수업을 수강하는 여학생 18명과 통계학 II 수업을 수강하는 여학생 10명을 랜덤 추출하여 수강하는 수업이 통계학에 흥미를 가지는 데 도움이 되었는지 여부를 조사하였다. 통계학 I 수업을 수강하는 학생 18명 중 12명이, 그리고 통계학 II 수업을 수강하는 학생 10명 중 8명이 도움이 된다고 답하였다. 통계학 I 수업을 수강하는 학생들과 통계학 II 수업을 수강하는 학생들 간에 비율에 차이가 있을까?

통계학 I 수업을 수강하는 학생들과 통계학 II 수업을 수강하는 학생들을 각각 모집단 I과 모집단 II라고 하면 통계학 흥미유발에 도움이 되는 사건이 관심사건(성공)이고 우리의 관심은 모집단 I과 II에서 성공의 실제 비율 θ_1과 θ_2의 비교이다.

아래 프로그램은 두 비율의 로그비 η와 로그 오즈비 ξ를 추정하고 결과를 그림 5.11에 그리는 작업을 수행한다.

```
a=b=0.1
n1=18; x1=12 ; n2=10; x2=8
theta1=rbeta(10000,a+x1, b+n1-x1)
theta2=rbeta(10000,a+x2, b+n2-x2)
eta=log(theta1/theta2)
xi=log( (theta1/(1-theta1)) /( theta2/(1-theta2)) )

par(mfrow=c(1,2))
HPD=HPDsample(eta)

plot(density(eta),type="l", xlab="로그비 ",
  ylab="posterior density", main="")
abline(v=HPD, lty=2)
text(mean(eta),0.3, "95% HPD interval" )


HPD=HPDsample(xi)
plot(density(xi),type="l", xlab="로그 오즈비 ",
  ylab="posterior density", main="")
abline(v=HPD, lty=2)
text(mean(xi),0.06, "95% HPD interval" )
```

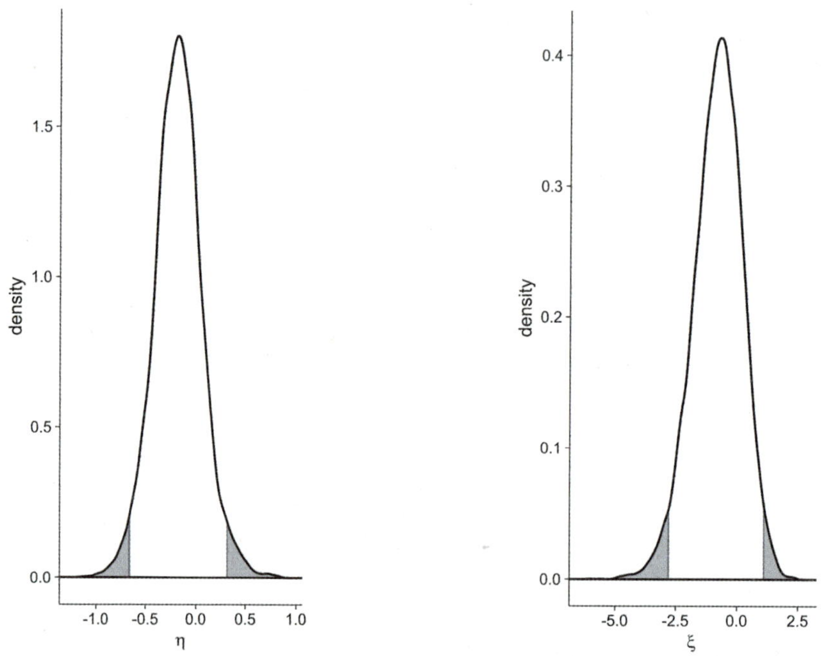

그림 5.11 로그비(η)와 로그 오즈비(ξ)의 사후분포

연습문제

1 22명이 A 이동통신사를 한 달간 이용한 후 17명이 만족하였고 5명이 만족하지 못하였다. 이 통신사의 만족률 θ의 사전분포가 $Beta(1,1)$일 때, θ의 95% 최대사후구간을 구하라.

2 MP3를 생산하는 공장에서 그동안 불량률의 평균이 0.2, 분산이 0.05였다. 최근에 임의로 10개를 조사한 결과 2개가 불량이었다.

(1) 불량률에 대한 사전분포로 베타 분포를 가정할 때 예전 정보를 이용하여 사전분포의 모수를 정하고 이 사전분포를 사용하여 불량률 θ의 사후분포를 구하라.

(2) 사전밀도함수와 사후밀도함수를 겹쳐 그리고 해석하라.

(3) θ의 사후 표본을 생성하고 이를 이용하여 θ의 95% 최대사후구간을 구하라.

(4) θ의 사전표본과 사후 표본을 생성하고 이를 이용하여 오즈비 $\eta = \log(\theta/(1-\theta))$의 사전밀도함수, 사후밀도함수, 그리고 95% 최대사후구간을 구하고 이들을 하나의 그림 위에 표시하라.

3 (Berry, 연습문제 7.5, 1996) 불법 낙태에 대하여 찬성하는 사람들의 비율 θ를 알고자 한다.

(1) 의견을 조사하기 전에 θ의 사전분포로 $Beta(\alpha, \beta)$를 설정하려고 한다. 어떤 한 사람을 임의로 선택하였을 때 그 사람이 낙태를 찬성할 가능성은 40%라고 생각한다. 또한 앞 사람이 찬성한다고 한 경우, 두 번째 대상자가 또 찬성할 확률은 45% 정도라고 생각이 든다. 이 정보를 가지고 α, β를 정하라. 단, 초기에 θ의 분포는 $Beta(\alpha, \beta)$이고, 첫 번째 사람이 찬성한 다음에는 θ의 분포는 찬성이 하나 추가되어 $Beta(\alpha+1, \beta)$이 된다.

(2) 실제로 10명을 랜덤 추출하여 의견을 물은 결과, 3명이 찬성하고 7명이 반대하였다. (1)에서 구한 사전분포와 합성하여 θ의 사후분포를 구하라.

(3) 새로이 10명을 추출하여 조사하려고 한다. 새로운 표본에서 낙태에 찬성하는 사람들의 수에 대한 예측분포를 구하라.

4 협심증 환자 12명을 대상으로 수술 후 후유증에 대하여 조사한 결과, 3명이 가슴통증 등 후유증을 보였다. 후유증의 비율 θ에 대한 사전정보가 전혀 없다고 할 때, 13번째 환자가 후유증을 보일 예측확률을 구하라.

5 사랑이가 자주 방문하는 온라인 쇼핑몰에서는 매일 경품행사를 실시한다. 사랑이는 최근 열흘 동안 매일 쇼핑몰을 방문하여 응모했지만 한 번도 당첨되지 못하였다. 쇼핑몰 관계자는 경품에 당첨될 확률이 1/10이라고 하였다.

(1) 경품의 당첨확률 θ의 최우추정치는 얼마인가?

(2) (1)에서 구한 최우 추정치가 실제 θ라고 가정할 때 앞으로 사랑이가 20번 더 응모를 한다면 경품에 최소한 한번 이상 당첨될 확률은 얼마인가?

(3) 쇼핑몰 관계자의 말을 사전정보로 간주하고 θ에 대하여 $Beta(0.1,\ 1)$ 사전분포를 가정하고 베이지안 추론을 수행해 보자. 사랑이가 20번 더 응모를 한다면 경품에 최소한 한 번 이상 당첨될 확률은 얼마인가? 사후분포로부터 θ 표본을 생성하고 이를 이용하여 확률을 추정하라.

6 경미한 불면증이 있는 사람들 중 40명을 선택하여 랜덤으로 두 그룹으로 나눈 후 그룹 I은 최면제를 잠자리에 들기 전 복용하게 하고 그룹 II는 같은 방법으로 위약을 복용하게 하였다. 복용 시작 후 2주가 지난 시점에서 잠자리에 누운 후 잠들기 전까지의 시간을 측정하였다. 그룹 I에서는 20명 중 10명이 20분 이내에 잠이 든 반면 그룹 II에서는 20명 중 14명이 20분 이내에 잠이 들었다. 두 그룹에서 20분 이내에 잠이 든 비율에 차이가 있는지 알아보고자 한다. 몬테칼로 방법을 이용하여 로그 오즈비의 추정치와 표준오차를 구하고, 사후밀도함수와 95% 최대사후구간을 그림으로 표시하라. 사전분포로는 $Beta(1,1)$을 사용하라.

06

포아송 분포에 대한 베이지안 추론

6.1 포아송 평균의 추정

평균 θ를 갖는 포아송 분포의 확률밀도함수는

$$f(x|\theta) = \frac{\theta^x e^{-\theta}}{x!}, \quad x = 0, 1, 2, \cdots$$

이다. $X_1, \cdots, X_n$이 독립적으로 $Poi(\theta)$ 분포를 따른다고 할 때 우도함수는

$$\begin{aligned} f(x_1, \cdots, x_n|\theta) &= \prod_{i=1}^{n} f(x_i|\theta) \\ &= \prod \frac{1}{x_i!}\theta^{x_i} e^{-\theta} \\ &\propto \theta^{\sum x_i} e^{-n\theta} \end{aligned}$$

이다. 이 분포에서 $\sum X_i$는 θ에 대한 충분통계량이고 $\sum X_i$의 분포는 $Poi(n\theta)$이므로 이를 사용하면 된다.

이제 사전분포를 정하는데, $f(x_1, \cdots, x_n|\theta)$를 θ의 함수로 보면 상수 c_1, c_2에 대하여 $\theta^{c_1}e^{-c_2\theta}$의 형태이다. 따라서 사전밀도함수로 상수 c_3, c_4에 대하여 $\theta^{c_3}e^{-c_4\theta}$를 선택하면 θ의 사후분포는

$$\pi(\theta|\sum x_i) \propto \theta^{c_1+c_3} e^{-(c_2+c_4)\theta} = \theta^{c_5} e^{-c_6\theta}$$

이므로, 사전분포와 사후분포의 함수 형태가 동일하게 되어 위의 사전분포는 공액 사전분포가 된다. $\theta^{c_3}e^{-c_4\theta}$ 형태의 밀도함수는 감마 분포이므로 $\theta \sim Gamma(a, b)$는 포아송 평균 θ에 대한 공액 사전분포이다.

포아송 자료와 $Gamma(a, b)$ 사전분포로부터 사후분포를 유도하면

$$\begin{aligned} \pi(\theta|x_1, \cdots, x_n) &= \pi(\theta) f(x_1, \cdots, x_n|\theta)/f(x_1, \cdots, x_n) \\ &= \pi(\theta) f(\sum x_i|\theta)/f(\sum x_i) \\ &\propto \theta^{a-1}e^{-b\theta}\theta^{\sum x_i}e^{-n\theta} \\ &\propto \theta^{a+\sum x_i - 1} e^{-(b+n)\theta} \end{aligned}$$

이며, 이를 θ의 함수로 볼 때 $Gamma(a+\sum x_i, b+n)$ 분포의 밀도함수이다. 따라서

θ의 감마 사전분포 + 포아송 자료 ⇒ θ의 감마 사후분포

이고, 구체적으로

$$\begin{aligned} X_1, \cdots, X_n | \theta &\sim Poi(\theta) \\ \theta &\sim Gamma(a, b) \end{aligned}$$

이면

$$\theta | x_1, \cdots, x_n \sim Gamma(a+\sum x_i, b+n)$$

이다.

위 사후분포로부터 θ의 사후평균을 보면 $\frac{a+\sum x_i}{b+n}$ 인데, 이는 다음 식으로부터 사전평균과 표본평균의 가중평균임을 알 수 있다.

$$\begin{aligned} E(\theta | x_1, \cdots, x_n) &= \frac{a+\sum x_i}{b+n} \\ &= \frac{b}{b+n} \times \frac{a}{b} + \frac{n}{b+n} \times \frac{\sum x_i}{n} \\ &= \frac{b}{b+n} \times \text{사전평균} + \frac{n}{b+n} \times \text{표본평균}. \end{aligned}$$

자료에서 보면 n개의 포아송 관측치 중에서 발생하는 사건의 수는 $\sum x_i$이다. 이에 대응하여 생각해 보면 감마 사전분포의 모수 b는 대략 사전정보에서 관측치의 수에 해당하고 a는 발생하는 사건의 총수를 나타낸다고 볼 수 있다. 따라서 사후평균은 각각 사전정보와 자료가 가지는 관측치의 수에 비례하는 가중치를 사용하여 사전평균과 표본평균의 가중평균을 구한 것이다. n이 b에 비하여 매우 크면 자료가 사전정보에 비해서 많은 정보를 가지고 있다는 것을 의미하며 이때 $E(\theta | x_1, \cdots, x_n) \approx \sum x_i / n = \bar{x}$로 고전적인 추정치와 일치한다.

예제 6.1

두 도시에서 차량통행량 등 주위의 교통환경이 비슷한 교차로를 하나씩 선택하여 매주 발생한 교통사고 건수를 1년 동안 조사하였다. 첫 번째 도시에서는 직진 후 좌회전 신호를 사용하고 두 번째 도시에서는 좌회전 후 직진 신호를 사용한다. 교통사고 건수는 독립적으로 포아송 분포를 따른다고 가정한다. 교통통제 등의 이유로 조사를 할 수 없었던 기간을 제외하고 표 6.1과 같은 조사 결과를 얻었고 이를 히스토그램으로 나타내면 그림 6.1과 같다.

```
x1 = rep(c(0, 1, 2, 3, 4, 5, 6), c(7, 14, 13, 8, 4, 2, 2))
x2 = rep(c(0, 1, 2, 3, 4, 5, 6, 7), c(4, 13, 15, 6, 2, 2, 3, 1))
par(mfrow=c(1,2))
plot(table(x1), xlab="x1", ylab="frequency", main="City 1", type="h",
xlim=c(0,7))
plot(table(x2), xlab="x2", ylab="frequency", main="City 2", type="h",
xlim=c(0,7))
```

표 6.1 교차로에서의 교통사고 건수

교통사고 건수	0	1	2	3	4	5	6	7
City 1의 사고 건수	7	14	13	8	4	2	2	0
City 2의 사고 건수	4	13	15	6	2	2	3	1

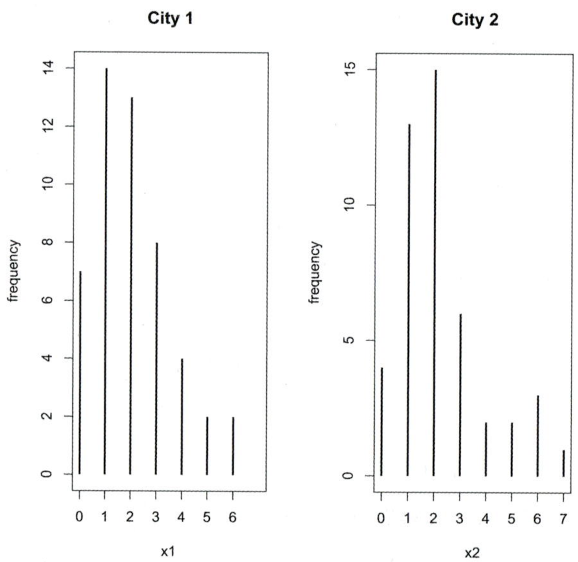

그림 6.1 교통사고 건수 막대그림

자료를 보면

$$n_1 = 50,\ \sum x_{1i} = 102,\ \overline{x}_1 = 2.04$$
$$n_2 = 46,\ \sum x_{2i} = 104,\ \overline{x}_2 = 2.26$$

이다. 두 도시의 실제 평균 교통사고 건수 θ_1과 θ_2에 대하여 $Gamma(2,1)$의 사전정보를 가정하면

$$\pi(\theta_1 | n_1 = 50, \sum x_{1i} = 102) \sim Gamma(2+102, 1+50) = Gamma(104, 51)$$
$$\pi(\theta_2 | n_2 = 46, \sum x_{2i} = 104) \sim Gamma(2+104, 1+46) = Gamma(106, 47)$$

의 사후분포가 얻어진다. 위의 두 사후밀도함수와 사전밀도함수를 그림으로 나타내면 그림 6.2와 같다.

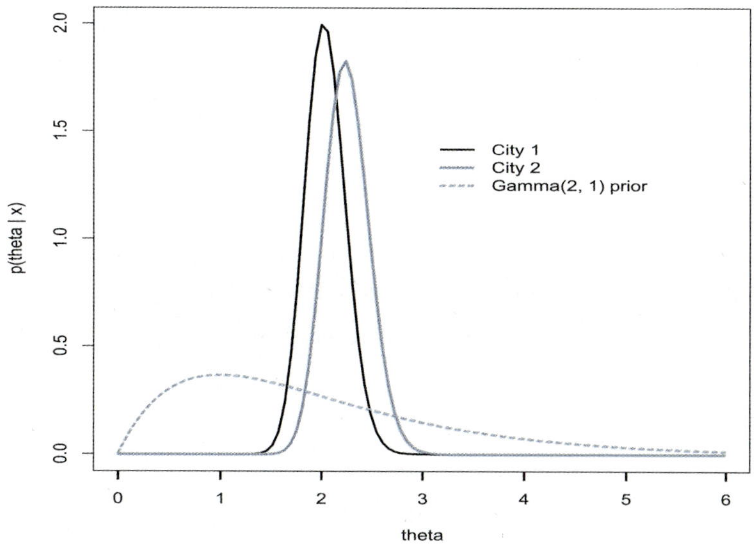

그림 6.2 평균 교통사고 건수 θ의 사후분포

```
a =2; b = 1
n1 = length(x1); s1 = sum(x1)
n2 = length(x2); s2 = sum(x2)

postmean.theta1 = (a+s1)/(b+n1)
postmean.theta2 = (a+s2)/(b+n2)

### plot the posterior
par(mfrow=c(1, 1))
theta <- seq(0, 6, length=100)
plot(theta, dgamma(theta, a+s1, b+n1), type="l", xlab="theta",
```

```
    ylab="p(theta | x)")
lines(theta, dgamma(theta, a+s2, b+n2), lty=2)
lines(theta, dgamma(theta, a, b), lty=3)
legend(3.5, 1.5, legend=c(paste("City 1"),
        paste("City 2"), paste("Gamma(2, 1) prior")),
        lty=c(1, 2, 3), bty="n")
```

그림 6.2를 보면 City 1이 City 2에 비해서 교통사고 건수가 작으며 두 도시 모두 사전분포에 비해 사후분포의 분산이 훨씬 작음을 알 수 있다.

참고로, 그림 6.2에서 사전밀도함수는 전체 영역에서 균일분포와 상당히 다른 모양을 가지므로 정보를 많이 포함하는 것으로 생각할 수 있다. 그러나 사전분포는 전체 영역이 아닌 우도함수가 유의하게 0보다 큰 영역에서만 사후분포에 영향을 미친다. 사후밀도함수는 사전밀도함수와 우도함수의 곱이기 때문에 둘 중 하나가 0에 가까우면 상쇄되어 버리기 때문이다. 그림 6.2를 보면 사전밀도함수는 대략 구간 (1.5, 3)에서만 사후분포에 영향을 미치는데, 사전밀도함수는 이 구간에서 별다른 변화(함수값의 차이)를 보이지 않고 균일분포에 가까운 모양을 갖는다. 따라서 $Gamma(2,1)$ 사전분포는 사후분포에 거의 영향을 미치지 않는다.

θ에 대한 무정보 사전분포 중의 하나인 제프리 사전분포는 $\pi(\theta) = 1/\sqrt{\theta}$ 이다. 제프리 사전분포에 대해서는 9장에서 자세히 다루도록 한다. 이 사전분포로부터 사후분포를 유도하면

$$\begin{aligned}\pi(\theta \mid \sum x_i) &\propto \theta^{-1/2} \bullet \theta^{\sum x_i} e^{-n\theta} \\ &\propto \theta^{\sum x_i + 1/2 - 1} e^{-n\theta}\end{aligned}$$

인데 이는 $Gamma(\sum x_i + 1/2, n)$ 분포이다. 그림 6.3은 제프리 사전분포를 사용했을 때 θ_1과 θ_2의 사후밀도함수이다. 제프리 사전함수가 $Gamma(2,1)$ 사전함수보다 전체적으로 큰 값을 갖는데, 사전함수의 비례상수는 영향을 미치지 않고 우도함수가 0보다 유의하게 큰 부분에서의 변화(함수값의 차이)만 의미를 갖는다. 제프리 사전함수를 보면 구간 (1.5, 3)에서 $Gamma(2,1)$ 사전함수와 모양이 거의 유사하며, 따라서 사후분포는 $Gamma(2,1)$을 사용했을 때와 비교하여 거의 변화가 없음을 알 수 있다. 참고로, 제프리 사전분포를 사용하면 $Gamma$ 사전분포로부터 유도된 θ의 $Gamma$ 사후분포에서 $a = 1/2$, $b = 0$을 사용하는 것과 동일하다.

```
a = 1/2; b = 0
plot(theta, dgamma(theta, a+s1, b+n1), type="l", xlab="theta",
```

```
    ylab="p(theta | x)")
lines(theta, dgamma(theta, a+s2, b+n2), lty=2)
lines(theta, 1/sqrt(theta), lty=3)
legend(3.5, 1.5, legend=c(paste("City 1"),
                   paste("City 2"), paste("Jeffrey prior")),
                   lty=c(1, 2, 3), bty="n")
```

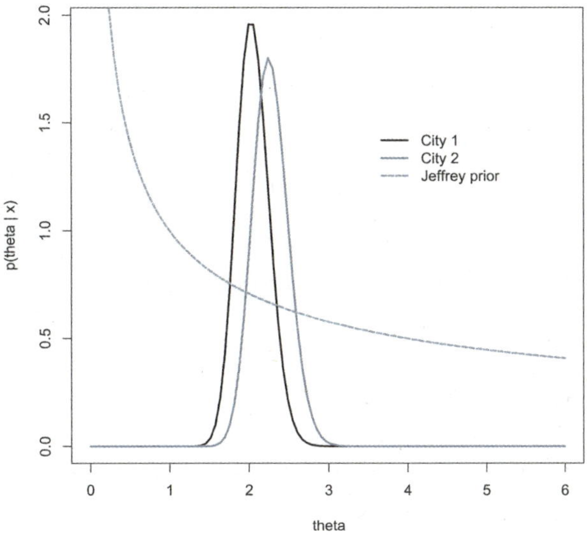

그림 6.3 제프리 사전분포 사용 시 θ의 사후분포

6.2 예측분포

다음으로 예측분포를 살펴보자. a와 b가 정수일 때

$$\begin{aligned} f(x_{n+1}|x_1, \cdots, x_n) &= \int f(x_{n+1}|\theta, x_1, \cdots, x_n)\pi(\theta|x_1, \cdots, x_n)d\theta \\ &= \int f(x_{n+1}|\theta)\pi(\theta|x_1. \cdots, x_n)d\theta \end{aligned}$$

$$\begin{aligned}
&= \int \frac{\theta^{x_{n+1}} e^{-\theta}}{x_{n+1}!} \times \frac{(b+n)^{a+\sum x_i}}{\Gamma(a+\sum x_i)} \theta^{a+\sum x_i - 1} e^{-(b+n)\theta} d\theta \\
&= \frac{(b+n)^{a+\sum x_i}}{x_{n+1}!\Gamma(a+\sum x_i)} \int \theta^{a+\sum x_i + x_{n+1} - 1} e^{-(b+n+1)\theta} d\theta \\
&= \frac{(b+n)^{a+\sum x_i}}{x_{n+1}!\Gamma(a+\sum x_i)} \times \frac{\Gamma(a+\sum x_i + x_{n+1})}{(b+n+1)^{a+\sum x_i + x_{n+1}}} \\
&= \frac{\Gamma(a+\sum x_i + x_{n+1})}{\Gamma(a+\sum x_i)\Gamma(x_{n+1}+1)} \left(\frac{b+n}{b+n+1}\right)^{a+\sum x_i} \left(\frac{1}{b+n+1}\right)^{x_{n+1}} \\
&= \frac{(a+\sum x_i + x_{n+1} - 1)!}{(a+\sum x_i - 1)!(x_{n+1})!} \left(\frac{b+n}{b+n+1}\right)^{a+\sum x_i} \left(\frac{1}{b+n+1}\right)^{x_{n+1}} \\
&= \binom{a+\sum x_i + x_{n+1} - 1}{a+\sum x_i - 1} \left(\frac{b+n}{b+n+1}\right)^{a+\sum x_i} \left(\frac{1}{b+n+1}\right)^{x_{n+1}}
\end{aligned}$$

인데, 이는 바로 음이항분포 $NB(a+\sum x_i, (b+n)/(b+n+1))$이다. 성공확률 $p=(b+n)/(b+n+1)$인 베르누이 시행에서 $a+\sum x_i$번 성공이 나타날 때까지 시행을 계속한다고 할 때 X_{n+1}은 총 실패의 횟수이다. 따라서

$$\begin{aligned}
X_{n+1}|x_1, \cdots, x_n &\sim NB(a+\sum x_i, \frac{b+n}{b+n+1}) \\
E(X_{n+1}|x_1, \cdots, x_n) &= \frac{a+\sum x_i}{b+n} \\
Var(X_{n+1}|x_1, \cdots, x_n) &= \frac{a+\sum x_i}{(b+n)^2} \times (b+n+1)
\end{aligned}$$

이다. 이상을 보면 X_{n+1}의 예측기대치는 θ의 사후기대치 $E(\theta|x_1, \cdots, x_n)$와 일치하고 X_{n+1}의 분산은 θ의 사후분산에 $b+n+1$을 곱한 것이다.

X_{n+1}의 예측기대치와 θ의 사후기대치를 비교해 보자. θ가 주어졌을 때 X_{n+1}의 조건부 기대치와 분산은 모두 θ이다. 즉, $E(X_{n+1}|\theta)=Var(X_{n+1}|\theta)=\theta$이다. 이로부터 X_{n+1}의 예측기대치는

$$E(X_{n+1}|x_1,\ldots,x_n) = E[E(X_{n+1}|\theta)|x_1,\ldots,x_n] = E[\theta|x_1,\ldots,x_n]$$

로 θ의 사후기대치와 같다. 그러나 X_{n+1}의 예측분산은

$$
\begin{aligned}
Var(X_{n+1}|x_1,\ldots,x_n) &= Var[E(X_{n+1}|\theta)|x_1,\ldots,x_n)] + E[Var(X_{n+1}|\theta)|x_1,\ldots,x_n)] \\
&= Var[\theta|x_1,\ldots,x_n] + E[\theta|x_1,\ldots,x_n] \\
&= \frac{(a+\sum x_i)}{(b+n)^2} + \frac{(a+\sum x_i)}{(b+n)} \\
&= \frac{(a+\sum x_i)}{(b+n)^2}(b+n+1)
\end{aligned}
$$

으로 θ의 사후분산인 $\dfrac{(a+\sum x_i)}{(b+n)^2}$ 보다 크다.

X_{n+1}의 예측분포를 그림 6.4에 그려보았다.

```
#predictive distribution of X_{n+1}
x1=c(rep(0,7),rep(1,14),rep(2,13),rep(3,8),rep(4,4),rep(5,2),
      rep(6,2))
x2=c(rep(0,4),rep(1,13),rep(2,15),rep(3,6),rep(4,2),rep(5,2),
      rep(6,3),rep(7,1) )
a =2 ; b = 1
n1 = length(x1); s1 = sum(x1)
n2 = length(x2); s2 = sum(x2)
x = seq(0,10)
par(mfrow=c(1,2))
plot(x,dnbinom(x,size=a+s1,prob=(b+n1)/(b+n1+1)), xlab="x_{n+1}",
     ylab="P(x_{n+1}|x_1,...,x_n)", type="h", main="City 1")
plot(x,dnbinom(x,size=a+s2,prob=(b+n2)/(b+n2+1)), xlab="x_{n+1}",
     ylab="P(x_{n+1}|x_1,...,x_n)",type="h", main="City 2")
```

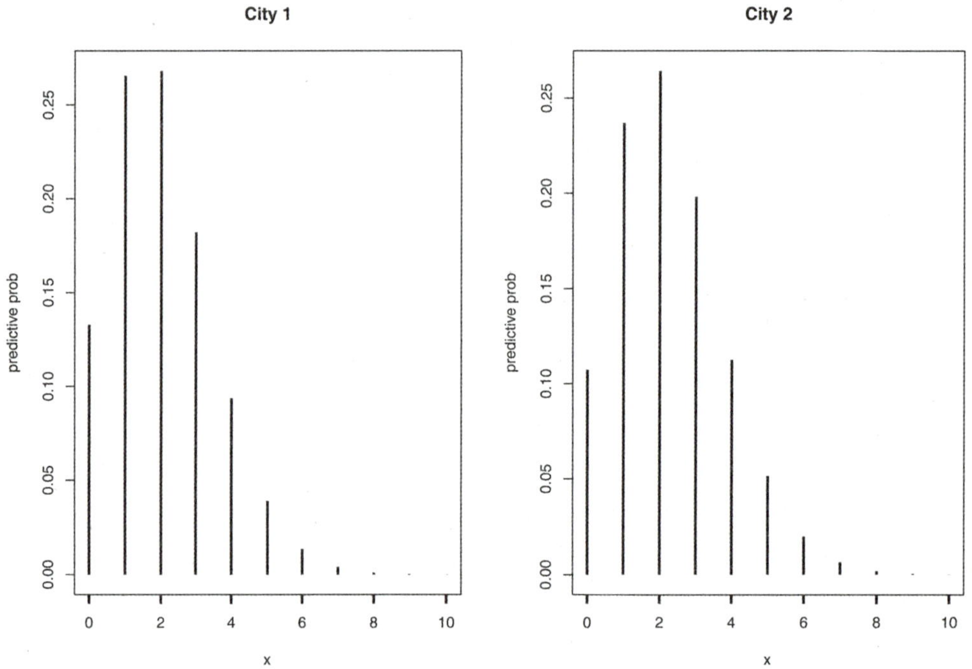

그림 6.4 두 도시에서의 X_{n+1}의 예측분포

6.3 몬테칼로 근사

만약 $\pi(\theta|x)$로부터 랜덤표본을 생성하는 것이 가능하다면 우리는 생성된 표본을 사용하여 임의의 영역 A에 대해서 $P(\theta \in A|x)$를 계산하거나 $E(\theta|x)$, $Var(\theta|x)$, 그리고 $\pi(\theta|x)$의 백분위수의 근삿값을 구할 수 있다. 이렇듯 난수를 발생시켜 추론하는 것을 몬테칼로 기법이라고 한다. 몬테칼로 기법은 $\pi(\theta|x)$로부터 $E(\theta|x)$, $Var(\theta|x)$ 등 필요한 값을 수리적으로 구할 수 없을 때 매우 유용하게 사용될 수 있다.

N개의 랜덤표본 $\theta_1,...,\theta_N$을 $\pi(\theta|x)$으로부터 생성했다고 하면 $\theta_1,...,\theta_N$의 표본분포(또는 경험적 분포, empirical distribution)는 N이 커짐에 따라 이론적 분포인 $\pi(\theta|x)$로 수렴한다. 따라서

$$\sum \theta_i / N \ \rightarrow \ E(\theta|x)$$
$$\sum (\theta_i - \overline{\theta})^2 / N \ \rightarrow \ Var(\theta|x)$$
$$number\,of\,(\theta_i \le c)/N \ \rightarrow \ P(\theta \le c|x)$$
$$Median\{\theta_1 \dots \theta_N\} \ \rightarrow \ Med(\theta|x)$$
$$\{\theta_1 \dots \theta_N\}\text{의 } 100\alpha\%\text{백분위수} \ \rightarrow \ \theta_\alpha,\ P(\theta \le \theta_\alpha|x) = \alpha$$

이다. 또한 임의의 함수 $g(\theta)$에 대하여 $\eta = g(\theta)$라고 하면 $\eta_i = g(\theta_i)$는 사후분포 $\pi(\eta|x)$를 따르는 η의 표본이다. 따라서 η에 대한 기대치, 분산 등은 마찬가지로 $\eta_1, \dots, \eta_N$을 사용하여 근사적으로 구할 수 있다.

몬테칼로 방법을 사용하여 두 도시의 평균의 차이 $\eta = \theta_1 - \theta_2$에 대한 사후추론을 수행하여 보자. θ_1, θ_2에 대한 N개의 사후 표본을 다음과 같이 생성한다.

$$\theta_{1i} \sim Gamma(a + \sum_{j=1}^{n_1} x_{1j}, b + n_1),\ i = 1, \dots, N$$
$$\theta_{2i} \sim Gamma(a + \sum_{j=1}^{n_2} x_{2j}, b + n_2),\ i = 1, \dots, N.$$

각 i에 대하여 $\eta_i = \theta_{1i} - \theta_{2i}$로 변환하면 n_i는 $\eta = \theta_1 - \theta_2$의 사후 표본이다. 따라서 $S_1 = \sum_{j=1}^{n_1} x_{1j}$, $S_2 = \sum_{j=1}^{n_2} x_{2j}$ 라고 하면

$$\hat{E}[\eta|S_1, S_2] = \overline{\eta} = \overline{\theta_1} - \overline{\theta_2} = \frac{1}{N} \sum_{i=1}^{N} (\theta_{1i} - \theta_{2i})$$
$$\widehat{Var}[\eta|S_1, S_2] = \frac{1}{N} \sum_{i=1}^{N} \eta_i^2 - (\overline{\eta})^2 = \frac{1}{N} \sum_{i=1}^{N} (\theta_{1i} - \theta_{2i})^2 - (\overline{\theta_1} - \overline{\theta_2})^2$$

이고 $\eta_i = \theta_{1i} - \theta_{2i}$ 표본으로부터 $\pi(\eta|S_1, S_2) = \pi(\theta_1 - \theta_2|S_1, S_2)$도 추정할 수 있다. 아래의 R 프로그램은 η의 사후분포와 4.4절에서 정의한 HPDsample 함수를 사용하여 η의 95% HPD 구간을 구하는 것이다. 결과는 그림 6.5에 표시하였다.

```
a =2 ; b = 1
n1 = 50; s1 = 102 ; n2 = 46;   s2 = 104 ;
```

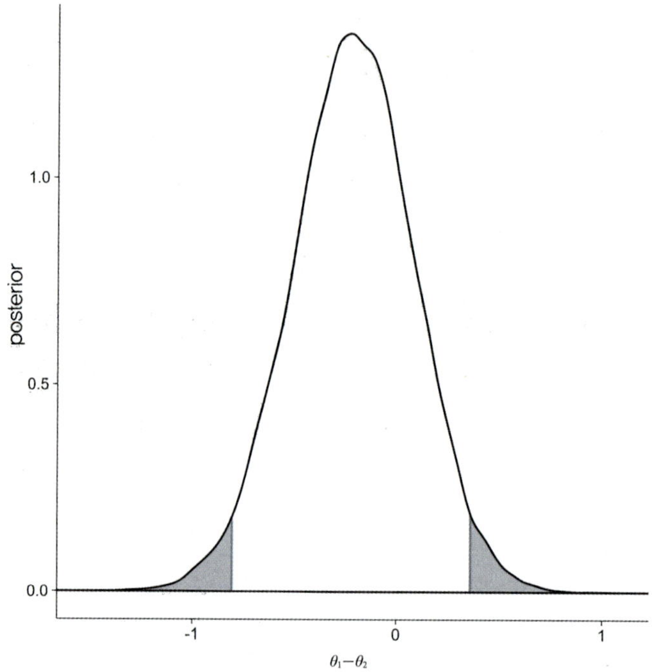

그림 6.5 두 도시간 평균 교통사고 건수 차이 $\theta_1-\theta_2$의 사후분포

```
nsim = 30000
theta1.sim = rgamma(nsim,a+s1,b+n1)
theta2.sim = rgamma(nsim,a+s2,b+n2)
eta=theta1.sim- theta2.sim
mean(eta)
## [1] -0.2158179
var(eta)
## [1] 0.08650104
HPD=HPDsample(eta)

par(mfrow=c(1,1))
plot(density(eta), type="l", xlab="theta1-theta2",
    ylab="posterior density", main="")
abline( v= HPD, lty=2)
text(mean(eta),0.3, "95% HPD interval" )
```

실제 $\theta_1-\theta_2$의 사후기대치는 $(a+S_1)/(b+n_1)-(a+S_2)/(b+n_2)=-0.2161$인데 몬테칼로 근삿값은 -0.2157이고, 실제 사후분산은 $(a+S_1)/(b+n_1)^2+(a+S_2)/(b+n_2)^2=0.0879$인데 이에 대한 근삿값은 0.0875이다. 근삿값과 참값의 차이가 근소함을 알 수 있다. 참고로 근삿값은 생성되는 난수에 따라 다소 값이 달라질 수 있으나 표본의 수를 늘리면 참값과의 오차는 줄어든다.

6.4 예측분포의 몬테칼로 추정

많은 경우에 $\pi(\theta|x_1,\cdots,x_n)$과 $f(x_{n+1}|\theta)$는 잘 알고 있는 분포여서 표본생성이 용이하나, 예측분포 $f(x_{n+1}|x_1\cdots,x_n)$는 복잡한 형태를 띠고 있어 수리적으로 구하기 어렵다. 이 경우 몬테칼로 방법을 사용하면 쉽게 해결이 된다. 예측밀도함수는 고정된 x_{n+1}에 대하여

$$\begin{aligned} f(x_{n+1}|x_1,\cdots,x_n) &= \int f(x_{n+1}|\theta)\pi(\theta|x_1,\cdots,x_n)d\theta \\ &= E[f(x_{n+1}|\theta)|x_1,\cdots,x_n] \end{aligned}$$

이므로 $f(x_{n+1}|x_1\cdots,x_n)$은 $g(\theta)=f(x_{n+1}|\theta)$의 θ에 대한 사후기대치이다. 따라서 N개의 θ 표본 θ_i, $i=1,\ldots,N$,을 $\pi(\theta|x_1,\cdots,x_n)$으로부터 생성한 다음 $g(\theta)=f(x_{n+1}|\theta_i)$의 평균을 취하면 $f(x_{n+1}|x_1\cdots,x_n)$의 추정치를 구할 수 있는데 이러한 조건부 기대치를 이용하는 방법을 Rao-Blackwellization이라고 한다. 이를 구체적으로 표현하면 $i=1,\ldots,N$에 대하여

$$\theta_i \sim \pi(\theta|x_1,\cdots,x_n)$$

를 생성하면

$$\hat{f}(x_{n+1}|x_1,\cdots,x_n)=\frac{1}{N}\sum_{i=1}^{N}f(x_{n+1}|\theta_i)$$

이다. X_{n+1}의 예측분포가 추정되면 X_{n+1}의 예측기대치는

$$\hat{E}(X_{n+1}|x_1,\cdots,x_n)=\sum_{all\ x_{n+1}}x_{n+1}\hat{f}(x_{n+1}|x_1,\cdots,x_n)$$

로 추정할 수 있다.

$f(x_{n+1}|x_1,\cdots,x_n)$을 예측하는 또 다른 몬테칼로 방법은 $f(x_{n+1}|\theta)$의 사후 조건부 기대치를 계산하는 대신 $f(x_{n+1}|x_1,\cdots,x_n)$을 따르는 X_{n+1}의 표본을 생성하고 이를 이용하여 X_{n+1}의 예측분포를 추정하는 것이다. 구체적으로, $i=1,\ldots,N$에 대하여

$$\theta_i \sim \pi(\theta|x_1,\cdots,x_n),$$
$$x_{n+1,i}|\theta_i \sim f(x_{n+1}|\theta_i), \quad i=1,\cdots,N,$$

이면 $x_{n+1,1},\cdots,x_{n+1,N}$이 $f(x_{n+1}|x_1,\cdots,x_n)$으로부터의 표본이다. 따라서 $x_{n+1,1},\cdots,x_{n+1,N}$을 이용하여 원하는 X_{n+1}의 기대치 분산 등의 특성을 근사시킬 수 있다. 즉,

$$\hat{E}(x_{n+1}|x_1,\cdots,x_n) = \frac{1}{N}\sum_{i=1}^{N} x_{n+1,i}$$
$$\widehat{Var}(x_{n+1}|x_1,\cdots,x_n) = \frac{1}{N}\sum_{i=1}^{N} x_{n+1,i}^2 - \left(\frac{1}{N}\sum_{i=1}^{N} x_{n+1,i}\right)^2$$

이다. 이 방법은 $f(x_{n+1}|x_1,\cdots,x_n)$식을 요구하지 않으므로 $f(x_{n+1}|x_1,\cdots,x_n)$ 계산이 어려울 때도 사용 가능하다. 그러나 위의 Rao-Blackwellization 방법에 비하여 같은 수의 표본을 사용할 때 정확도가 떨어진다.

예제 6.2

θ의 사전분포가 $Gamma(a,b)$이고 $X_1,\cdots,X_n|\theta \sim Poi(\theta)$이면 $\theta|x_1,\cdots,x_n \sim Gamma(a+S, b+n)$, $S=\sum_{i=1}^{n} x_i$ 이다. θ의 표본 $\theta_i \sim Gamma(a+S, b+n)$, $i=1,\ldots,N$,을 얻었다면

$$\hat{f}(x_{n+1}|x_1,\cdots,x_n) = \frac{1}{N}\sum_{i=1}^{N} f(x_{n+1}|\ \theta_i) = \frac{1}{N}\sum_{i=1}^{N} \theta_i^{x_{n+1}} e^{-\theta_i}/(x_{n+1})!$$

이다. 다른 방법으로, θ의 사후 표본 θ_i 각각에 대하여 추가로 $x_{n+1,i}|\theta_i \sim Poi(\theta_i)$, $i=1,..,N$,을 생성한 후 표본 $x_{n+1,i}$를 이용하여 X_{n+1}의 예측분포를 추정할 수 있다. 즉, $\hat{f}(X_{n+1}=k|x_1,..,x_n) = \#\ \ of\ \ (x_{n+1,i}=k)/N$이다.

다음과 같은 R 프로그램으로 $n=10$, $\sum x_i = 17$, $a=2$, $b=1$인 경우 X_{11}에 대한 사후예측분포를 구해 보자.

```
a=2; b=1
n = 10; sx = 17
xnew<-c(0:9)
par(mfrow=c(1,3))

# true predictive distribution
pred.xnew <- dnbinom(xnew, size=a+sx, prob=(b+n)/(b+n+1))
plot(xnew,pred.xnew, type="h",ylab="predictive density",xlim=c(0,9),
     ylim=c(0,0.3),main="true")

#empirical predictive distribution: when f(x_n+1|theta) is #available
nsim<-1000
theta.sim<-rgamma(nsim, a+sx, b+n)
hat.pred.1<-c(1:10)*0
for(i in 1:10){
     hat.pred.1[i] =mean(theta.sim^xnew[i]*exp(-theta.sim)/
                                   gamma(xnew[i]+1) )
}
plot(xnew, hat.pred.1, type="h", ylab="predictive density",
     xlim=c(0,9), ylim=c(0,0.3), main="empirical_1")

xnew.sim <- rpois(nsim, theta.sim)   # f(xnew|theta)
      # marginal of xnew ~ f(xnew|x_1,.., x_n)
      # Thus, use the sample of xnew for predictive dist.
plot (table (xnew.sim )/ nsim, type="h", ylab = "predictive density",
      xlim=c(0,9), ylim=c(0,0.3), main="empirical_2")
```

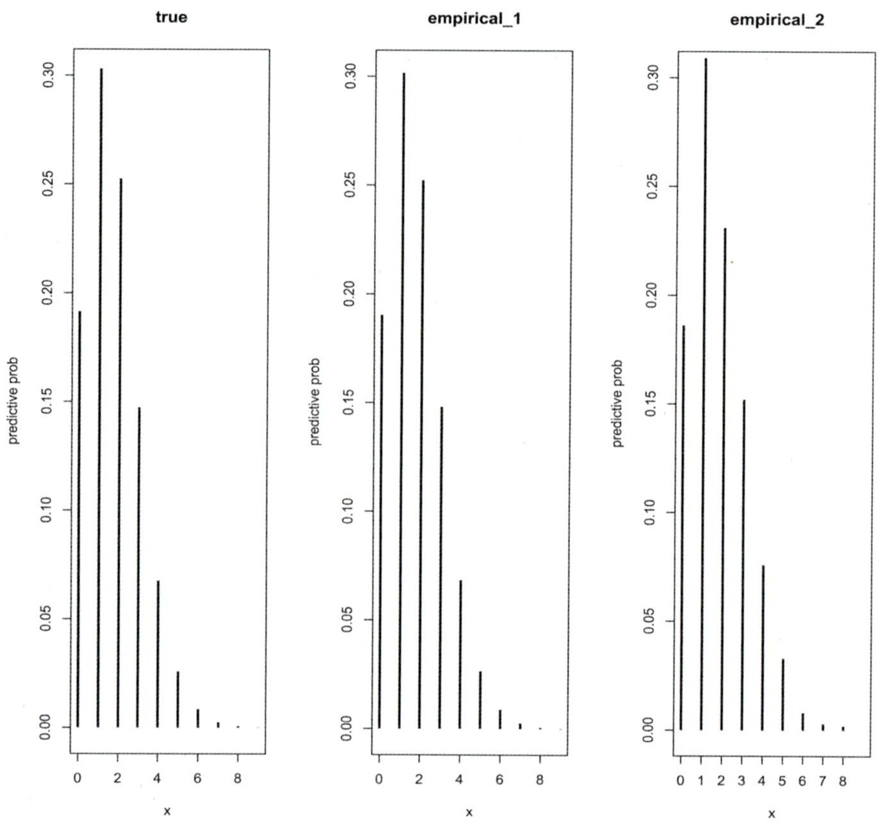

(a) (b) (c)

그림 6.6 City 1에서 X_{n+1}의 예측분포: (a) 실제 예측분포, (b) Rao-Blackwellization 근사, (c) 표본을 이용한 근사.

그림 6.6에서 (a)는 실제 예측분포이고, (b)는 Rao-Blackwellization을 이용한 몬테칼로 근사이며, (c)는 표본을 이용한 몬테칼로 근사이다. (b)의 Rao-Blackwellization을 이용한 근사가 (c)보다 실제 분포에 더 가까움을 알 수 있다. 물론 표본을 이용한 근사에서 표본수를 늘리면 정확도가 늘어나겠지만 일반적으로 Rao-Blackwellization을 이용한 근사가 더 좋은 결과를 준다.

연습문제

1 승진이가 타이핑을 할 때 한 페이지에 범하는 오타의 수는 평균 θ인 포아송 분포를 따른다고 한다. 평소 승진이의 타이핑 실력을 잘 모르므로 θ에 대한 무정보 사전분포의 일종인 $\pi(\theta)=1/\sqrt{\theta}$를 가정하기로 하였다. 승진이가 최근 타이핑한 노트의 처음 6페이지를 보니 오타수가 3, 2, 4, 3, 2, 1이었다. 주어진 정보를 가지고 승진이의 평균 페이지 당 오타수인 θ의 사후분포를 유도하고 R 프로그램을 이용하여 사후분포의 밀도함수를 그려 보아라.

2 어떤 보험사 영업사원이 한 달에 판매하는 보험 상품의 수 X는 평균이 θ인 포아송 분포를 따른다고 알려져 있다. θ에 대한 사전분포로 $Gamma(1,1)$을 가정한다.

(1) 이번 달에 이 영업사원이 12개의 보험 상품을 판매했을 때 θ의 사후분포를 구하라. 그리고 θ의 사전평균과 사후평균의 차이를 비교해 보아라.

(2) 새로 고용된 신입 영업사원이 첫 달에 8개의 보험 상품을 팔았다고 했을 때 이 신입사원이 다음 달에 7~9개의 보험 상품을 팔게 될 확률을 구하라.

3 이화 백화점을 하루 동안 방문하는 네덜란드인의 수를 X라고 할 때, X는 평균 θ를 갖는 포아송 분포를 따른다고 한다. 과거 자료로부터 θ의 사전분포를 $Gamma(2,\ 1)$로 가정하였다. 4월 1일부터 10일까지 열흘 동안 관측한 결과, 총 12명의 네덜란드인이 백화점을 방문하였음이 조사되었다.

(1) θ의 사후분포를 구하고 이를 R 프로그램을 이용하여 사후분포의 밀도함수를 그려 보아라.

(2) θ의 95% 사후구간(HPD)을 구하고 위 그림 위에 표시하라.

(3) 몬테칼로 기법을 사용하여 $\log\theta$의 사후밀도함수와 95% 사후구간(HPD)을 그림으로 나타내라.

4 특정 암환자 200명을 랜덤으로 뽑아 100명씩 두 그룹으로 나누었다. 한 그룹은 최근 새롭게 개발된 치료제를 복용하게 하고 다른 한 그룹은 위약을 처방하였다. 3개월 후 두 그룹의 환자를 대상으로 종양의 수를 조사하니 위약 그룹은 종양의 총 개수가 225개였다. 반면 치료제를 복용한 그룹은 총 210개의 종양이 발견되었다. 위약 그룹의 평균 종양 개수를 θ_1, 치료제 그룹의 평균 종양 개수를 θ_2라고 하자. θ_1과 θ_2에 대하여 독립적으로 $Gamma(1,\ 1)$ 사전분포를 사용할 때 몬테칼로 방법을 사용하여 $\eta = \log(\theta_1/\theta_2)$의 사후평균과 95% 최대사후구간을 구하라.

5 뇌전증을 앓고 있는 A씨에게 한 달 동안 의식 상실이 없는 발작(단순 부분발작)이 일어나는 횟수를 X라고 할 때, X가 평균 θ인 포아송 분포를 따른다고 가정하자. 그런데 A씨는 관측이 시작되기 이전 3년 동안 월평균 0.5회 단순 부분발작을 경험한 기록이 있다.

(1) 사전분포로 $Gamma(a, b)$를 가정하자. 지난 3년 동안의 기록인 사전정보가 대략 새로운 관측치 2개에 해당하는 정보를 가지고 있다고 가정할 때 a와 b 값을 구하라.

(2) 관측 시작 후 5개월 동안 A씨에게 단순 부분 발작이 일어나는 월별 횟수를 조사하여 보니 0, 1, 1, 0, 1이었다. 이 자료와 $Gamma(1, 2)$ 사전분포로부터 θ의 사후분포를 유도하라.

(3) (2)번의 관측 이후 추가로 4개월을 관측한 결과 A씨에게 단순 부분발작이 일어나는 월별 횟수가 2, 1, 0, 3이었다. 이 새로운 자료가 추가되었을 때 θ의 사후분포를 유도하라. (힌트: 새로운 자료의 관측시점을 기준으로 (2)에서 구한 θ의 사후분포를 사전분포로 사용하라)

(4) (2)와 (3)의 사후분포로부터 θ의 사후평균을 구하고, 지난 3년 동안의 평균과 이들을 비교하라.

07

정규분포에 대한 베이지안 추론

자료의 분포가 근사적으로 정규분포를 따르는 경우가 종종 발견된다. 특히 자료가 서로 독립적인 효과들의 합으로 측정될 경우 정규분포는 자료에 대한 좋은 모형이 된다. 예를 들면, X_i를 지역 i에서의 미세먼지 농도라 하자. 각 X_i는 $X_i = a + b \times$ (i지역의 교통량) $+ c \times$ (i지역의 녹지면적)$+ d \times$(i지역의 축산동물의 수) ...$+ e \times$(i지역의 화력발전소 수) .... 으로 생각할 수 있다. 교통량, 녹지면적, 가축수 등이 대략 독립적으로 작용하고 이외에도 많은 효과들이 미세먼지 농도에 선형적으로(additive) 작용한다면 X_i의 분포는 정규분포에 가깝다. 이와 같이 우리가 측정하는 자료 중 상당수가 독립적인 효과들의 합으로 주어지는 경우가 많기 때문에 정규분포를 흔히 발견할 수 있는 것이다.

7.1 평균의 추정과 예측분포

$X_1, \ldots, X_n | \theta \overset{iid}{\sim} N(\theta, \sigma^2)$이고, 분산 σ^2이 알려진 경우를 생각해 보자. X_i의 결합밀도함수는

$$\begin{aligned} f(x_1 \cdots x_n | \theta) &= \prod_{i=1}^{n} f(x_i | \theta) \\ &= \prod_{i=1}^{n} \frac{1}{\sqrt{2\pi\sigma^2}} e^{-\frac{1}{2}\frac{(x_i-\theta)^2}{\sigma^2}} \\ &= (2\pi\sigma^2)^{-n/2} e^{-\frac{1}{2\sigma^2}\{\sum x_i^2 - 2\theta\sum x_i + n\theta^2\}} \\ &= c(x) e^{-\frac{1}{2\sigma^2}\{-2\theta\sum x_i + n\theta^2\}} \\ &\propto e^{-\frac{n}{2\sigma^2}\{\theta^2 - 2\theta\bar{x}\}} \\ &\propto e^{-\frac{n}{2\sigma^2}(\theta-\bar{x})^2} \end{aligned}$$

이므로 $f(x_1, \ldots, x_n | \theta)$ 가 $\bar{x}$를 통해서만 θ에 의존한다. 따라서 $\bar{X}$가 θ에 대한 충분통계량이며 $\bar{X}|\theta \sim N(\theta, \sigma^2/n)$이다.

θ의 우도함수 $f(x_1, \ldots, x_n | \theta)$를 보면 상수 c_1, c_2에 대해 $e^{-c_1(\theta-c_2)^2}$의 형태로 주어진다. 이와 같은 형태를 갖는 밀도함수는 바로 정규밀도함수이므로 θ의 공액 사전분포는

$N(\mu_0, \sigma_0^2)$이다. 이 공액 사전분포와 충분통계량 $\overline{X}$의 조건부 분포로부터 θ의 사후분포를 유도하여 보자.

$$
\begin{aligned}
\pi(\theta|x_1, \ldots, x_n) &= \pi(\theta|\overline{x}) \\
&\propto f(\overline{x}|\theta)\pi(\theta) \\
&\propto e^{-\frac{n}{2\sigma^2}(\overline{x}-\theta)^2} \times e^{-\frac{1}{2\sigma_0^2}(\theta-\mu_0)^2} \\
&\propto \exp\left[-\frac{n}{2\sigma^2}(\theta^2 - 2\overline{x}\theta + \overline{x}^2) - \frac{1}{2\sigma_0^2}(\theta^2 - 2\mu_0\theta + \mu_0^2)\right] \\
&\propto \exp\left[-\frac{1}{2}\left\{\frac{1}{\sigma^2/n}(\theta^2 - 2\overline{x}\theta) + \frac{1}{\sigma_0^2}(\theta^2 - 2\mu_0\theta)\right\}\right] \\
&\propto \exp\left[-\frac{1}{2}\left\{\theta^2\left(\frac{1}{\sigma^2/n} + \frac{1}{\sigma_0^2}\right) - 2\theta\left(\frac{\overline{x}}{\sigma^2/n} + \frac{\mu_0}{\sigma_0^2}\right)\right\}\right]
\end{aligned}
$$

$$\left(c = \frac{1}{\sigma^2/n},\ c_0 = \frac{1}{\sigma_0^2} \text{이라 놓으면}\right)$$

$$
\begin{aligned}
&= \exp\left[-\frac{1}{2}\left\{(c+c_0)\theta^2 - 2(c\overline{x} + c_0\mu_0)\theta\right\}\right] \\
&\propto \exp\left[-\frac{1}{2}(c+c_0)\left\{\theta^2 - 2\left(\frac{c\overline{x}+c_0\mu_0}{c+c_0}\right)\theta\right\}\right] \\
&\propto \exp\left[-\frac{1}{2}(c+c_0)\left(\theta - \left(\frac{c\overline{x}+c_0\mu_0}{c+c_0}\right)\right)^2\right]
\end{aligned}
$$

$$\left(\mu_\pi = \frac{c\overline{x}+c_0\mu_0}{c+c_0},\ \sigma_\pi^2 = (c+c_0)^{-1} \text{이라 놓으면}\right)$$

$$
\begin{aligned}
&\propto \exp\left[-\frac{1}{2\sigma_\pi^2}(\theta-\mu_\pi)^2\right] \\
&\sim N(\mu_\pi, \sigma_\pi^2).
\end{aligned}
$$

따라서

$$\theta|\overline{x} \sim N(\mu_\pi, \sigma_\pi^2)$$

이다. 즉,

θ의 정규 사전분포 + 정규분포 자료 ⇒ θ의 정규사후분포

이다. 요약하면

$$X_1 \ldots X_n | \theta \sim N(\theta, \sigma^2)$$
$$\theta \sim N(\mu_0, \sigma_0^2)$$

이면

$$\theta | \bar{x} \sim N(\mu_\pi, \sigma_\pi^2)$$

인데, 여기에서

$$\sigma_\pi^2 = \frac{1}{\frac{1}{\sigma^2/n} + \frac{1}{\sigma_0^2}} = (c + c_0)^{-1}$$
$$\mu_\pi = \frac{\frac{1}{\sigma^2/n}\bar{x} + \frac{1}{\sigma_0^2}\mu_0}{\frac{1}{\sigma^2/n} + \frac{1}{\sigma_0^2}} = \frac{c}{c+c_0}\bar{x} + \frac{c_0}{c+c_0}\mu_0 \tag{7.1}$$

이다.

분산이 크면 분포의 퍼짐성이 커져 정확도가 떨어짐을 반영하여 분산의 역수를 정확도(precision)라고 하면 표본평균 $\bar{x}$가 갖는 정확도는 $c = \frac{1}{\sigma^2/n}$이고, 사전평균 μ_0가 갖는 정확도는 $c_0 = \frac{1}{\sigma_0^2}$이다. 사후평균 $\mu_\pi = \frac{c}{c+c_0}\bar{x} + \frac{c_0}{c+c_0}\mu_0$는 $\bar{x}$와 μ_0의 가중평균으로 가중치가 각자의 정확도에 비례한다. n이 크면 표본평균의 가중치가 커서 μ_π는 $\bar{x}$와 거의 일치하게 되고 n이 작으면 μ_π는 μ_0의 영향을 상대적으로 많이 받는다.

사후분산 σ_π^2의 역수를 취하여 $c_1 = \frac{1}{\sigma_\pi^2}$이라 하면 $c_1 = c + c_0$가 성립하여 사후추정치의 정확도는 표본추정치의 정확도와 사전평균의 정확도의 합이 된다. 만약 $c_0 > 0$이면 사전정보가 있다는 것을 의미하고, 이때 사후추정치의 정확도는 표본추정치의 정확도보다 크다.

새로운 관측치 X_{n+1}의 예측분포 $f(x_{n+1}|x_1,\ldots,x_n)$를 구해 보자. $f(x_{n+1}|x_1,\ldots,x_n)$는 $f(x_{n+1}|x_1,\ldots,x_n) = \int f(x_{n+1}|\theta)\pi(\theta|x_1,\ldots,x_n)d\theta$이므로 적분을 취하여 수리적으로 구할 수 있다. 그러나 정규분포의 경우 위의 적분을 수행하지 않고도 간단히 예측분포를 다음과 같이 구할 수 있다.

$$X_{n+1}|\theta \sim N(\theta, \sigma^2)$$
$$\theta | x_1,\ldots,x_n \sim N(\mu_\pi, \sigma_\pi^2)$$

이다. 그런데 $(X_{n+1}-\theta)|\theta \sim N(\theta-\theta,\sigma^2)=N(0,\sigma^2)$이다. $N(0,\sigma^2)$는 θ와 무관하므로 $(X_{n+1}-\theta)$는 θ와 독립이다. 따라서 $X_{n+1}-\theta$과 θ를 더하면, 독립인 두 정규변수의 합이므로

$$\begin{aligned} X_{n+1}|x_1,\ldots,x_n &= (X_{n+1}-\theta)+\theta\,|\,x_1,\ldots,x_n \\ &\sim N(0+\mu_\pi,\sigma^2+\sigma_\pi^2)=N(\mu_\pi,\sigma^2+\sigma_\pi^2) \end{aligned}$$

이다.

X_{n+1}의 예측평균은 θ의 사후평균과 일치하고 X_{n+1}의 예측분산은 θ의 사후분산 σ_π^2와 θ가 주어졌을 때 X_{n+1}의 분산 σ^2을 더한 것이다. 따라서 예측분산은 표본분산이나 θ의 사후분산보다 크거나 같다.

예제 7.1

(Kennett and Ross, 1983; Lee, 1989, ch2)
4장에서 소개한 Ennerdale Granophyre 광물의 나이 (단위 : 백만 년) θ를 추정하는 문제를 살펴보자. 과거의 자료로부터 $\theta \sim N(370,21^2)$ 사전분포를 가정하였고, $\overline{X}|\theta \sim N(\theta,8^2)$ 분포를 따르는 $\overline{X}$의 관측치는 $\overline{x}=421$이었다. 이 경우 θ의 사후분포는 평균과 분산으로 각각

$$\begin{aligned} \mu_\pi &= \frac{1/8^2 \times 421 + 1/21^2 \times 370}{1/8^2 + 1/21^2} = 413 \\ \sigma_\pi^2 &= \frac{1}{1/8^2+1/21^2} = 7^2 \end{aligned}$$

을 갖는 정규분포이다. 즉, θ의 사후추정치는 413 ± 7백만 년이고, θ의 95 %HPD 구간은 413 ± 1.96 × 7백만 년이다. 사후평균은 표본평균보다 작은 값을 갖는데 이는 사전평균의 영향 때문이다. 또한 사후분산은 표본분산보다 작다.

만약 사전분포로 $N(370,50^2)$을 가정한다고 하자. 이는 사전분산이 표본분산에 비하여 상당히 큰 경우이다. 이 경우

$$\begin{aligned} \mu_\pi &= \frac{1/8^2 \times 421 + 1/50^2 \times 370}{1/8^2 + 1/50^2} = 419 \\ \sigma_\pi^2 &= \frac{1}{1/8^2+1/50^2} = 8^2 \end{aligned}$$

이다. 사후평균이 전의 경우보다 표본평균에 더 가깝고 사후분산이 표본분산과 거의 동일한 것을 알 수 있는데, 이유는 사전분산이 매우 커서 사전분포의 영향이 거의 없기 때문이다.

예제 7.2

우리나라 전체 가구의 월수입을 보면 오른쪽으로 긴 꼬리를 갖는 치우친 형태를 갖는데, 월수입을 로그변환하면 자료의 분포가 대략적으로 대칭적인 정규분포 모양을 가진다. 따라서 가구당 로그 월수입을 변수 X라 한다면 X의 분포를 정규분포로 가정해도 큰 무리가 없다.

우리의 관심은 어떤 특정 도시 A의 가구당 월평균 수입을 알아보는 것이다. 정규성 가정이 편리하므로 로그 월수입을 X라 하고, X의 평균 θ를 추정한 뒤 이를 지수 변환하여 원하는 가구당 월 평균 수입을 얻도록 하자.

θ에 대한 사전정보를 얻기 위하여 알아보니 해당 연도 전체 한국국민의 가구당 월수입은 평균이 294만 원, 표준편차가 200만 원이었다. 이를 로그변환하면 로그 월수입은 평균이 $\log 294 = 5.68$만 원, 표준편차는 $\log 200 = 5.30$이다. 이로부터 $N(5.68, 5.30^2)$를 θ의 사전분포로 사용할 수 있겠다.

다음, 실제로 도시 A에서 50개의 랜덤 표본을 뽑아 조사하니 로그 월수입의 평균은 5.5, 표준편차는 $s = 4.8$이었다. X의 실제 표준편차는 모르지만 표본의 수가 작지 않으므로 표본 표준편차 $s = 4.8$을 실제 모집단의 표준편차 $\sigma = 4.8$로 사용하도록 하자. 이에 따라 $X_1, \ldots, X_{50}$의 평균 $\overline{X}$는 $N(\theta, 4.8^2/50)$ 분포를 따르며 관측치는 $\overline{x} = 5.5$이 된다. 이들을 앞의 식에 대입하면 θ의 사후분포는 $N(\mu_\pi, \sigma_\pi^2)$으로

$$
\begin{aligned}
\mu_\pi &= \frac{50/4.8^2 \times 5.5 + 1/5.3^2 \times 5.68}{50/4.8^2 + 1/5.3^2} = 5.503 \\
\sigma_\pi^2 &= \frac{1}{50/4.8^2 + 1/5.3^2} = \frac{5.3^2 \times 4.8^2/50}{4.8^2/50 + 5.3^2} = 0.4533
\end{aligned}
$$

이다. θ는 로그 월수입의 평균이므로 이를 지수변환하면 A도시의 가구당 월평균 수입을 추정할 수 있는데, 추정치는 $e^{5.503} = 245.42$만 원이고, 이 추정치의 표준오차는 $e^{\sqrt{0.4533}} = 1.96$이다.

이 예에서는 사전분포의 분산이 표본평균 $\overline{x}$의 분산에 비해 상당히 큰 값으로 사전분포의 영향이 미미한 경우이다. 그림 7.1을 보면 사후밀도함수에 비하여 사전밀도함수는 거의 균일분포에 가까움을 알 수 있다.

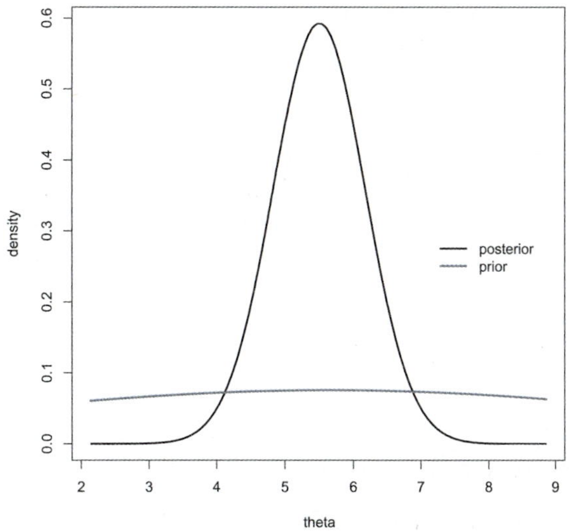

그림 7.1 분산 σ^2이 알려진 경우 평균 θ의 사후분포

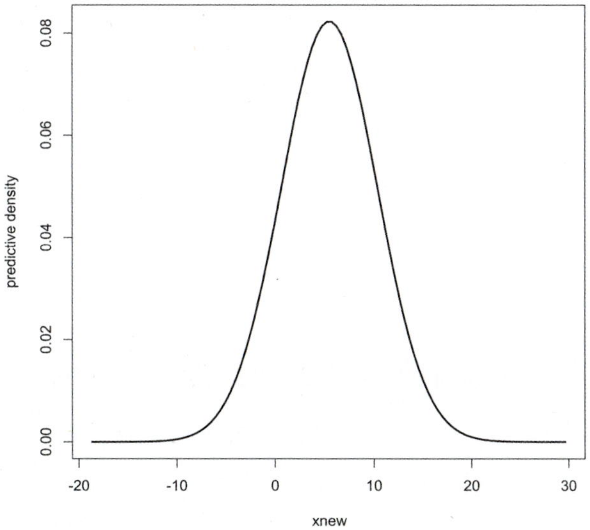

그림 7.2 분산 σ^2이 알려진 경우 X_{n+1}의 예측분포

또한 앞의 식에서 새로운 관측치 X_{new}의 예측분포는 $N(5.503, 0.4533 + 4.8^2)$ $= N(5.503, 4.847^2)$이다. 사전분포와 사후분포(그림 7.1), 예측분포(그림 7.2)를 R code를 사용하여 그려보자.

```
mu0 = 5.68; sig0 = 5.30; n = 50; xbar = 5.5; s = 4.8

#posterior
c= n/s^2 ; c0=1/sig0^2; w = c/(c+c0)
mu.post = w * xbar + (1-w)* mu0; sig.post = sqrt( 1/(c+c0) )

theta=seq(mu.post-5*sig.post, mu.post+5*sig.post, length=100)

plot(theta, dnorm(theta,mu.post, sig.post), type="l",
     main="posterior and prior of theta")
lines(theta,dnorm(theta,mu0,sig0),lty=2)
legend(7.5,0.3,legend=c("posterior","prior"),lty=c(1,2),bty="n")

#predictive
mu.new = mu.post; sig.new = sqrt( s^2 + sig.post^2 )
xnew=seq(mu.new - 5* sig.new , mu.new + 5* sig.new, length=100)

plot(xnew, dnorm(xnew, mu.new, sig.new),type="l", main="Predictive
density of X_new")
```

$X_1,\ldots,X_n|\theta \sim N(\theta,\sigma^2)$ 일 때 θ는 위치모수이다. 위치모수에 대하여 자주 사용되는 무정보 사전분포는 $\pi(\theta)=1$이다. 함수 $\pi(\theta)=1$ 는 전체 실수 공간에서 적분값이 1이 아니기 때문에 확률밀도함수는 아니다. 이러한 사전분포 또는 사전밀도함수를 부적합(improper)하다고 한다. 그러나 다음에 보는 바와 같이 이로부터 유도되는 사후분포 또는 사후밀도함수는 적분값이 1이 되어 적합한(proper) 밀도함수이다. 사전분포는 사후분포를 유도하기 위해서 필요한 것일 뿐 우리가 최종적으로 사용하는 것은 사후분포이기 때문에 비록 사전분포가 부적합하더라도 사후분포만 적합하면 상관이 없다. 사전분포에 대한 자세한 내용은 9장에서 다루도록 한다.

θ에 대한 사전분포가 $\pi(\theta)=1$로 주어질 때 θ의 사후밀도함수를 유도하면 다음과 같다.

$$\begin{aligned}\pi(\theta|x_1,\dots,x_n) &= \pi(\theta|\bar{x}) \\ &\propto f(\bar{x}|\theta)\pi(\theta) \\ &\propto e^{-\frac{n}{2\sigma^2}(\theta-\bar{x})^2} \\ &\sim N(\bar{x},\sigma^2/n)\end{aligned}$$

즉, $\theta|x_1,\dots,x_n \sim N(\bar{x},\sigma^2/n)$이고 θ의 95% 최대사후구간은 $\bar{x}\pm 1.96\sigma/\sqrt{n}$이며, 이 베이즈 점 추정치와 구간추정은 빈도론적 최우추정치와 신뢰구간과 일치한다. 단, 구간 추정의 경우 베이지안 해석은 "θ가 이 구간에 속할 확률은 95%"이다. 반면 빈도론적 해석은, "만약 우리가 표본크기 n인 표본을 반복적으로 추출하여 $\bar{X}\pm 1.96\sigma/\sqrt{n}$(랜덤 구간) 식에 의하여 신뢰구간은 구한다면 그 중 약 95%의 구간은 θ를 포함한다. 주어진 관측된 표본으로부터 구한 구간(고정된 구간)은 이 중 하나이기 때문에 θ가 이 구간에 속할 확률은 0 또는 1인데 1일 확률이 95%"이다.

$\pi(\theta)=1$ 사전분포를 사용할 때 예측분포를 구해보면 $X_{n+1}|x_1,\dots,x_n \sim N(\bar{x},\sigma^2/n+\sigma^2)$이다. 예 7.2의 로그 월수입에 대하여 $\pi(\theta)=1$ 사전분포를 사용하면 로그 월수입의 평균 θ의 사후분포는 $N(5.5,4.8^2/50)$이고 평균 월수입의 사후분포는 대략 $N(244.69,\ 1.97^2)$이다.

7.2 평균과 분산의 추정

이번에는 평균 θ와 분산 σ^2이 둘 다 미지의 모수인 경우를 고려해 보자. θ와 σ^2의 결합사후분포는

$$\pi(\theta,\sigma^2|x_1,\dots,x_n) = f(x_1,\dots,x_n|\theta,\sigma^2)\pi(\theta,\sigma^2)/f(x_1,\dots,x_n)$$

이다. 사전분포 $\pi(\theta,\sigma^2)$는 주로 다음과 같이

$$\pi(\theta,\sigma^2) = \pi(\theta|\sigma^2)\pi(\sigma^2)$$

정하는데 $\pi(\theta|\sigma^2) \sim N(\mu_0,\sigma^2/k_0)$로 한다. μ_0는 σ^2이 주어진 조건하에서 θ의 사전평균이

다. n개의 독립표본의 평균이 갖는 분산이 σ^2/n임을 고려하면, σ^2/k_0는 사전평균 μ_0가 갖는 분산이므로 k_0는 사전정보를 얻는 데 사용된 표본의 대략적인 개수라 간주할 수 있다. $\pi(\sigma^2)$으로는 주로 역감마 분포 $IG(a,b)$를 사용한다.

이상의 사전분포와 자료의 분포를 종합하면,

$$\begin{aligned} X_1,\ldots,X_n|\theta,\sigma^2 &\sim N(\theta,\sigma^2) \\ \sigma^2 &\sim IG(a,b) \\ \theta|\sigma^2 &\sim N(\mu_0,\sigma^2/k_0) \end{aligned}$$

이다. 평균 θ와 분산 σ^2이 둘 다 미지의 모수인 경우에 (θ,σ^2)에 대한 충분통계량은 $(\overline{X},\sum(X_i-\overline{X})^2)$이지만 이들의 결합분포가 다소 복잡하므로 충분통계량의 분포를 사용하지 않고 독립적인 전체 자료 $X_1,\ldots,X_n$의 결합분포를 사용하도록 하겠다. $\boldsymbol{x}=(x_1,\ldots,x_n)$은 $X_1,\ldots,X_n$의 관측치이다.

앞 절에 따르면 σ^2이 주어진 조건하에서 $\theta|\sigma^2,\boldsymbol{x} \sim N(\mu_\pi,\ \sigma_\pi^2)$,

$$\begin{aligned} \mu_\pi &= \frac{n/\sigma^2}{n/\sigma^2+k_0/\sigma^2}\times\overline{x}+\frac{k_0/\sigma^2}{n/\sigma^2+k_0/\sigma^2}\times\mu_0=\frac{n\overline{x}+k_0\mu_0}{n+k_0} \\ \sigma_\pi^2 &= \left(\frac{1}{\sigma^2/n}+\frac{1}{\sigma^2/k_0}\right)^{-1}=\frac{\sigma^2}{n+k_0} \end{aligned}$$

이다.

다음, σ^2의 주변 사후밀도함수 $\pi(\sigma^2|x_1,\ldots,x_n)$은

$$\pi(\sigma^2|x_1,\ldots,x_n)\propto\int f(x_1,\ldots,x_n|\theta,\sigma^2)\pi(\theta,\sigma^2)\,d\theta$$

이다. $S=\sum_{i=1}^{n}(x_i-\overline{x})^2$라 할 때

$$\begin{aligned} &f(x_1,\ldots,x_n|\theta,\sigma^2)\pi(\theta,\sigma^2) \\ &\quad\propto f(x_1,\ldots,x_n|\theta,\sigma^2)\pi(\theta|\sigma^2)\pi(\sigma^2) \\ &\quad\propto(\sigma^2)^{-\frac{n}{2}}e^{-\frac{1}{2\sigma^2}\sum(x_i-\theta)^2}\times(\sigma^2)^{-\frac{1}{2}}e^{-\frac{k_0}{2\sigma^2}(\theta-\mu_0)^2}\times(\sigma^2)^{-a-1}e^{-\frac{b}{\sigma^2}} \end{aligned}$$

$$\propto (\sigma^2)^{-\left(\frac{n}{2}+a+\frac{3}{2}\right)} \exp\left[-\frac{1}{2\sigma^2}\left\{\sum(x_i-\bar{x})^2+n(\bar{x}-\theta)^2+k_0(\theta-\mu_0)^2\right\}-\frac{b}{\sigma^2}\right]$$
$$\propto (\sigma^2)^{-\left(\frac{n}{2}+a+\frac{3}{2}\right)} \exp\left[-\frac{1}{2\sigma^2}\left\{S+n(\bar{x}-\theta)^2+k_0(\theta-\mu_0)^2\right\}-\frac{b}{\sigma^2}\right]$$

이다. $S+n(\theta-\bar{x})^2+k_0(\theta-\mu_0)^2$을 정리해 보면

$$\begin{aligned} S+n(\theta-\bar{x})^2+k_0(\theta-\mu_0)^2 &= S+n\theta^2-2n\bar{x}\theta+n\bar{x}^2+k_0\theta^2-2k_0\mu_0\theta+k_0\mu_0^2 \\ &= (S+n\bar{x}^2+k_0\mu_0^2)+(n+k_0)\left(\theta^2-2\frac{n\bar{x}+k_0\mu_0}{n+k_0}\theta\right) \\ &= \left(S+n\bar{x}^2+k_0\mu_0^2-\frac{(n\bar{x}+k_0\mu_0)^2}{n+k_0}\right)+(n+k_0)\left(\theta-\frac{n\bar{x}+k_0\mu_0}{n+k_0}\right)^2 \\ &= S+\frac{nk_0}{n+k_0}(\bar{x}-\mu_0)^2+(n+k_0)\left(\theta-\frac{n\bar{x}+k_0\mu_0}{n+k_0}\right)^2 \end{aligned}$$

이다. 따라서

$$\begin{aligned} \pi(\sigma^2|x_1,\ldots,x_n) &\propto \int f(x_1,\ldots,x_n|\theta,\sigma^2)\pi(\theta,\sigma^2)d\theta \\ &\propto (\sigma^2)^{-\frac{n}{2}-a-1}\exp\left[-\frac{1}{\sigma^2}\left\{\frac{1}{2}S+\frac{1}{2}\frac{k_0 n}{k_0+n}(\bar{x}-\mu_0)^2+b\right\}\right] \\ &\times \int(\sigma^2)^{-1/2}\exp\left[-\frac{n+k_0}{2\sigma^2}\left(\theta-\frac{n\bar{x}+k_0\mu_0}{n+k_0}\right)^2\right]d\theta \\ &\propto (\sigma^2)^{-\frac{n}{2}-a-1}\exp\left[-\frac{1}{\sigma^2}\left\{\frac{1}{2}S+\frac{1}{2}\frac{k_0 n}{k_0+n}(\bar{x}-\mu_0)^2+b\right\}\right] \\ &\sim IG\left(\frac{n}{2}+a,\frac{1}{2}\left(S+\frac{k_0 n}{k_0+n}(\bar{x}-\mu_0)^2\right)+b\right) \end{aligned}$$

이다.

종합하면,

$$\begin{aligned} X_1,\ldots,X_n|\theta,\sigma^2 &\sim N(\theta,\sigma^2) \\ \sigma^2 &\sim IG(a,b) \\ \theta|\sigma^2 &\sim N(\mu_0,\sigma^2/k_0) \end{aligned}$$

이면,

$$\sigma^2 | x_1, \ldots, x_n \sim IG\left(\frac{n}{2}+a, \frac{1}{2}\left(S+\frac{k_0 n}{k_0+n}(\overline{x}-\mu_0)^2\right)+b\right)$$

$$\theta | x_1, \ldots, x_n, \sigma^2 \sim N\left(\frac{k_0\mu_0+n\overline{x}}{k_0+n}, \frac{\sigma^2}{k_0+n}\right) \quad (7.2)$$

이다.

예제 7.3

서울시 거주 학생들의 2009년 1인당 월평균 사교육비 지출액수를 추정하고자 한다. 2009년 서울시 거주 학생들의 1인당 월별 사교육비 지출액이 정규분포를 따르고 평균이 θ, 표준편차가 σ라고 하자.

2008년 100명을 대상으로 한 조사에 따르면 학생 1인당 사교육비 지출은 월평균 22.5만 원이고, 표준편차는 20.4만 원이었다. 2008년의 자료는 100명에 대한 조사지만 과거의 자료를 현재 자료와 동등하게 취급하는 것은 문제가 있으므로, 과거의 자료를 약 5개의 현재 자료와 동등한 정보를 준다고 간주하자. θ와 σ^2의 사전분포를 $\sigma^2 \sim IG(a,b)$, $\theta|\sigma^2 \sim N(\mu_0, \sigma^2/k_0)$로 가정하고 과거 자료를 이용하여 사전분포의 모수를 결정하자. θ에 대한 사전분포에서 $\mu_0 = 22.5$, $k_0 = 5$로 놓는 것이 적당할 것이다. 식 (7.2)를 보면 σ^2에 대한 $IG(a,b)$ 사전분포의 모수 a는 $\frac{n}{2}$과 같은 역할을 하므로 a를 $\frac{1}{2}\times$(관측치의 수)로 보고 $a=\frac{5}{2}$으로 놓는다. 또한 $IG(a,b)$ 사전분포에서 σ^2의 사전 기대치는 $b/(a-1)$이므로 이를 사전분산 20.4^2과 대응시키면 $b/(a-1)=20.4^2$으로부터 $b=\left(\frac{5}{2}-1\right)\times 20.4^2$으로 놓을 수 있다. 종합하면,

$\theta|\sigma^2 \sim N(22.5,\ \sigma^2/5)$, $\sigma^2 \sim IG\left(\frac{5}{2}, \frac{3}{2}\times 20.4^2\right)$의 사전분포를 가정한다.

2009년 서울시 거주 학부모 20명을 대상으로 자녀의 사교육비 현황을 조사한 결과 학생 1인당 월평균 $\overline{x} = 27.4$만 원을 지출하였다고 답하였고 표준편차는 $s = 22.5$만 원이었다. 이로부터 사후분포를 구하면

$$\mu_\pi = \frac{k_0\mu_0+n\overline{x}}{k_0+n} = \frac{5\times 22.5+20\times 27.4}{5+20} = 26.42$$

$$S = s^2(n-1) = 22.5^2 \times (20-1) = 9618.75$$

$$\frac{1}{2}\left\{S + \frac{k_0 n}{k_0+n}(\bar{x}-\mu_0)^2\right\} + b$$
$$= \frac{1}{2}\left\{9618.75 + \frac{5\times 20}{5+20}(27.4-22.5)^2\right\} + \frac{3}{2}\times 20.4^2 = 74.03^2$$

이므로

$$\theta \mid x_1,\ldots,x_n,\sigma^2 \sim N(26.42, \sigma^2/25)$$
$$\sigma^2 \mid x_1,\ldots,x_n \sim IG\left(\frac{25}{2}, 74.03^2\right)$$

이다.

식 (7.2)로부터 θ와 σ^2의 결합사후분포는

$$\pi(\theta,\sigma^2 \mid x_1,\ldots,x_n) = \pi(\theta \mid x_1,\ldots,x_n,\sigma^2)\,\pi(\sigma^2 \mid x_1,\ldots,x_n)$$

이다. 결합사후분포를 그림으로 그려보고 결합사후분포로부터 (θ,σ^2)의 표본을 생성하여 보자. 또한 표본으로부터 θ와 σ^2의 주변 사후분포를 구해 보자. σ^2의 주변 사후분포 $\pi(\sigma^2 \mid x_1,\ldots,x_n)$은 역감마 분포로 주어진다. 반면 θ의 주변 사후분포는

$$\pi(\theta \mid x_1,\ldots,x_n) = \int \pi(\theta \mid x_1,\ldots,x_n,\sigma^2)\,\pi(\sigma^2 \mid x_1,\ldots,x_n)\,d\sigma^2$$
$$= E^{\sigma^2 \mid x_1,\ldots,x_n}\left[\pi(\theta \mid x_1,\ldots,x_n,\sigma^2)\right]$$

이므로 σ^2의 사후 표본 $\sigma_i^2, i=1,\ldots,N$에 대하여 $\pi(\theta \mid x_1,\ldots,x_n,\sigma_i^2)$을 계산하고 이들의 평균을 구하면 $\pi(\theta \mid x_1,\ldots,x_n)$의 추정치를 구할 수 있다. 즉,

$$\sigma_i^2 \mid x_1,\ldots,x_n \sim IG\left(\frac{n}{2}+a, \frac{1}{2}\left(S + \frac{k_0 n}{k_0+n}(\bar{x}-\mu_0)^2\right)+b\right),\ i=1,\ldots,N,$$
$$\hat{\pi}(\theta \mid x_1,\ldots,x_n) = \frac{1}{N}\sum_{i=1}^{N}\pi(\theta \mid x_1,\ldots,x_n,\sigma_i^2)$$

이다.

이상을 R 프로그램을 사용하여 실행해 보자. 그림 7.3은 (θ, σ^2)의 결합사후 표본과 추정된 사후밀도함수의 그림이고, 그림 7.4는 θ와 σ^2의 주변 사후밀도함수 추정치이다.

```
install.packages("MCMCpack")
  library(MCMCpack)
#prior
mu0=22.5; k0=5; sig0=20.4
a=k0/2; b=(a-1)*sig0*sig0

#data
xbar=27.4 ; n=20 ; s=22.5

#para.
mu.theta.post=(k0* mu0+n*xbar)/(k0+n)
a.post=n/2+a
b.post=1/2*((n-1)*s*s+k0*n/(k0+n)*(xbar-mu0)^2)+b

#true joint posterior
theta.grid=seq(10,45,length=100)
sigsq.grid=seq(100,1200,length=100)

f=function(theta,sigsq,a.post,b.post,mu.theta.post,n,k0){
  f= dinvgamma(sigsq,a.post,scale=b.post)*
     dnorm(theta,mu.theta.post,
   sqrt(sigsq/(n+k0)) )
}

post.joint=
outer(theta.grid,sigsq.grid,f,a.post,b.post,mu.theta.post,n,k0)
#Monte Carlo
 Nsim=1000
 sigsq.sim=1/rgamma(Nsim,a.post,b.post)
 theta.sim=rnorm(Nsim,mu.theta.post,sqrt(sigsq.sim/(k0+n)))
```

```
par(mfrow=c(1,1))
plot(theta.sim, sigsq.sim, xlab="theta",ylab="sigma_sq")
contour(theta.grid,sigsq.grid,post.joint,
        level=c(1.e-6,1.e-5,1.e-4,3.e-4),add=T)

#marginal posterior
post.sigsq= dinvgamma(sigsq.grid,a.post, scale=b.post)

post.theta=theta.grid*0
for(j in 1:length(theta.grid) ){
post.theta[j]= mean(  dnorm(theta.grid[j],mu.theta.post,
                     sqrt(sigsq.sim/(n+k0)) ))
}

par(mfrow=c(1,2))
plot(theta.grid,post.theta,type="l",xlab="theta",ylab="marginal
posterior")
plot(sigsq.grid,post.sigsq,type="l",xlab="sigma_sq",ylab="marginal
posterior")
```

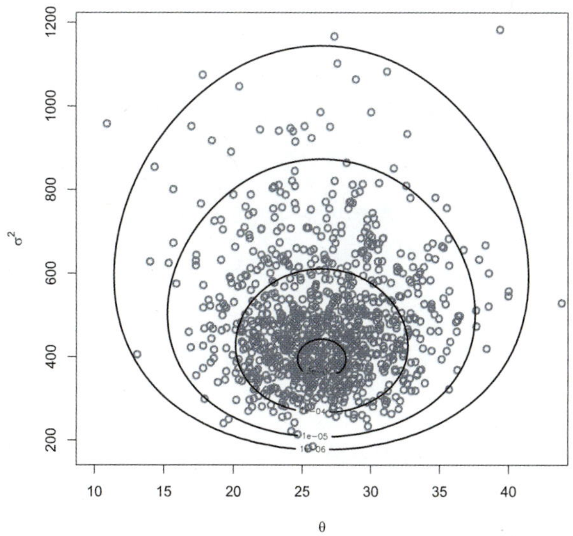

그림 7.3 (θ,σ^2)의 결합사후분포

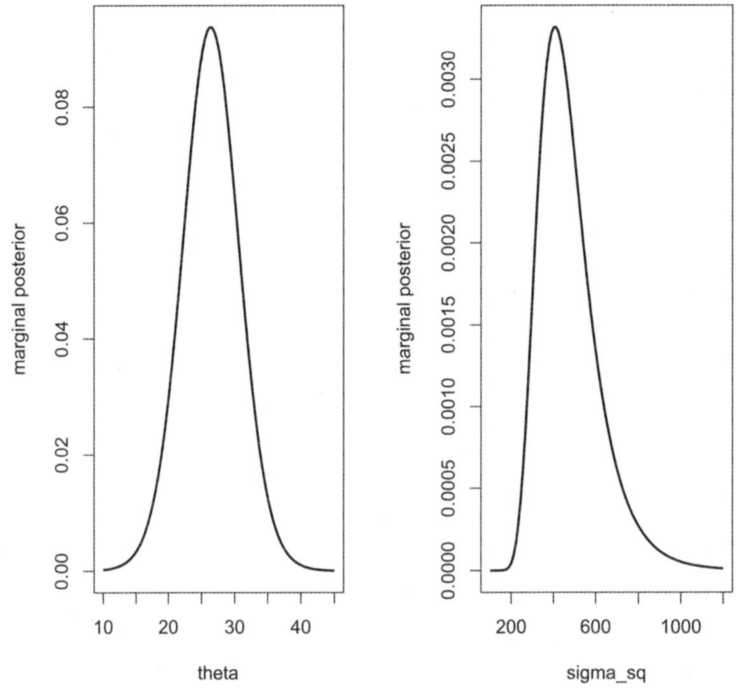

그림 7.4 θ와 σ^2의 주변 사후분포

지금까지는 $\theta|\sigma^2 \sim N(\mu_0, \sigma^2/k_0)$, $\sigma^2 \sim IG(a,b)$의 사전분포로 사용하였다. 이와 달리 $\pi(\theta)=1, \pi(\sigma^2)=\dfrac{1}{\sigma^2}, \pi(\theta,\sigma^2)=\pi(\theta)\pi(\sigma^2)$의 사전분포를 사용하여 보자. $\pi(\theta)=1$은 θ에 대한 무정보 사전분포이고, $\pi(\sigma^2)=\dfrac{1}{\sigma^2}$은 σ^2에 대한 무정보 사전분포로 θ와 σ^2에 대한 사전정보가 없을 경우 또는 사전정보를 사용하지 않은 고전적 추론과 베이지안 추론을 비교할 때 사용된다.

이 사전분포로부터 θ와 σ^2의 사후분포를 유도하면

$$\pi(\theta|x_1,\ldots,x_n,\sigma^2) \sim N(\bar{x},\sigma^2/n)$$
$$\pi(\sigma^2|x_1,\ldots,x_n) \sim IG\left(\frac{n-1}{2},\frac{S}{2}\right)$$

이다. 이 경우 θ에 대한 주변 사후분포를

$$\pi(\theta|x_1,\ldots,x_n) = \int \pi(\theta|x_1,\ldots,x_n,\sigma^2)\pi(\sigma^2|x_1,\ldots,x_n)\,d\sigma^2$$

로부터 유도하여 보자.

$$\begin{aligned}
\pi(\theta|x_1,\dots,x_n) &\propto \int (\sigma^2)^{-1/2} e^{-\frac{n}{2\sigma^2}(\theta-\bar{x})^2} (\sigma^2)^{-(n-1)/2-1} e^{-\frac{S}{2\sigma^2}} d\sigma^2 \\
&\propto \int (\sigma^2)^{-(n/2)-1} e^{-\frac{1}{\sigma^2}\left\{\frac{n}{2}(\theta-\bar{x})^2+\frac{1}{2}S\right\}} d\sigma^2 \\
&\propto \left[\frac{n}{2}(\theta-\bar{x})^2+\frac{1}{2}S\right]^{-n/2} \\
&\propto \left(\frac{n(\theta-\bar{x})^2}{S}+1\right)^{-n/2} \\
&(s^2 = S/(n-1) \text{ 이라 놓으면}) \\
&\propto \left(1+\frac{(\theta-\bar{x})^2}{(n-1)s^2/n}\right)^{-(n-1+1)/2} \\
&\sim t_{n-1}(\bar{x}, s^2/n)
\end{aligned}$$

이므로 $\theta|x_1,\dots,x_n \sim t_{n-1}(\bar{x},s^2/n)$를 따른다. 따라서 $\hat{\theta}=\bar{x}$이며 θ의 $100(1-\alpha)\%$ HPD는 $\bar{x} \pm t_{n-1,\alpha/2} \cdot s/\sqrt{n}$이다. 이는 분산을 모를 경우 정규평균 θ에 대한 고전적 추론의 결과와 일치함을 알 수 있다.

7.3 다변량 정규분포

p 차원 벡터 변수 $\boldsymbol{X}=(X_1,\dots,X_p)$가 다음과 같은 밀도함수를 가질 때 $\boldsymbol{X}$는 평균벡터 $\boldsymbol{\theta}$와 공분산 행렬 Σ를 갖는 다변량 정규분포를 따른다고 하며, 간단히 $\boldsymbol{X} \sim N_p(\boldsymbol{\theta},\Sigma)$라고 표시한다.

$$f(\boldsymbol{x}|\boldsymbol{\theta},\Sigma) = (2\pi)^{-p/2}|\Sigma|^{-1/2}\exp\left[-\frac{1}{2}(\boldsymbol{x}-\boldsymbol{\theta})'\Sigma^{-1}(\boldsymbol{x}-\boldsymbol{\theta})\right].$$

7.3.1 공분산이 알려진 경우 평균의 추정

먼저 공분산 Σ가 알려진 경우를 생각해 보자. $\boldsymbol{X}$의 표본 $\boldsymbol{x}_1,\dots,\boldsymbol{x}_n$이 주어졌을 때 모수 $\boldsymbol{\theta}$의 사후분포는 일변량 정규분포의 경우를 확장하면 된다. $\boldsymbol{\theta}$의 사전분포로 $N_p(\boldsymbol{\mu}_0, \Sigma_0)$를 가정하고 우도함수와 사전분포로부터 사후분포를 유도해 보자.

$$
\begin{aligned}
\pi(\boldsymbol{\theta}|\boldsymbol{x}_1,\dots,\boldsymbol{x}_n) &\propto f(\boldsymbol{x}_1,\dots,\boldsymbol{x}_n|\boldsymbol{\theta}) \bullet \pi(\boldsymbol{\theta}) \\
&\propto f(\overline{\boldsymbol{x}}|\boldsymbol{\theta})\pi(\boldsymbol{\theta}) \\
&\propto \exp\left[-\frac{1}{2}\{n(\boldsymbol{\theta}-\overline{\boldsymbol{x}})'\Sigma^{-1}(\boldsymbol{\theta}-\overline{\boldsymbol{x}})+(\boldsymbol{\theta}-\boldsymbol{\mu}_0)'\Sigma_0^{-1}(\boldsymbol{\theta}-\boldsymbol{\mu}_0)\}\right] \\
&\propto \exp\left[-\frac{1}{2}\{\boldsymbol{\theta}'(n\Sigma^{-1})\boldsymbol{\theta}-2\boldsymbol{\theta}'(n\Sigma^{-1})\overline{\boldsymbol{x}}+\boldsymbol{\theta}'\Sigma_0^{-1}\boldsymbol{\theta}-2\boldsymbol{\theta}'\Sigma_0^{-1}\boldsymbol{\mu}_0\}\right] \\
&\propto \exp\left[-\frac{1}{2}\{\boldsymbol{\theta}'(n\Sigma^{-1}+\Sigma_0^{-1})\boldsymbol{\theta}-2\boldsymbol{\theta}'(n\Sigma^{-1}\overline{\boldsymbol{x}}+\Sigma_0^{-1}\boldsymbol{\mu}_0)\}\right] \\
&\propto \exp\left[-\frac{1}{2}(\boldsymbol{\theta}-\boldsymbol{\mu}_\pi)'\Sigma_\pi^{-1}(\boldsymbol{\theta}-\boldsymbol{\mu}_\pi)\right] \\
&\sim N_p(\boldsymbol{\mu}_\pi, \Sigma_\pi)
\end{aligned}
$$

이며

$$
\begin{aligned}
\boldsymbol{\mu}_\pi &= (n\Sigma^{-1}+\Sigma_0^{-1})^{-1}(n\Sigma^{-1}\overline{\boldsymbol{x}}+\Sigma_0^{-1}\boldsymbol{\mu}_0) \\
\Sigma_\pi &= (n\Sigma^{-1}+\Sigma_0^{-1})^{-1}
\end{aligned}
$$

이다. 이 식을 보면 단변량 정규분포의 식 (7.1)을 확장한 것임을 알 수 있다.

7.3.2 평균과 공분산의 추정

감마 분포를 따르는 일변량 변수의 역수를 취하면 역감마 분포를 따르는 것과 마찬가지로 p차원 위샤트 분포(Wishart distribution)를 따르는 $p\times p$ 차원 행렬 변수의 역행렬을 취하면 역위샤트 분포를 따른다. $p\times p$차원 행렬변수 W가 모수 ν_0, Λ_0를 가진 역위샤트 분포를 따르면 $W\sim IW(\nu_0, \Lambda_0)$로 표시하고, 이때 확률밀도함수는

$$
f(W)=\frac{|\Lambda_0|^{\nu_0/2}|W|^{-(\nu_0+p+1)/2}}{2^{\nu_0 p/2}\Gamma_p(\nu_0/2)}\exp\left[-\frac{1}{2}tr(\Lambda_0 W^{-1})\right]
$$

이다. 이때 $|W|$는 W행렬의 행렬식(determinent)이고 tr()는 행렬의 대각합(trace)을 나타낸다.

$\boldsymbol{X}_1, \ldots, \boldsymbol{X}_n | \theta, \Sigma \sim N_p(\boldsymbol{\theta}, \Sigma)$를 따르고 $\boldsymbol{\theta}, \Sigma$가 미지의 모수인 경우 $(\boldsymbol{\theta}, \Sigma)$에 대한 사전분포를 주로 다음과 같이 가정한다.

$$\begin{aligned} \boldsymbol{\theta} \,|\, \Sigma &\sim N_p\left(\boldsymbol{\mu_0}, \frac{1}{k_0}\Sigma\right), \\ \Sigma &\sim IW(\nu_0, \Lambda_0). \end{aligned}$$

이로부터 $(\boldsymbol{\theta}, \Sigma)$의 사후분포를 유도하면

$$\begin{aligned} \boldsymbol{\theta} \,|\, \boldsymbol{x}_1, \ldots, \boldsymbol{x}_n, \Sigma &\sim N_p\left(\frac{n\overline{\boldsymbol{x}} + k_0\boldsymbol{\mu_0}}{n+k_0}, \frac{1}{n+k_0}\Sigma\right) \\ \Sigma \,|\, \boldsymbol{x}_1, \ldots, \boldsymbol{x}_n &\sim IW(n+\nu_0, \Lambda_n) \end{aligned}$$

이며

$$\begin{aligned} \Lambda_n &= \Lambda_0 + S + \frac{nk_0}{n+k_0}(\overline{\boldsymbol{x}} - \boldsymbol{\mu_0})(\overline{\boldsymbol{x}} - \boldsymbol{\mu_0})' \\ S &= \sum_{i=1}^{n}(\boldsymbol{x}_i - \overline{\boldsymbol{x}})(\boldsymbol{x}_i - \overline{\boldsymbol{x}})' \end{aligned}$$

이다.

$\boldsymbol{\theta}$와 Σ에 대하여 무정보 사전분포 $\pi(\boldsymbol{\theta}) = 1$, $\pi(\Sigma) = |\Sigma|^{-(p+1)/2}$, $\pi(\boldsymbol{\theta}, \Sigma) = \pi(\boldsymbol{\theta})\pi(\Sigma)$를 사용한 경우에는

$$\begin{aligned} \boldsymbol{\theta} \,|\, \boldsymbol{x}_1, \ldots, \boldsymbol{x}_n, \Sigma &\sim N_p\left(\overline{\boldsymbol{x}}, \frac{1}{n}\Sigma\right) \\ \Sigma \,|\, \boldsymbol{x}_1, \ldots, \boldsymbol{x}_n &\sim IW_p(n-1, S) \end{aligned}$$

를 따른다. 이때 $\boldsymbol{\theta}$의 주변 사후분포를 구해 보면, $\boldsymbol{s} = S/(n-p)$일 때

$$\boldsymbol{\theta} \,|\, \boldsymbol{x}_1, \ldots, \boldsymbol{x}_n \sim T_{n-p}(\overline{\boldsymbol{x}}, \boldsymbol{s}/n),$$

즉, p 차원 다변량 t분포를 따름을 유도할 수 있다. 단변량인 경우와 마찬가지로 무정보 사전분포를 사용한 경우 고전적 $\boldsymbol{\theta}$의 추정과 일치한다.

연습문제

1 관심있는 확률변수 X가 평균 θ, 분산이 $\sigma^2 = 10$인 정규분포를 따른다고 한다. 사전정보로 θ는 평균이 $\mu_0 = 100$이고 분산이 $\sigma_0^2 = 25$인 정규분포를 따른다고 하자. 만약 모집단에서 10개의 표본이 관측되었고 이때의 값이 $\bar{x} = 110$일 경우, θ의 사후분포와 베이즈 추정치를 구하라.

2 분산 $\sigma^2 = 21$인 정규분포를 따르는 20개의 자료로부터 $\bar{x} = 150$이 주어졌다.

(1) X의 평균 θ의 사전분포로 평균 150, 분산 21인 정규분포를 가정할 때 θ의 사후분포를 구하고 θ의 95% 최대사후구간을 구하라.

(2) θ에 대한 사전정보가 없을 경우 θ의 사후분포를 구하고 θ의 95% 최대사후구간을 구하라.

(3) R을 이용하여 위 (1)과 (2)에서 구한 사후밀도함수를 겹쳐 그리고 비교하라.

(4) 20개의 기존 자료에 이어 10개의 관측치를 추가로 관측하려고 한다. 이 10개의 미래 관측치의 평균에 대한 예측분포를 구하라. 단, (1)의 사전분포를 가정한다.

(5) 위의 10개의 미래 관측치의 평균이 (150, 153)의 구간에 속할 확률은 얼마인가?

3 $X_1, \ldots, X_n$이 $N(\theta, \sigma^2)$ 분포를 따르고 θ, σ^2 둘 다 미지의 모수이다. θ, σ^2에 대한 사전분포로 $\pi(\theta) = 1, \pi(\sigma^2) = \dfrac{1}{\sigma^2}, \pi(\theta, \sigma^2) = \pi(\theta)\pi(\sigma^2)$을 가정할 때

$$\pi(\theta | x_1, \ldots, x_n, \sigma^2) \sim N(\bar{x}, \sigma^2/n)$$
$$\pi(\sigma^2 | x_1, \ldots, x_n) \sim IG\left(\frac{n-1}{2}, \frac{S}{2}\right)$$

임을 증명하라.

4 이화여대 통계학과생들의 A과목 기말고사 성적 X가 미지의 평균 θ와 분산 σ^2을 갖는 정규분포를 따른다고 하자. 20명의 학생들을 조사하여 이들의 성적을 조사하였더니 다음과 같았다.

95 77 63 34 87 89 92 85 98 52 48 72 89 63 67 78 92 85 78 99

θ, σ^2에 대한 사전분포로 $\pi(\theta) = 1, \pi(\sigma^2) = \dfrac{1}{\sigma^2}, \pi(\theta, \sigma^2) = \pi(\theta)\pi(\sigma^2)$을 가정한다.

(1) σ^2이 주어졌을 때 θ의 조건부 사후분포를 구하라.

(2) θ의 사후분포를 구하고 θ의 베이즈 추정치를 구하라.

(3) θ의 고전적 추정치를 구하고 (2)의 베이즈 추정치와 비교하라.

(4) σ^2의 사후분포와 베이즈 추정치를 구하고 이를 σ^2의 고전적 추정치와 비교하라.

5 $X_1, \ldots, X_n$이 독립적으로 $N(\theta, 1)$ 분포를 따른다. $n = 20$개의 관측치를 조사한 결과 $\bar{x} = 0.33$을 얻었다. 그런데 자료의 특성상 모평균 θ는 0보다 커야 한다고 한다. θ에 대한 제한조건 $\theta > 0$을 고려하여 다음과 같은 무정보 사전분포를 가정하였다.

$$\pi(\theta) = \begin{cases} 1, & \theta > 0 \\ 0, & \theta \le 0 \end{cases}$$

(1) θ의 사후분포를 유도하고 사후밀도함수를 그림으로 나타내라.

(2) θ의 95% 최대사후구간을 구하라.
(힌트: $X \sim N(\mu, \sigma^2) I(a < X < b)$이면

$$f(x) = \frac{\phi(\frac{x-\mu}{\sigma}) I(a < x < b)}{\Phi(\frac{b-\mu}{\sigma}) - \Phi(\frac{a-\mu}{\sigma})}, \quad F(x) = \frac{F(\frac{x-\mu}{\sigma}) - F(\frac{a-\mu}{\sigma})}{F(\frac{b-\mu}{\sigma}) - F(\frac{a-\mu}{\sigma})}, \quad a < x < b,$$

이다. 여기에서 ϕ와 Φ는 $N(0,1)$ 분포의 확률밀도함수와 누적분포함수이다.)

08

베이지안 가설검정

8.1 고전적 검정

베이지안 검정을 소개하기 전에 먼저 고전적 검정을 살펴보기로 하자. 변수 X의 밀도함수가 $f(x|\theta)$로 주어질 때 미지의 모수 θ에 대한 귀무가설 H_0와 대립가설 H_1을 설정한다. 검정은 X의 관측치 $(x_1,\cdots,x_n)$에 의존하는데, 검정의 결론은 H_0을 기각하거나 기각하지 않거나 둘 중의 하나이다.

검정에서 발생하는 오류는 두 종류로, H_0가 사실일 때 H_0을 기각하는 오류를 1종 오류, H_0가 사실이 아닐 때 H_0을 기각하지 않는 오류를 2종 오류라고 한다. 그리고 H_0를 기각하도록 하는 $(x_1,\cdots,x_n)$의 영역을 기각역 C라고 한다. 고전적 가설검정은 1종 오류 확률과 2종 오류 확률의 균형을 맞추는 선에서 기각역 C을 결정하는데, 1종 오류를 심각하게 간주하여 1종 오류 확률의 상한가(유의수준 α)를 정하고 1종 오류 확률이 유의수준을 넘지 않는 범위에서 2종 오류를 가장 작게 만드는 기각역 C를 선택한다.

기각역 대신 유의확률을 이용하여 동일한 고전적 검정을 수행할 수도 있다. 관측변수 $X=(X_1,\cdots,X_n)$으로부터 적절한 검정통계량 $T(X)$를 결정한 다음 유의확률을 계산하는데, 유의확률이란 검정통계량 $T(X)$가 관측치 $T(x)$와 같거나 더 극단적인 값을 가질 확률이다. 여기에서 '극단적'이라 함은 대립가설 쪽으로 치우침을 의미한다. 계산된 유의확률이 유의수준 α보다 작으면 귀무가설을 기각하고 그렇지 않으면 귀무가설을 기각하지 않는다.

고전적 가설검정은 그 역사가 길고 또 현재도 널리 사용되고 있는 검정이지만 몇 가지 단점을 가지고 있다. 첫째로, 고전적 검정은 귀무가설 H_0가 대립가설 H_1에 내포된(nested) 경우가 아니면 적용이 어렵다는 것이다. 내포된 경우란 귀무가설이 대립가설의 특수한 경우에 해당되는 것을 말한다. 그러나 실제로는, 예를 들어 'H_0: 성장곡선이 이차곡선이다, H_1: 성장곡선이 지수함수곡선이다'와 같이 내포되지 않은 경우도 많이 존재하는데 이때에는 고전적 검정의 적용이 어렵다. 둘째로는, 유의확률이 관측된 $T(x)$뿐만 아니라 관측되지 않은 '더 극단적인' $T(X)$에도 의존한다는 점이다. 이는 신뢰구간에서와 같이 실제로 수행되지 않는 통계적 실험을 가정하여 확률을 구하는 것으로 우도원리(Likelihood Principle)에 어긋나며 또한 유의확률의 해석을 모호하게 만드는 원인이다. 실제로 많은 통계 이용자들이 유의확률을 'H_0가 사실일 확률'로 잘못 해석하고 있음을 상기할 필요가 있다. 셋째로, 고전적 검정은 귀무가설과 대립가설을 구분하고 2종 오류보다 1종 오류를 훨씬 더 심각하게 간주하여 가능하면 귀무가설을 기각하지 않는 방향으로 검정을 수행함으로써 귀무가설에 일종의 특혜를 주는 방법이라 할 수 있다. 그러나 때로는 두 가설의 심각성의 정도가 동등한 경우도 존재하며 역으로 2종 오류가 더 심각한 경우도 존재한다. 같은 검정임에도 불구하고 귀무가설과 대립가설의 설정에 따라 검정의 결과가 달라질 수 있는 예를 다음 절에서 보도록 하겠다. 넷째로, 고전적인 검정법은 기본적으로 두 개의 가설(귀무가설과 대립가설)에 대한 검정으로, 여러 개의 가설을 비교하는 다중 검정에서는 주어진 유의수준을 만족하는 검정법을 찾는 데 어려움이 따른다.

8.2 베이지안 검정

베이지안 검정은 고전적 검정에 비하여 매우 간단하며 더 다양한 경우에 적용될 수 있다. 베이지안 검정은 귀무가설과 대립가설을 구분하지 않으며, 검정하고자 하는 가설의 수가 세 개 이상이어도 무관하고, 또한 가설들 사이에 서로 내포되어야 한다는 조건도 필요치 않다.

베이지안 검정의 아이디어를 간단히 표현하면, 모수 θ에 대한 사전정보와 자료정보를 통합하여 각 가설에 대한 사후확률을 구하고 이를 바탕으로 검정을 수행한다는 것이다. 간단한 예로, 두 개의 가설에 대한 검정을 고려하기로 하자. θ의 모수공간이 Θ로 주어질 때, $\Theta_0 \cup \Theta_1 = \Theta$, $\Theta_0 \cap \Theta_1 = \varnothing$을 만족하는 Θ의 분할 $\{\Theta_0, \Theta_1\}$에 대하여 $H_0 : \theta \in \Theta_0$와 $H_1 : \theta \in \Theta_1$의 두 가설에 대한 베이지안 검정을 수행해 보자.

가설 H_0의 사후확률을 p_0, 가설 H_1의 사후확률을 p_1이라고 하면,

$$p_0 = P(H_0|x) = P(\theta \in \Theta_0|x) = \int_{\Theta_0} \pi(\theta|x)d\theta = \frac{\int_{\Theta_0} f(x|\theta)\pi(\theta)d\theta}{\int_{\Theta_0} f(x|\theta)\pi(\theta)d\theta + \int_{\Theta_1} f(x|\theta)\pi(\theta)d\theta}$$

$$p_1 = P(H_1|x) = P(\theta \in \Theta_1|x) = \int_{\Theta_1} \pi(\theta|x)d\theta = \frac{\int_{\Theta_1} f(x|\theta)\pi(\theta)d\theta}{\int_{\Theta_0} f(x|\theta)\pi(\theta)d\theta + \int_{\Theta_1} f(x|\theta)\pi(\theta)d\theta}$$

이다. 위 식에서 $f(x|\theta)$은 우도함수, $\pi(\theta)$는 θ의 사전밀도함수를 나타낸다. 두 모형의 사후비(posterior odds)를 구하면,

$$\frac{p_0}{p_1} = \frac{P(H_0|x)}{P(H_1|x)} = \frac{\int_{\Theta_0} f(x|\theta)\pi(\theta)d\theta}{\int_{\Theta_1} f(x|\theta)\pi(\theta)d\theta}$$

이다. 사후비가 주어지면 $p_1 = 1 - p_0$를 이용하여 p_0와 p_1을 구할 수 있다.

가설이 여러 개인 경우, 예를 들어 K개의 가설을 검정할 경우 Θ의 분할 $\{\Theta_{0,} \cdots, \Theta_{K-1}\}$에 대하여 가설 $H_i : \theta \in \Theta_i,\ i = 0, \cdots, K-1$,을 검정하는 문제를 살펴보자. 두 개의 가설에서와 마찬가지로 각 가설의 사후확률은

$$p_i = P(H_i|x) \propto \int_{\Theta_i} f(x|\theta)\pi(\theta)d\theta$$

이므로 이들의 비율을 통하여 베이지안 검정을 수행할 수 있다.

사후비가 나타내는 것이 사후정보의 H_1 대비 H_0에 대한 지지도라면, 이에 대응되는 개념으로 가설의 사전확률 $\pi_0 = P(\theta \in \Theta_0)$와 $\pi_1 = P(\theta \in \Theta_1) = 1 - \pi_0$의 비율인 사전비(prior odds)를 생각할 수 있다. 사후비는 사전비에 의존하며, 사전비가 크면 사후비가 커지고 H_0를 채택할 가능성이 높아진다. 개인에 따라 다른 사전비를 부과하고 싶은 경우가 있을 수 있으므로 사후비에서 사전비의 영향을 어느 정도 배제한 값을 제시한다면 매우 유용할 것이다. 이러한 목적에서 베이즈 상수를

$$B_{01} = \frac{p_0/p_1}{\pi_0/\pi_1} = \frac{P(H_0|x)/P(H_1|x)}{P(H_0)/P(H_1)}$$

로 정의한다. 즉, B_{01}는 사후비와 사전비의 비율이며, $B_{01} = 2$라 함은 사후정보가 H_1 대비 H_0에 주는 지지도가 사전정보의 그것에 비하여 2배라는 의미로, 이 같은 지지도의 상승은 사후정보에 추가된 자료의 영향 때문이다. 이러한 점에서 베이즈 상수를 자료가 주는 H_1 대비 H_0에 대한 지지도라고 해석하기도 한다.

베이즈 상수는

$$B_{01} = \frac{p_0/p_1}{\pi_0/\pi_1} = \frac{p_o/\pi_0}{p_1/\pi_1} = \frac{\int_{\Theta_0} f(x|\theta)\pi(\theta)d\theta / \int_{\Theta_0}\pi(\theta)d\theta}{\int_{\Theta_1} f(x|\theta)\pi(\theta)d\theta / \int_{\Theta_1}\pi(\theta)d\theta} = \frac{\int_{\Theta_0} f(x|\theta)\frac{\pi(\theta)}{\int_{\Theta_0}\pi(\theta)d\theta}d\theta}{\int_{\Theta_1} f(x|\theta)\frac{\pi(\theta)}{\int_{\Theta_1}\pi(\theta)d\theta}d\theta}$$

로 나타낼 수 있다. 분자 분모를 보면 각각 $i=0,1$일 때 가중치 $\pi(\theta)I(\theta\in\Theta_i)/\int_{\Theta_i}\pi(\theta)d\theta$를 사용한 우도함수 $f(x|\theta)$의 가중평균으로 볼 수 있기 때문에 베이즈 상수를 가중 우도비(weighted likelihood ratio)라고도 한다. 이는 고전적 우도비(likelihood ratio)에 대응하는 개념이다. 만약 $\Theta_0=\{\theta_0\}, \Theta_1=\{\theta_1\}$이면 $p_0/p_1=\pi_0 f(x|\theta_0)/\pi_1 f(x|\theta_1)$으로

$$B_{01}=f(x|\theta_0)/f(x|\theta_1)$$

이 되며 이는 고전적 우도비와 일치한다.

또한, $i=0,1$ 에 대하여

$$\pi_i(\theta)\equiv\frac{\pi(\theta)I(\theta\in\Theta_i)}{\int_{\Theta_i}\pi(\theta)d\theta}$$

는 θ의 모수공간이 Θ_i로 제한되었을 때, 즉 H_i 하에서 θ의 사전밀도함수이므로

$$m_i(x)\equiv\int f(x|\theta)\pi_i(\theta)d\theta$$

는 H_i하에서 x의 주변밀도함수값이다. 베이즈 상수는 $B_{01}=m_0(x)/m_1(x)$로 나타낼 수 있다. 베이즈 상수가 각 가설 하에서 관측치의 주변밀도함수값의 비율로 주어지므로 베이즈 상수를 주변우도비(marginal likelihood ratio)라고도 한다.

베이즈 상수와 사전비가 주어지면 $B_{01}=\dfrac{p_0/(1-p_0)}{\pi_0/(1-\pi_0)}$로부터 $p_0=(1+(1-\pi_0)/\pi_0 B_{01}^{-1})^{-1}$를 구할 수 있다. 만약 사전비가 $\pi_0/\pi_1=1$이면, 즉 사전정보에서 H_0와 H_1에 같은 지지도를 부여하였다면, $B_{01}=p_0/p_1$이고 $p_0=(1+B_{01}^{-1})^{-1}$이다.

이 절을 마치기 전에 귀무가설과 대립가설의 설정이 검정에 영향을 미치는 고전적 검정과, 이들을 구분하지 않는 베이지안 검정을 비교하기 위하여 다음 예를 살펴보자.

예제 8.1

(Ghosh et al. 2006) $X|\theta \sim N(\theta,1)$일 때 검정

$$H_0 : \theta = 1, \quad H_1 : \theta = -1$$

와 위 검정에서 귀무가설과 대립가설을 바꾼 검정

$$H_0^* : \theta = -1, \quad H_1^* : \theta = 1$$

을 생각해 보자.

a) $x = 0$이 관측되었을 때 H_0와 H_1의 검정에 대한 베이즈 상수를 구하면

$$B_{01} = \exp\left[-\frac{1}{2}\{(0-1)^2 - (0+1)^2\}\right] = e^0 = 1$$

이다. 같은 관측치에 대해 H_0^*와 H_1^*의 검정에 대한 베이즈 상수를 구하면

$$B_{01}^* = \exp\left[-\frac{1}{2}\{(0+1)^2 - (0-1)^2\}\right] = e^0 = 1$$

이다. 즉, $x = 0$ 관측치는 $\theta = 1$과 $\theta = -1$ 중 어느 것도 더 지지하지 않으며 이는 귀무가설과 대립가설을 바꾸어도 마찬가지 결론을 얻게 된다.

b) $x = 1$이 관측되었을 때 같은 작업을 하면

$$B_{01} = \exp\left[-\frac{1}{2}\{(1-1)^2 - (1+1)^2\}\right] = e^2 = 7.38,$$
$$B_{01}^* = \exp\left[-\frac{1}{2}\{(1+1)^2 - (1-1)^2\}\right] = e^{-2} = 1/7.38 = 0.1355$$

이다. 따라서 귀무가설을 어느 것으로 하든지 같은 결론을 얻게 된다.

c) $x = 0$이 관측되었을 때 H_0와 H_1의 검정에 대한 유의확률(p-value)을 구하면

$$p-value = P(X < 0 | X \sim N(1,1)) = \Phi(-1) = 0.1587$$

이고 H_0^*와 H_1^*의 검정에 대한 유의확률을 구하면

$$p-value^* = P(X>0|X \sim N(-1,1)) = 1-\Phi(1) = \Phi(-1) = 0.1587$$

이므로, 귀무가설을 어느 것으로 하든지 같은 유의확률을 얻게 된다.

d) 그러나 $x=1$이 관측되었을 때 H_0와 H_1의 검정에 대한 유의확률을 구하면

$$p-value = P(X<1|X \sim N(1,1)) = \Phi(0) = 0.5$$

이고 H_0^*와 H_1^*의 검정에 대한 유의확률을 구하면

$$p-value^* = P(X>1|X \sim N(-1,1)) = 1-\Phi(2) = \Phi(-2) = 0.025$$

이다. 따라서 귀무가설을 어느 것으로 하느냐에 따라 유의확률이 매우 다른 결과를 얻게 된다.

위의 예에서 보면, 베이지안 검정은 귀무가설과 대립가설이 바뀌어도 결론에 영향을 주지 않으나 고전적 검정은 귀무가설과 대립가설의 설정에 결론이 크게 의존하는 것을 알 수 있다.

8.3 베이지안 일면 검정

$X_1,\cdots,X_n|\theta \sim N(\theta,\sigma^2)$이고 σ^2이 알려진 경우, $H_0: \theta \le \theta_0$와 $H_1: \theta > \theta_0$ 검정을 살펴보자. 이때 $\Theta_0 = (-\infty,\theta_0)$, $\Theta_1 = (\theta_0,\infty)$이다. θ에 대한 사전분포로 무정보 사전분포 $\pi(\theta) = 1$을 가정하면 충분통계량 $\overline{X}$의 분포는 $N(\theta,\sigma^2/n)$이고 θ의 사후분포는 $N(\overline{x},\sigma^2/n)$이다. 따라서 H_0의 사후확률 p_0는 $p_0 = P(\theta \le \theta_0|\overline{x}) = \Phi\left(\frac{\theta_0-\overline{x}}{\sigma/\sqrt{n}}\right)$이다.

이 경우 고전적 유의확률을 구해보면

$$p-value = P(\overline{X} > \overline{x}|\theta_0) = 1-\Phi\left(\frac{\overline{x}-\theta_0}{\sigma/\sqrt{n}}\right) = \Phi\left(\frac{\theta_0-\overline{x}}{\sigma/\sqrt{n}}\right)$$

로 베이지안 사후확률과 일치한다. 고전적 유의수준이 α로 주어질 때, 만약 베이지안 검정에서 $p_0 < \alpha$일 때 귀무가설을 기각한다면 베이지안과 고전적 검정은 동일한 검정이 된다.

예제 8.2

W라고 하는 새로운 입자의 질량을 알아보고자 한다. 여러 번의 독립적인 측정을 통하여 얻은 입자의 평균 질량은 82.1이고 추정오차는 1.7이었다. 입자의 질량이 83.0보다 큰지 검정하고자 한다. 이 경우 가설 $H_0 : \theta \leq 83.0$와 가설 $H_1 : \theta > 83.0$을 검정해 보자.

충분한 수의 독립적인 반복 측정이 이루어졌다고 보고 분산 $\sigma^2/n = 1.7^2$이 알려진 경우로 간주하자. 베이지안 검정을 위해 먼저 θ에 대한 사전분포로 무정보 사전분포 $\pi(\theta) = 1$을 가정하면 θ의 사후분포는 $N(82.1, 1.7^2)$이며, H_0의 사후확률은 $p_0 = \Phi((83.0 - 82.1)/1.7) = 0.7017$이다. H_0와 H_1의 위험도를 동등하게 본다면 $0.7017 > 0.5$이므로 귀무가설을 채택한다.

W라는 입자의 성질에 대한 물리적 이론에 의하면 이 입자의 질량은 82.4이며 추정오차는 1.1이라고 한다. 이 물리적 이론으로부터 얻은 정보를 사전정보로 사용하여 θ의 사전분포로 $N(82.4, 1.1^2)$을 가정할 수 있다. 사전분포로부터 H_0의 사전확률을 구하면

$$\pi_0 = P(\theta \leq 83.0) = \Phi((83.0 - 82.4)/1.1) = 0.7088$$

이고 $\pi_1 = 1 - \pi_0 = 0.2912$이므로 H_0와 H_1의 사전비는 2.64이다. 사전분포와 관측치로부터 θ의 사후분포를 구하면 $\theta|\bar{x} \sim N(82.3, 0.92^2)$이다. 이로부터 사후확률을 구하면,

$$p_0 = P(\theta \leq 83.0|\bar{x}) = \Phi((83.0 - 82.3)/0.92) = 0.7764,$$
$$p_1 = 1 - p_0 = 0.2236$$

으로 사후비는 3.47이다. 만약 H_0와 H_1의 위험도가 같다면 귀무가설을 채택할 것이다. 그런데 이 경우 베이즈 상수는 $B_{01} = 3.47/2.64 = 1.43$으로 귀무가설에 대한 사후 지지도가 큰 주원인은 사전 지지도가 크기 때문이며, 자료가 주는 지지도는 1.43으로 사전 지지도에 비하여 미미함을 알 수 있다.

$X|\theta \sim B(n, \theta)$인 경우 $H_0 : \theta \leq \theta_0$와 $H_1 : \theta > \theta_0$를 검정해 보자. θ의 사전분포로 $Beta\ (\alpha, \beta)$를 가정하면 θ의 사후분포는 $Beta(\alpha + x, \beta + n - x)$로 주어진다. 따라서

$$p_0 = P(\theta \le \theta_0|x) = \int_0^{\theta_0} \frac{\Gamma(\alpha+\beta+n)}{\Gamma(\alpha+x)\Gamma(\beta+n-x)} \theta^{\alpha+x-1}(1-\theta)^{\beta+n-x} d\theta$$

이다.

예제 8.3

어느 도시의 시장을 선출하는 선거에서 두 후보 A와 B가 경쟁하고 있다. 최근 신문에 발표된 여론조사에 의하면 100명의 랜덤으로 선택된 선거권자들 중 53명이 A 후보를 지지하고 47명은 B 후보를 지지한다고 한다. 전체 선거권자들 중 A 후보를 지지하는 사람들의 비율을 θ라 할 때 θ에 대해 균일 사전분포를 가정하고 $H_0 : \theta \le 0.5$과 $H_1 : \theta > 0.5$를 검정해 보자.

$n=100$, $x=53$, $\alpha=1$, $\beta=1$인 경우이므로 θ의 사후분포는 $Beta(54,48)$이다. 따라서

$$p_0 = P(\theta \le 0.5|x) = P(\theta \le 0.5|\theta \sim Beta(54,48)) = 0.275$$

이고 $p_1 = P(\theta > 0.5|x) = 0.725$이다.

베타분포에 대한 정규근사를 사용하면 $Beta(54,48) \approx N(0.529, 0.049^2)$이므로

$$p_0 = P(\theta \le 0.5|\theta \sim N(0.529, 0.049^2)) = \Phi\left(\frac{0.5-0.529}{0.049}\right) = 0.277$$

이고 $p_1 = 0.723$으로 베타 사후분포를 사용했을 때와 유사한 값을 얻는다. 전체 모집단에서 A 후보의 지지율이 50% 이상일 사후확률은 약 72%이므로 H_1이 H_0보다 약 2.57배 더 높은 가능성을 지닌다. 관측된 A 후보의 지지도 53%는 당선 기준 50% 보다 약간 큰 정도이지만 당선될 ($\theta > 0.5$) 사후확률 72.3%로 상당히 크다. 이는 표본크기가 커서 추정오차가 작기 때문이다.

8.4 베이지안 양면 검정

$X_1, \ldots X_n|\theta \sim N(\theta, \sigma^2)$이고 σ^2이 알려진 경우 $H_0 : \theta = \theta_0$와 $H_1 : \theta \ne \theta_0$ 검정을 살펴보자.

θ에 대한 무정보사전분포는 $\pi(\theta) = 1$이고 공액 사전분포는 정규분포이다. 그러나 θ에 대해 연속분포를 가정하면 θ의 한 점을 지정하는 귀무가설 $H_0 : \theta = \theta_0$의 사전확률이 0이 되어 확률이 0인 가설을 검정하는 모순이 생긴다. 사전확률이 0이면 사후확률은 당연히 0이므로 항상 귀무가설이 기각된다.

베이지안 검정에서는 이를 피하기 위해 다음과 같은 연속과 이산의 합성 사전분포를 가정한다.

$$\pi(\theta) = \begin{cases} \pi_0 \quad\quad\quad\quad , & \theta = \theta_0 \\ (1-\pi_0)g(\theta), & \theta \neq \theta_0. \end{cases}$$

여기에서 $g(\theta)$는 실수공간에서 정의되는 연속밀도함수이다. 즉, 귀무가설에서 지정하는 한 점 θ_0에 확률 π_0를 배정하고 나머지 확률 $1-\pi_0$를 θ_0를 제외한 나머지 연속 구간에 밀도함수 $g(\theta)$에 따라 배분하는 것이다. 그림 8.1은 위 사전분포의 예를 보여준다.

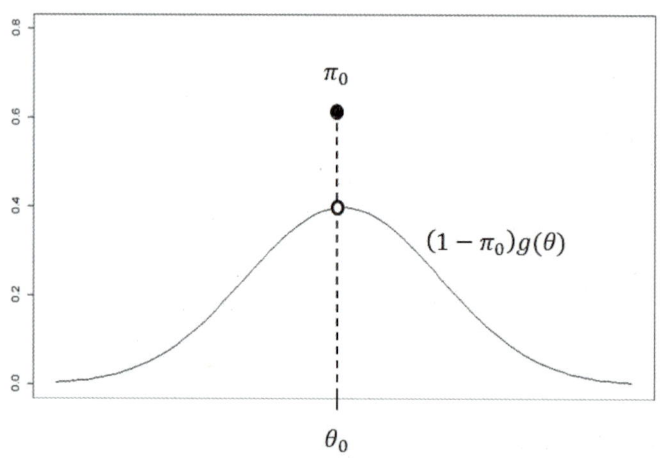

그림 8.1 베이지안 양면 검정에서의 사전분포

$\pi_1 = 1-\pi_0$라 하고 θ에 대한 사후밀도함수를 구해 보면

$$\pi(\theta|\bar{x}) = \frac{\pi_0 f(\bar{x}|\theta_0)I(\theta=\theta_0) + \pi_1 f(\bar{x}|\theta)g(\theta)I(\theta \neq \theta_0)}{m(\bar{x})}$$

이며

$$\begin{aligned} m(\bar{x}) &= \pi_0 f(\bar{x}|\theta_0) + \pi_1 \int_{\theta \neq \theta_0} f(\bar{x}|\theta)g(\theta)\,d\theta \\ &= \pi_0 f(\bar{x}|\theta_0) + \pi_1 m_1(\bar{x}) \end{aligned}$$

이다. 여기서 $g(\theta)$는 연속밀도함수이기 때문에

$$m_1(\bar{x}) = \int_{\theta \neq \theta_0} f(\bar{x}|\theta)g(\theta)d\theta = \int f(\bar{x}|\theta)g(\theta)d\theta$$

이며, 이는 우도함수 $f(\bar{x}|\theta)$와 사전밀도함수 $g(\theta)$로부터 유도되는 $\bar{x}$의 주변밀도함수이다.

사후확률과 베이즈 상수를 구하면

$$p_0 = P(H_0|\bar{x}) = \pi_0 f(\bar{x}|\theta_0)/m(\bar{x})$$
$$p_1 = P(H_1|\bar{x}) = \pi_1 m_1(\bar{x})/m(\bar{x})$$

이며 베이즈 상수는

$$B_{01} = \frac{p_0/p_1}{\pi_0/\pi_1} = \frac{f(\bar{x}|\theta_0)}{m_1(\bar{x})}$$

이다.

만약 $g(\theta) \sim N(\theta_0, \sigma_0^2)$를 가정하면 $\bar{X}|\theta \sim N(\theta, \sigma^2/n)$과 $\theta \sim N(\theta_0, \sigma_0^2)$로부터 $\bar{X} \sim N(\theta_0, \sigma^2/n + \sigma_0^2)$ 이므로

$$m_1(\bar{x}) = \frac{1}{\sqrt{2\pi(\sigma^2/n + \sigma_0^2)}} \exp\left[-\frac{(\bar{x}-\theta_0)^2}{2(\sigma^2/n + \sigma_0^2)}\right]$$

이다. 이를 대입하면 베이즈 상수는

$$\begin{aligned} B_{01} &= \frac{f(\bar{x}|\theta_0)}{m_1(\bar{x})} \\ &= \sqrt{\frac{\sigma^2/n + \sigma_0^2}{\sigma^2/n}} \exp\left[-\frac{1}{2}(\bar{x}-\theta_0)^2\left(\frac{1}{\sigma^2/n} - \frac{1}{\sigma^2/n + \sigma_0^2}\right)\right] \\ &= \sqrt{1 + \frac{\sigma_0^2}{\sigma^2/n}} \exp\left[-\frac{(\bar{x}-\theta_0)^2}{2\sigma^2/n}\left(1 - \frac{\sigma^2/n}{\sigma^2/n + \sigma_0^2}\right)\right] \\ &= \sqrt{1 + \frac{\sigma_0^2}{\sigma^2/n}} \exp\left[-\frac{1}{2}z^2\left(1 - \frac{\sigma^2/n}{\sigma^2/n + \sigma_0^2}\right)\right] \end{aligned}$$

이다. 여기서 $z = \dfrac{\bar{x}-\theta_0}{\sigma/\sqrt{n}}$ 이다.

사전정보의 양을 한 개의 표본이 주는 정보의 양과 동일하게 여겨 $\sigma_0^2 = \sigma^2$이라 놓으면

$$B_{01} = \sqrt{1+n}\exp(-\frac{1}{2}z^2\frac{n}{n+1})$$

이다. 위 식을 보면 베이즈 상수는 z뿐만 아니라 표본크기 n에도 의존함을 알 수 있다. 반면에 고전적 검정은 z값에만 의존한다. 즉, 고전적 검정에서는 n이 z를 통해서만 검정에 영향을 미치지만, 베이지안 검정에서는 같은 z값을 가지는 경우라도 n이 큰 경우 베이즈 상수가 큰 값을 갖게 되고 따라서 귀무가설의 사후확률도 큰 값을 갖는다.

다음 경우를 생각해 보자. $X_1,\dots X_n|\theta \sim N(\theta,1)$를 따를 때 $H_0:\theta=\theta_0$와 $H_1:\theta\neq\theta_0$를 검정하고자 한다. 자료로부터 $z=\frac{\bar{x}-\theta_0}{1/\sqrt{n}}$값을 계산하니 $z=2$이었다. 그런데 만약 $n=100$이라면 $\bar{x}-\theta_0=2/\sqrt{n}=0.2$이고, $n=10^8$이라면 $\bar{x}-\theta_0=2/\sqrt{n}=0.0002$이다. $n=100$일 경우에는 $\bar{x}$와 θ_0의 절대적 차이가 0.2이지만 $n=10^8$이라면 절대적 차이가 0.0002라는 것이다. 사전분포로 $\pi_0=\pi_1=0.5$와 $g(\theta)\sim N(\theta_0,1)$를 가정하자. $n=100$일 경우 베이즈 상수는 $B_{01}\approx\sqrt{101}\cdot e^{-2}=1.36$이고 $p_0=0.54$이다. 반면, $n=10^8$일 경우 베이즈 상수는 $B_{01}\approx\sqrt{10^8}\cdot e^{-2}=1353.35$이고 $p_0=0.99$이다. 따라서 $n=10^8$일 때 H_0에 대해 더 강한 지지를 주는데, 이는 같은 z값이라도 $n=10^8$일 때 $\bar{x}$와 θ_0의 절대적 차이가 더 작은 것을 베이즈 상수가 반영하기 때문이다. 그러나 고전적 검정에서는 $n=100$과 $n=10^8$의 두 경우 모두 유의확률은 동일하게 약 5%이다. 즉, $\bar{x}$와 θ_0의 차이가 표준오차의 몇 배인지만 고려할 뿐 절대적 차이는 고려하지 않는다.

예제 8.4

$X_1,\dots X_{15}|\theta\sim N(\theta,1)$인 경우 $H_0:\theta=0$와 $H_1:\theta\neq 0$을 검정하려고 한다. $\bar{x}=1.96/\sqrt{15}$, 즉, $z=1.96$이 관측되었다고 하면, 고전적 유의확률은 5%로 고전적 검정법에 따르면 H_0인지 H_1인지 확실치 않다. 반면, 앞서 제시한 합성 사전분포에서 $\pi_0=\pi_1=0.5$, $g(\theta)\sim N(0,1)$를 가정하고 베이지안 검정을 수행하면 $B_{01}=\sqrt{1+15}\,e^{-\frac{1}{2}1.96^2\frac{15}{16}}$이고 $p_0=0.4$로, 같은 위험도라면 H_0를 기각하게 될 것이다.

$X|\theta \sim B(n,\theta)$일 때 $H_0 : \theta = \theta_0$와 $H_1 : \theta \neq \theta_0$의 검정을 살펴보자.

θ의 사전분포로

$$\pi(\theta) = \begin{cases} \pi_0 & ,\theta = \theta_0 \\ (1-\pi_0)g(\theta) & ,\theta \neq \theta_0, \end{cases}$$

를 가정하자. $g(\theta)$는 $Beta(\alpha,\beta)$의 확률밀도함수이다. 이 경우

$$B_{01} = \frac{f(x|\theta_0)}{\int f(x|\theta)g(\theta)d\theta}$$

이다. $m_1(x) = \int f(x|\theta)g(\theta)d\theta$는 우도함수 $f(x|\theta)$와 사전밀도함수 $g(\theta)$로부터 유도되는 x의 주변밀도함수이다. $m_1(x)$를 구해 보면

$$\begin{aligned} m_1(x) &= \int_0^1 \binom{n}{x}\theta^x(1-\theta)^{n-x}\frac{\Gamma(\alpha+\beta)}{\Gamma(\alpha)\Gamma(\beta)}\theta^{\alpha-1}(1-\theta)^{\beta-1}d\theta \\ &= \binom{n}{x}\frac{\Gamma(\alpha+\beta)}{\Gamma(\alpha)\Gamma(\beta)}\int_0^1 \theta^{\alpha+x-1}(1-\theta)^{\beta+n-x-1}d\theta \\ &= \binom{n}{x}\frac{\Gamma(\alpha+\beta)}{\Gamma(\alpha)\Gamma(\beta)}\frac{\Gamma(\alpha+x)\Gamma(\beta+n-x)}{\Gamma(\alpha+\beta+n)} \end{aligned}$$

이다. 따라서

$$B_{01} = \frac{\binom{n}{x}\theta_0^x(1-\theta_0)^{n-x}}{\binom{n}{x}\frac{\Gamma(\alpha+\beta)}{\Gamma(\alpha)\Gamma(\beta)}\frac{\Gamma(\alpha+x)\Gamma(\beta+n-x)}{\Gamma(\alpha+\beta+n)}} = \frac{\theta_0^x(1-\theta_0)^{n-x}}{\frac{\Gamma(\alpha+\beta)}{\Gamma(\alpha)\Gamma(\beta)}\frac{\Gamma(\alpha+x)\Gamma(\beta+n-x)}{\Gamma(\alpha+\beta+n)}}$$

이다.

예제 8.5

어떤 정밀 부품을 만드는 회사에서 부품의 불량률이 10%인지 검정하고자 하여 생산 라인에서 50개의 부품을 랜덤 추출하여 조사하니 3개가 불량이었다. 실제 불량률 θ에 대하여 사전분포로

$$\pi(\theta) = \begin{cases} 0.5 & ,\theta = 0.1, \\ 0.5\, g(\theta) & ,\theta \neq 0.1, \end{cases}$$

를 가정하고 $H_0 : \theta = 0.1$과 $H_1 : \theta \neq 0.1$을 검정해 보자. $g(\theta)$는 $Beta(1,9)$의 확률밀도함수이다.

$n = 50, x = 3, \alpha = 1, \beta = 9$인 경우이므로

$$m_1(x) = \binom{50}{3} \frac{\Gamma(10)}{\Gamma(1)\Gamma(9)} \frac{\Gamma(4)\Gamma(56)}{\Gamma(60)}$$

이고

$$B_{01} = \frac{f(x|\theta_0)}{m_1(x)} = \frac{(0.1)^3(0.9)^{47}}{\frac{\Gamma(10)}{\Gamma(1)\Gamma(9)} \frac{\Gamma(4)\Gamma(56)}{\Gamma(60)}} = 1.430$$

이다. 이로부터 $p_0 = P(H_0|x) = 0.588$임을 알 수 있다. H_0와 H_1의 위험도를 동등하게 본다면 $H_0 : \theta = 0.1$를 채택할 것이다. 그러나 이 경우 사후정보의 H_0에 대한 지지도가 아주 뚜렷하지는 않다.

$X_1, \cdots, X_n$이 독립적으로 $Poi(\theta)$를 따른다고 할 때 $H_0 : \theta = \theta_0$와 $H_1 : \theta \neq \theta_0$의 검정을 살펴보자. θ에 대한 사전분포로

$$\pi(\theta) = \begin{cases} \pi_0 & ,\theta = \theta_0, \\ (1-\pi_0) g(\theta) & ,\theta \neq \theta_0, \end{cases}$$

를 가정한다. $g(\theta)$는 $Gamma(\alpha, \beta)$ 분포의 확률밀도함수이다. 이 경우

$$B_{01} = \frac{f(x|\theta_0)}{m_1(x)}$$

로 주어지는데, 이때 $x = \sum_{i=1}^{n} x_i$로 $Poi(n\theta)$ 분포를 따르며 $m_1(x)$는 $f(x|\theta)$ 우도함수와

$Gamma(\alpha,\beta)$ 사전분포로부터 유도되는 x의 주변밀도함수이다. $m_1(x)$를 구해 보면

$$\begin{aligned} m_1(x) &= \int_0^{\infty} \frac{e^{-n\theta}(n\theta)^x}{x!} \frac{\beta^{\alpha}}{\Gamma(\alpha)} \theta^{\alpha-1} e^{-\beta\theta} d\theta \\ &= \frac{n^x \beta^{\alpha}}{x!\Gamma(\alpha)} \int_0^{\infty} \theta^{\alpha+x-1} e^{-(n+\beta)\theta} d\theta \\ &= \frac{n^x \beta^{\alpha}}{x!\Gamma(\alpha)} \cdot \frac{\Gamma(\alpha+x)}{(n+\beta)^{\alpha+x}} \\ &= \frac{(\alpha+x-1)!}{x!(\alpha-1)!} \left(\frac{\beta}{n+\beta}\right)^{\alpha} \left(\frac{n}{n+\beta}\right)^{x} \end{aligned}$$

이다. $m_1(x)$ 보면 성공확률이 $\frac{\beta}{n+\beta}$ 인 독립적인 베르누이 시행을 α번의 성공이 나올 때까지 반복할 경우 x는 총 실패횟수를 나타내므로 $x=\sum_{i=1}^{n} x_i$의 주변분포는 $NB\left(\alpha, \frac{\beta}{n+\beta}\right)$임을 알 수 있다.

예제 8.6

예 6.1에서 첫 번째 도시의 교차로 사고건수를 고려해 보자. 50개의 교차로에서 하루 동안 발생하는 교통사고 건수 $X_1,\cdots,X_{50}$가 독립적으로 $Poi(\theta)$를 따를 때 θ의 사전분포로

$$\pi(\theta) = \begin{cases} 0.5 & ,\theta = 2, \\ 0.5\,g(\theta) & ,\theta \neq 2, \end{cases}$$

를 가정하고 $H_0: \theta = 2$와 $H_1: \theta \neq 2$를 검정해 보자. $g(\theta)$는 $Gamma(2,1)$ 분포의 확률밀도함수이다. $n=50$, $x=\sum_{i=1}^{50} x_i = 102$, $\alpha=2$, $\beta=1$이므로 $f(x|\theta_0)$는 $x=102$에서 $Poi(100)$의 확률밀도함수이고 $m_1(x)$는 $x=102$에서 $NB\left(2, \frac{1}{51}\right)$의 확률밀도함수이다. R 함수를 사용하여 이 두 확률밀도함수값의 비율을 구하면

```
a=2; b=1 ; n=50; x=102 ; theta0=2
B01= dpois(x,n*theta0)/dnbinom(x,a,b/(n+b))
B01
[1] 7.364568
```

$B_{01}=7.364$이고, 따라서 $p_0 = 0.8804$이다. $H_0: \theta = 2$에 대한 지지도가 매우 뚜렷하다.

8.5 베이지안 다중 검정

찬이의 IQ 점수는 $N(\theta, 100)$을 따른다고 한다. 찬이가 5번 IQ 테스트를 보았는데 평균 점수가 115였다. 이 경우 우리는 $\overline{X}|\theta \sim N(\theta, 100/5)$이며 $\overline{x} = 115$의 관측치를 사용할 수 있겠다. θ의 사전분포를 정하는데, 우리나라 전체 인구의 IQ 점수는 $N(100, 225)$를 따른다고 알려져 있다. 찬이에 대한 다른 정보가 없으므로 전체 인구 중 찬이가 랜덤으로 선출되었다고 간주하여 $\theta \sim N(100, 225)$을 사전분포로 사용하기로 한다.

위의 표본분포와 사전분포로부터 θ의 사후분포는 $N(113.78, 18.37^2)$이다. 찬이의 실제 IQ 점수 θ가 전체 인구의 IQ 점수의 50백분위수보다 작은지, 50백분위수와 75백분위수 사이에 있는지, 75백분위수보다 높은지 알아보고자 한다.

전체 IQ 점수의 50, 75백분위수는 각각 100, 115.5이므로 관심 있는 가설을 순서에 상관없이

$$H_0 : \theta < 100, \quad H_1 : 100 \le \theta < 115.5, \quad H_2 : \theta \ge 115.5$$

로 놓고 각 가설에 대한 사후확률을 구하면

$$p_0 = P(H_0|\overline{x}) = P\left(Z < \frac{100 - 113.78}{18.37}\right) = \Phi(-0.7501) = 0.2266$$

$$\begin{aligned} p_1 = P(H_1|\overline{x}) &= P\left(\frac{100 - 113.78}{18.37} \le Z < \frac{115.5 - 113.78}{18.37}\right) \\ &= \Phi(0.0936) - \Phi(-0.7501) = 0.3107 \end{aligned}$$

$$p_2 = P(H_2|\overline{x}) = P\left(Z > \frac{115.5 - 113.78}{18.37}\right) = \Phi(0.0936) = 0.4627$$

이다. 사후확률을 보면 찬이의 실제 IQ 점수가 75백분위수보다 높을 확률이 약 46%로 가장 크다.

연습문제

1 소나무에 요소 비료를 주면 해충에 대한 면역력이 높아지는지 알아보기로 하였다. 12그루의 소나무에 일정량의 요소비료를 주고 소나무의 면역능력을 측정한 결과 다음과 같은 수치를 얻었다. 측정치가 $N(\theta, 10^2)$ 분포를 따른다고 할 때, θ가 보통 소나무의 평균치인 102 이상인지 검정하라. 단, θ에 대한 사전분포는 $\pi(\theta)=1$을 가정한다.

105 109 126 92 101 108 102 118 99 90 86 102

2 선영씨의 가게에 하루 동안 들르는 손님의 수 X는 평균 θ를 갖는 포아송 분포를 따른다고 한다. 과거 자료로부터 θ의 사전분포를 $Gamma(2, 0.1)$로 가정하였다. 10일 동안 관측한 결과 총 216명의 손님이 가게를 방문하였음이 조사되었다. 선영씨의 생각으로는 하루 평균 20명 이상의 손님이 방문해야 가게의 수지를 맞출 수 있다고 생각되어서 $H_0 : \theta > 20$와 $H_1 : \theta \le 20$를 검정해 보고자 한다.

(1) $H_0 : \theta > 20$일 사후확률을 구하라.

(2) 베이즈 상수를 구하라.

(3) 선영씨는 사전분포가 $Gamma(15, 1)$일 경우를 생각해 보고자 한다. (2)에서 계산한 베이즈 상수에 새로운 사전확률의 비율을 곱해서 H_0와 H_1의 사후비를 구하라.

3 어떤 곤충이 두 유전자 A, B를 가지고 있다. 두 유전자가 다른 염색체에서 나왔다면 특정 신체증상이 나타나고 같은 염색체에서 나왔다면 증상이 나타나지 않는다. 두 유전자가 다른 염색체에서 나올 확률이 3/16이라는 주장을 검정하기 위하여 이 곤충 30마리를 실제로 조사해 보니 5마리에서 위의 신체적 특징이 발견되었다. 두 유전자가 다른 염색체에서 나왔을 확률을 θ라 하면 $X|\theta \sim B(30, \theta)$이고 X의 관측치는 $x=5$이다. $H_0 : \theta = 3/16$와 $H_1 : \theta \ne 3/16$을 검정하라. θ에 대한 사전분포로

$$\pi(\theta) = \begin{cases} 0.5 & ,\theta = 3/16, \\ 0.5g(\theta) & ,\theta \ne 3/16, \end{cases}$$

를 가정한다. $g(\theta)$는 $Beta(1,1)$ 확률밀도함수이다.

4 $X_1,\ldots X_n|\theta \sim N(\theta,1)$ 분포를 따른다. 100개의 자료를 관측한 결과 $\bar{x}=0.25$를 얻었다. $H_0:\theta=0$와 $H_1:\theta\neq 0$를 검정하고자 한다.

(1) 고전적 검정의 유의확률을 구하라.

(2) θ에 대한 사전분포로

$$\pi(\theta)=\begin{cases}0.5 & ,\theta=0,\\ 0.5\,g(\theta) & ,\theta\neq 0,\end{cases}$$

를 가정할 때 H_0와 H_1의 사후확률을 구하라. $g(\theta)$는 $N(0,1)$ 확률밀도함수이다.

5 종합병원에 근무하는 김철수 박사팀은 왼손잡이 어린이가 사고를 당할 가능성이 더 높은지 알아보기 위하여 사고로 응급실을 찾는 어린이들 중 왼손잡이의 비율 θ를 조사하기로 하였다. 과거 기록을 보면 사고가 아닌 다른 이유로 응급실을 찾는 어린이 환자의 10%가 왼손잡이였으므로 전체 왼손잡이 어린이의 비율은 10%라고 간주한다. 병원에 사고로 응급실을 찾은 어린이 환자 10명을 랜덤으로 조사하니 그 중 2명이 왼손잡이였다.

(1) 전체 왼손잡이 어린이의 비율이 10%임을 감안하여 평균이 0.1인 $Beta(0.1,0.9)$을 θ에 대한 사전분포로 가정하였다. 가설 $H_0:\theta<0.1$과 $H_1:\theta\geq 0.1$의 사후비와 베이즈 상수를 구하라.

(2) 같은 상황에서 $H_0:\theta=0.1$과 $H_1:\theta\neq 0.1$을 검정하라. 단, 다음과 같은 사전분포를 가정한다.

$$\pi(\theta)=\begin{cases}0.5 & ,\ \theta=0.1,\\ 0.5\,g(\theta) & ,\ \theta\neq 0.1,\end{cases}$$

$g(\theta)$는 $Beta(0.1,0.9)$의 확률밀도함수이다. 두 가설에 대한 사후비와 베이즈 상수를 구하라.

6 모집단에서 선택한 100개 랜덤 표본으로부터 변수 X를 조사한 결과 평균 76, 표준편차 24을 얻었다. X의 평균 θ에 대하여 가설 $H_0: \theta \geq 80$, $H_1: \theta < 80$를 검정하고자 한다. θ의 사전분포로 $\pi(\theta) = 1$을 가정할 때 위의 두 가설에 대한 사후확률을 구하라.

7 위의 6번 문제에서 $H_0: \theta = 80$, $H_1: \theta \neq 80$를 검정하고자 한다. θ의 사전분포를 다음과 같이 가정한다.

$$\pi(\theta) = \begin{cases} 0.5 & , \quad \theta = 80, \\ 0.5\,g(\theta) & , \quad \theta \neq 80, \end{cases}$$

여기에서 $g(\theta)$는 $N(80, 24^2)$의 확률밀도함수이다. 두 가설의 사후비와 베이즈 상수를 구하라.

8 어느 도시에서 50세 이상 주민 중 50명을 랜덤추출하여 조사하니 17명이 지난 한 달 동안 병원을 방문한 적이 있다고 답하였다. 이 도시의 전체 50세 이상 주민이 지난 한 달 동안 병원을 방문한 비율 θ가 30% 미만인지 검정하고자 한다. 이 도시 주민의 병원 방문 여부는 서로 독립이라고 가정한다. θ에 대한 사전분포로 $Beta(1,1)$을 가정할 때 귀무가설과 대립가설의 사후비를 구하라.

09

사전분포

9.1 무정보 사전분포

9.2 부적합 사전분포

9.3 변환불변 사전분포

9.4 제프리 사전분포

9.5 공액 사전분포

베이지안 추론을 위해서는 우도함수와 사전분포가 필요하다. 우도함수는 보통 자료에 대한 통계적 모형 등으로부터 정해지지만 사전분포는 우리가 선택해야 한다. 베이지안 추론은 모수들의 결합사후분포나 자료의 주변분포에 근거하는데 이들 분포는 사전분포에 의존하므로 베이지안 분석에서 합리적인 사전분포를 선택하는 것은 매우 중요하다. 일반적으로 합리적인 또는 사용 가능한 사전분포가 여러 개 존재하기 때문에 사전분포를 변화시킬 때 도출된 베이지안 추론의 결과가 민감하게 변하지 않는지 여부, 즉, 강건성(robustness)을 체크할 필요가 있다.

사전분포는 사전정보의 유무에 따라 크게 무정보 사전분포와 정보 사전분포로 나눌 수 있고 또한 다른 관점에 따라 여러 종류로 나눌 수 있는데, 이 장에서는 이에 대해 살펴보기로 하겠다.

9.1 무정보 사전분포

추정하고자 하는 모수에 대한 사전정보나 이론적 지식이 있는 경우 이 정보와 지식을 반영하는 사전분포를 주관적 사전분포(subjective prior) 또는 정보 사전분포(informative prior)라고 한다.

때로는 사전정보가 거의 없거나, 있더라도 사용하기에 유의하지 못하거나 부적절하다고 생각되어 사용하고 싶지 않을 수 있다. 또한 베이지안 분석 결과와 사전정보를 사용하지 않는 고전적 분석결과를 비교하기 위하여 사전정보를 사용하지 않았을 경우 베이지안 분석결과를 알아보고 싶은 경우가 있을 것이다. 이 경우 객관적 사전분포(objective prior) 또는 무정보 사전분포(non-informative prior)를 사용한다. 무정보 사전분포는 사전정보가 거의 없거나 사용하지 않는 경우이므로 사후분포에 대한 사전분포의 영향을 최소화하고 우도함수의 영향을 최대화하는 것이 바람직할 것이다. 참고로 사전정보를 사용하지 않은 베이지안 분석결과와 고전적 분석결과가 반드시 일치하는 것은 아니다.

무정보 사전분포로 가장 간단하고 직관적으로 이해하기 쉬운 것은 모수의 가능한 값에 대해 모두 같은 확률을 부여하는 균일분포이다.

예제 9.1

$X_1, \cdots, X_n$이 $B(n, \theta)$를 따르는 경우를 보자. θ는 0과 1 사이의 실수값을 가질 수 있으므로 0과 1 사이의 모든 실수값에 같은 확률을 부여하는 $U(0,1)$ 분포가 무정보 사전분포로 적절할 것이다.

예제 9.2

$X_1, \cdots, X_n$이 $N(\theta, \sigma^2)$를 따르고 σ^2은 알려진 상수이다. 미지의 모수 θ에 대한 무정보 사전분포로 균일분포를 고려해 보자. 모든 θ값에 동일한 밀도함수값을 가지려면 어떤 상수 c에 대해서 $\pi(\theta) = c,\ -\infty < \theta < \infty$,이어야 한다. 그런데 사전밀도함수에서 비례상수는 사후밀도함수 유도에 영향을 미치지 않으므로 편의상 $\pi(\theta) = 1,\ -\infty < \theta < \infty$,을 θ에 대한 무정보 사전분포로 사용할 수 있겠다. 참고로 이 사전분포는 다음 절에서 소개할 부적합 사전분포이다. 7장에서 $\pi(\theta) = 1$ 사전분포를 사용하면 θ의 사후분포가 $N(\bar{x}, \sigma^2/n)$이고 사후 추정치와 고전적인 최우추정치가 같고 또한 사후구간이 고전적 신뢰구간과 동일함을 볼 수 있었다.

예제 9.3

$X_1, \cdots, X_n$이 $N(\theta, \sigma^2)$를 따르고 σ^2은 알려진 상수이다. 모수 θ에 대한 정보로는 θ의 이론적인 성질에 의하여 $\theta > 0$을 만족해야 한다는 것뿐이다. $\theta > 0$인 구간에서 균일분포인 $\pi(\theta) = I(\theta > 0)$을 사전분포로 가정하자. 여기서 $I()$는 지시함수로 사전밀도함수는 $\theta > 0$인 경우는 1이고, 아니면 0이다. 이 경우 사후분포를 유도하면 ϕ와 Φ를 각각 표준정규분포의 확률밀도함수와 누적분포함수라고 할 때,

$$\begin{aligned}
\pi(\theta|\bar{x}) &= \frac{\dfrac{1}{\sqrt{2\pi}\,\sigma/\sqrt{n}} e^{-\frac{n}{2\sigma^2}(\theta-\bar{x})^2} I(\theta > 0)}{\displaystyle\int_0^\infty \frac{1}{\sqrt{2\pi}\,\sigma/\sqrt{n}} e^{-\frac{n}{2\sigma^2}(\theta-\bar{x})^2} d\theta} \\
&= \phi\left(\frac{\theta-\bar{x}}{\sigma/\sqrt{n}}\right) I(\theta > 0) \Big/ \left(1-\Phi\left((-\frac{\bar{x}}{\sigma/\sqrt{n}})\right)\right)
\end{aligned}$$

$$= \phi\left(\frac{\theta - \bar{x}}{\sigma/\sqrt{n}}\right) I(\theta > 0) \Big/ \left(\Phi\left(\frac{\bar{x}}{\sigma/\sqrt{n}}\right)\right)$$

$$\sim N(\bar{x}, \sigma^2/n) I(\theta > 0)$$

이다. 즉, θ의 사후분포는 절단된 정규분포이다. 사전분포의 영향으로 사후분포는 $\theta > 0$인 구간에서만 정의되며 따라서 평균 $\bar{x}$가 어떤 값을 갖든지 θ의 사후 평균은 항상 0보다 클 것이다. 또한 θ의 사후 구간도 0보다 큰 구간만 포함할 것이다. $\sigma^2 = 1$, $n = 5$, $\bar{x} = -0.1$로 주어진 경우를 생각해 보자. 그림 9.1은 θ의 사후밀도함수를 그린 것이다. 실선이 사후밀도함수이고 점선은 0보다 작은 θ에 대해 가상적인 밀도함수를 그려본 것이다. 그림 9.1을 보면 사후밀도함수는 $\theta = 0$에서 최댓값을 갖는다. 따라서 95% HPD 구간은 $(0,\ c)$이며 c는

$$P(0 < \theta < c|\bar{x}) = \frac{\Phi(\frac{c - \bar{x}}{\sigma/\sqrt{n}}) - \Phi(\frac{0 - \bar{x}}{\sigma/\sqrt{n}})}{\Phi(\frac{\bar{x}}{\sigma/\sqrt{n}})} = 0.95$$

를 만족하는 상수이다. 이 식을 만족하는 c를 구하여 그림 9.1에 표시하였다.

```
sig=1 ; n=5; xbar=-0.1
se=sig/sqrt(n)
theta=seq(0, 1.5, length=100)
post= dnorm( theta, xbar, se) / pnorm( xbar/se)
theta.neg=seq(-2,0, length=100)
post.neg= dnorm( theta.neg, xbar, se) / pnorm( xbar/se)
theta.all=c(theta.neg,theta)
post.all=c(post.neg,post)
plot(theta.all, post.all,type="n",xlab="theta",
          ylab="posterior")
lines(theta,post,lty=1)
lines(theta.neg,post.neg,lty=2)

##### 95% HPD #####
```

```
c= qnorm( pnorm(xbar/se)*0.95 + pnorm(-xbar/se) ) *se + xbar
abline( v=c(0,c), lty=3)
text( 0.4, 0.25, "95% HPD")
```

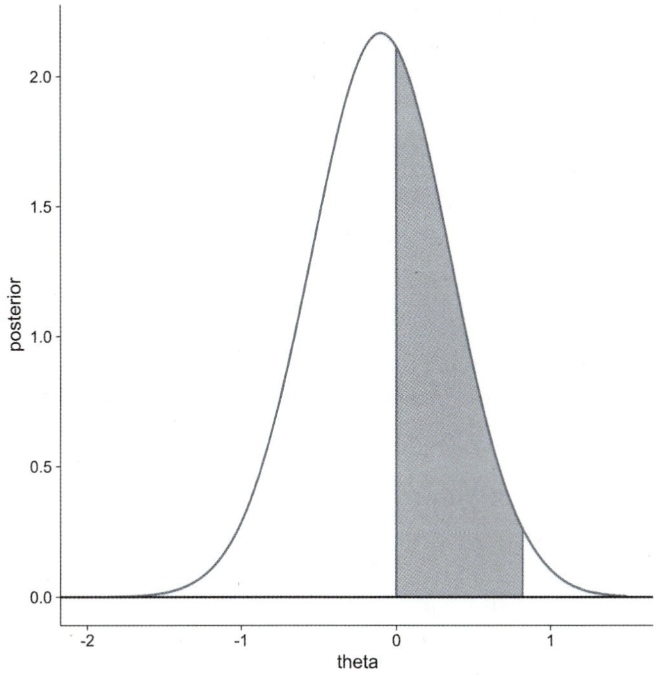

그림 9.1 $\theta > 0$의 제한조건이 있는 경우 θ의 사후분포

9.2 부적합 사전분포

앞 절의 예에서 보는 바와 같이 무정보 사전분포로 제일 먼저 생각할 수 있는 것이 모수 θ의 모든 가능한 값에 같은 확률을 부여하는 모수공간 Θ에서의 균일분포이다. 이 균일분포는 모수공간 Θ가 유한할 경우는 문제가 없으나 모수공간이 무한할 경우는 문제가 생길 수 있다. 예를 들면, $X_1, \cdots, X_n$이 $N(\theta, 1)$을 따르는 경우 Θ는 전체 실수공간이다. 전체 실수공간에서의 균일분포를 어떻게 정할 것인가? 모든 실수가 같은 확률을 가지므로 어떤 상수 c에

대하여 $\pi(\theta)=c$이어야 할 것이다. 그러나 이 사전밀도함수는 $\int_{-\infty}^{\infty}\pi(\theta)d\theta=\infty$이며, 밀도함수의 조건인 적분의 유한성을 만족시키지 못하여 밀도함수라고 볼 수 없다. 이렇듯 모수 공간에서의 적분값이 무한인 사전밀도함수를 부적합(improper)하다고 한다.

그렇다면 부적합 사전분포(improper prior)는 사용하지 못하는 것인가? 위의 정규분포 예를 보자. $\pi(\theta)$=1을 사용하였을 경우 θ의 사후분포는

$$\pi(\theta|\boldsymbol{x}) \propto l(\theta|\boldsymbol{x}) \propto \exp\left[-\frac{n}{2}(\bar{x}-\theta)^2\right]$$

이고 이는 $N(\bar{x},1/n)$ 밀도함수에 비례하는 것으로 적합성을 지닌다. 이처럼 비록 사전분포는 부적합이나 그로부터 유도되는 사후분포는 적합성을 지닐 수 있는데, 이때 사후분포에 기반하는 분석은 아무 문제가 없으므로 만약 사후밀도함수만 적합성을 지닌다면 사전밀도함수의 부적합성은 문제가 되지 않는다.

예제 9.4

$X_1,\cdots,X_n$이 $N(0,\sigma^2)$를 따르는 경우 모수 σ^2의 사전분포로 $\pi(\sigma^2)=1/\sigma^2$을 생각해 보자. $\int_0^{\infty}1/\sigma^2 d\sigma^2=\infty$이므로 $\pi(\sigma^2)=1/\sigma^2$은 부적합하다. 그러나 이때 σ^2의 사후밀도함수는

$$\pi(\sigma^2|\boldsymbol{x})\propto\frac{1}{\sigma^n}\exp\left[-\frac{1}{2\sigma^2}\sum_{i=1}^n x_i^2\right]\cdot 1/\sigma^2=(\sigma^2)^{-\frac{n}{2}-1}\exp\left[-\frac{\sum_{i=1}^n x_i^2}{2\sigma^2}\right]$$

이며, 이는 $IG\left(\frac{n}{2},\frac{1}{2}\sum_{i=1}^n x_i^2\right)$의 밀도함수로 적합성을 지닌다.

참고로, 정규분포의 평균 θ와 분산 σ^2에 대한 사전분포 $\pi(\theta)$=1과 $\pi(\sigma^2)=1/\sigma^2$은 부적합이면서 동시에 무정보 사전분포이다.

9.3 변환불변 사전분포

X의 밀도함수 $f(x|\theta)$가 어떤 함수 h에 대하여 $f(x|\theta)=h(x-\theta)$가 성립할 때 θ를 위치모수(location parameter)라고 한다. X가 $N(\theta,1)$을 따르는 경우 θ에 대한 무정보 사전밀도함수를 $\pi_1(\theta)$라고 하자. θ가 위치모수이므로 임의의 상수 c에 대하여 위치변환 $Y=X+c$를 고려하여 보자. 만약 $\eta=\theta+c$라고 하면 Y는 $N(\eta,1)$을 따르는데 이때 η에 대한 무정보 사전밀도함수를 $\pi_2(\eta)$라고 하자. X와 θ의 관계와 Y와 η의 관계가 동일하므로 $\pi_1(\theta)=\pi_2(\eta)$이어야 할 것이다. 그런데 변환 $\eta=\theta+c$를 고려한다면 수리적인 계산으로부터 $\pi_1(\theta)=\pi_2(\theta+c)$이어야 한다. c는 임의의 상수이므로 $c=-\theta$로 놓으면 $\pi_1(\theta)=\pi_2(0)$이므로 모든 θ에 대하여 상수값을 갖는다. 사전밀도함수의 비례상수는 무의미하므로 $\pi_1(\theta)=1$로 정해도 무방하다. 따라서 위치변환에 대하여 불변성(invariance)을 갖는 사전밀도함수는 상수함수 $\pi(\theta)=1$이다. 모수가 위치모수일 경우 위치변환에 대하여 불변성을 가짐은 매우 바람직하므로 위치모수에 대하여 상수 무정보 사전밀도함수는 좋은 선택이라고 할 수 있다.

예제 9.5

$X_1,\cdots,X_n$이 $U(\theta-1,\theta+1)$을 따르는 경우 $f(x|\theta)=0.5I(-1<x-\theta<1)$이므로 θ는 위치모수이다. 따라서 θ의 사전밀도함수로 $\pi(\theta)=1$은 위치변환에 대하여 불변성을 가진다는 점에서 좋은 무정보 사전밀도함수이다. 이때 θ의 사후분포를 유도하면,

$$\begin{aligned}\pi(\theta|x_1,\ldots,x_n) &= 0.5^n\prod_{i=1}^{n} I(-1<x_i-\theta<1)\\ &\propto I(x_{(n)}-1<\theta<x_{(1)}+1)\\ &\propto U(x_{(n)}-1,\, x_{(1)}+1)\end{aligned}$$

이다. 여기서 $x_{(1)}$은 $x_1,\cdots,x_n$의 최솟값, $x_{(n)}$은 $x_1,\cdots,x_n$의 최댓값이다.

다음으로 척도모수(scale parameter)를 생각해 보자. X의 밀도함수 $f(x|\sigma)$가 어떤 함수 h에 대하여 $f(x|\sigma)=\frac{1}{\sigma}h\left(\frac{x}{\sigma}\right)$가 성립할 때 σ를 척도모수라고 한다. X가 $N(0,\sigma^2)$을

따르는 경우를 생각해 보자. $f(x|\sigma) \propto \frac{1}{\sigma}\exp\left(-0.5\left(\frac{x}{\sigma}\right)^2\right)$이므로 σ는 척도모수이다. σ에 대한 무정보 사전밀도함수를 $\pi_1(\sigma)$라고 할 때 위치모수의 경우와 마찬가지로 π_1이 척도변환에 대한 불변성을 갖는다면 매우 바람직할 것이다. 이를 위해 임의의 양의 상수 c에 대하여 척도변환 $Y = X/c$를 하고 $\gamma = \sigma/c$라고 하면 Y는 $N(0,\gamma^2)$을 따른다. X와의 σ 관계와 Y와 γ의 관계가 동일하므로 $\pi_1(\sigma) = \pi_2(\gamma)$이어야 할 것이다. 그런데 $\gamma = \sigma/c$이므로 수리통계적 이론에 의하면 $\pi_1(\sigma) = \frac{1}{c}\pi_2\left(\frac{\sigma}{c}\right)$이어야 한다. 임의의 상수 c로 $c = \sigma$를 선택하면 $\pi_1(\sigma) = \frac{1}{\sigma}\pi_2(1) \equiv \frac{1}{\sigma}$이다. 따라서 척도변환에 대하여 불변성(invariance)을 갖는 사전밀도함수 $\pi(\sigma) = \frac{1}{\sigma}$는 척도모수에 대한 무정보 사전밀도함수로 좋은 선택이라고 볼 수 있다. 참고로, $\pi(\sigma) = \frac{1}{\sigma}$로부터 변환을 통하여 σ^2의 분포를 유도하면 $\pi(\sigma^2) = \frac{1}{\sigma^2}$이다.

예제 9.6

$X_1,\cdots,X_n$이 $Gamma(\alpha,1/\theta)$을 따르는 경우 $f(x|\theta) \propto \frac{1}{\theta}\left(\frac{x}{\theta}\right)^{\alpha-1}\exp\left[-\frac{x}{\theta}\right]$이므로, θ는 척도모수이며 척도변환에 대하여 불변성을 갖는 $\pi(\theta) = 1/\theta$가 무정보 사전밀도함수로 적절할 것이다. 이 경우 사후분포를 유도해 보면

$$\begin{aligned} \pi(\theta|x_1,\ldots,x_n) &= \frac{\left(\prod x_i\right)^{\alpha-1}}{\theta^{-n\alpha}}e^{-\sum x_i/\theta} \times \frac{1}{\theta} \\ &\propto \theta^{-n\alpha-1}e^{-\sum x_i/\theta} \\ &\propto IG\left(n\alpha, \sum x_i\right) \end{aligned}$$

이므로, θ의 사후분포는 $IG(n\alpha, \sum x_i)$이다.

9.4 제프리 사전분포

확률실험의 정보를 측정하는 것 중의 하나로 피셔의 정보상수가 있다. 정보상수는 X의 확률밀도함수를 $f(x|\theta)$라고 할 때

$$I_1(\theta) = E^{X|\theta}\left[\left(\frac{d\log f(X|\theta)}{d\theta}\right)^2\right] = -E^{X|\theta}\left[\frac{d^2\log f(X|\theta)}{d\theta^2}\right]$$

로 정의된다. 만약 자료변수 $X_1, \cdots, X_n$이 서로 독립이고 같은 확률밀도함수 $f(x|\theta)$를 가지면 정보상수는 $I_n(\theta) = nI_1(\theta)$이며, 직관적으로 자료가 n배가 되므로 정보의 양이 n배가 되는 것이다.

미분가능한 함수 h에 대하여 모수 θ의 변환 $h(\theta)$를 η라고 하면

$$\frac{d\log f(X|\eta)}{d\eta} = \left(\frac{d\log f(X|\theta)}{d\theta}\right)\left(\frac{d\theta}{d\eta}\right)$$

이다. 양변을 제곱하여 X에 대한 기대치를 구하면, θ에 대한 정보상수를 $I(\theta)$ 그리고 η에 대한 정보상수를 $J(\eta)$라고 할 때, $J(\eta) = I(\theta)\left(\frac{d\theta}{d\eta}\right)^2$이다. 만약 θ에 대한 사전밀도함수를 $\pi_1(\theta) = \sqrt{I(\theta)}$라 놓으면 η의 사전밀도함수 $\pi_2(\eta)$는, $\eta = h(\theta)$의 관계로부터,

$$\pi_2(\eta) = \pi_1(h^{-1}(\eta))\left|\frac{d\theta}{d\eta}\right| = \sqrt{I(h^{-1}(\eta))}\left|\frac{d\theta}{d\eta}\right| = \sqrt{J(\eta)}$$

가 얻어진다. 따라서 이 사전밀도함수는 임의의 변환 h에 대하여 불변성을 지닌다. 이러한 임의의 변환에 대한 불변성은 무정보 사전밀도함수로서 매우 바람직한 성질이라고 볼 수 있다. 왜냐하면 무정보 사전밀도함수가 어떤 모수를 선택하느냐에 따라 좌지우지 되어서는 좋지 않기 때문이다.

모수 θ에 대한 무정보 사전밀도함수 $\pi(\theta) = \sqrt{I(\theta)}$를 제프리 사전밀도함수라고 한다. 제프리 사전밀도함수는 위치 혹은 척도 모수가 아닌 임의의 모수에 대하여 사용할 수 있고 임의의 변환에 대하여 불변성을 지니므로 모수의 선택에 대하여 고민할 필요가 없다는 장점이 있어 실제로 널리 쓰이고 있다. 참고로 제프리 사전밀도함수는 부적합할 수도 있다.

모수가 하나가 아니라 벡터로 주어질 경우, 즉 $\boldsymbol{\theta} = (\theta_{1,\ldots,}\theta_p)$일 경우 $\boldsymbol{\theta}$에 대한 피셔의 정보행렬은

$$I_{ij}(\boldsymbol{\theta}) = -E^{X|\boldsymbol{\theta}}\left[\frac{\partial^2\log f(X|\boldsymbol{\theta})}{\partial\theta_i\partial\theta_j}\right]$$

를 (i,j)번째 요소로 갖는 $p\times p$행렬이다. 벡터에서 벡터로의 변환에서 Jacobian이 부분미분 행렬의 행렬값(determinant)임을 상기하고 스칼라 모수의 절차를 따라가면 벡터모수 $\boldsymbol{\theta}$

에 대한 제프리 사전밀도함수는 $\pi(\boldsymbol{\theta}) = \sqrt{\det(I(\boldsymbol{\theta}))}$ 이다. 여기서 $\det(\ )$는 행렬값을 나타낸다.

예제 9.7

X가 $B(n,\theta)$를 따르는 경우

$$\log f(x|\theta) = \log\binom{n}{x} + x\log(\theta) + (n-x)\log(1-\theta)$$

이고

$$d\log f(x|\theta)/d\theta = x/\theta - (n-x)/(1-\theta), \quad \frac{d^2\log f(x|\theta)}{d\theta^2} = -\frac{x}{\theta^2} - \frac{n-x}{(1-\theta)^2}$$

이므로 $I(\theta) = \dfrac{n}{\theta(1-\theta)}$ 이다.

따라서 θ에 대한 제프리 사전밀도함수는 $\pi_1(\theta) = \sqrt{\dfrac{n}{\theta(1-\theta)}}$ 이다. 사전밀도함수에서 비례상수는 무시해도 좋으므로 $\pi_1(\theta) = \dfrac{1}{\sqrt{\theta(1-\theta)}}$ 이 되겠다.

성공확률 θ가 아닌 로그 오즈 $\eta = \log(\theta/(1-\theta))$가 관심의 대상이라고 하자. η에 대한 정보상수 $J(\eta)$로부터 제프리 사전밀도함수를 구하면 $\pi_2(\eta) = \dfrac{e^{\eta/2}}{1+e^{\eta}}$ 이다. 그런데 제프리 사전밀도함수는 변환에 대하여 불변이므로 η에 대한 정보상수를 구하지 않고 θ와 η의 관계식으로부터

$$\pi_2(\eta) = \pi_1(h^{-1}(\eta))\left|\frac{d\theta}{d\eta}\right| = \pi_1(e^{\eta}/(1+e^{\eta}))e^{\eta}/(1+e^{\eta})^2 = \frac{e^{\eta/2}}{1+e^{\eta}}$$

를 구하면 동일한 결과를 얻을 수 있다.

예제 9.8

$\boldsymbol{X} = (X_1, \ldots, X_n)$이 $N(\mu, \sigma^2)$으로부터의 랜덤표본일 때 $\boldsymbol{\theta} = (\mu, \sigma^2)$의 제프리 사전밀도함수를 구해 보자.

$$\begin{aligned}
\log f(\boldsymbol{x}|\boldsymbol{\theta}) &= -\frac{n}{2}\log(2\pi)-\frac{n}{2}\log(\sigma^2)-\frac{\sum(\mu-x_i)^2}{2\sigma^2} \\
\frac{\partial \log f(\boldsymbol{x}|\boldsymbol{\theta})}{\partial \mu} &= \frac{-\sum(\mu-x_i)}{\sigma^2} \\
\frac{\partial \log f(\boldsymbol{x}|\boldsymbol{\theta})}{\partial \sigma^2} &= -\frac{n}{2\sigma^2}+\frac{\sum(\mu-x_i)^2}{2\sigma^4} \\
\frac{\partial^2 \log f(\boldsymbol{x}|\boldsymbol{\theta})}{\partial \mu^2} &= -\frac{n}{\sigma^2} \\
\frac{\partial^2 \log f(\boldsymbol{x}|\boldsymbol{\theta})}{\partial \mu \partial \sigma^2} &= \frac{\sum(\mu-x_i)}{\sigma^4} \\
\frac{\partial^2 \log f(\boldsymbol{x}|\boldsymbol{\theta})}{\partial \sigma^4} &= \frac{n}{2\sigma^4}-\frac{\sum(\mu-x_i)^2}{\sigma^6}
\end{aligned}$$

이므로 이에 기대치를 취하여 정보상수를 구하면

$$I(\boldsymbol{\theta})=-E\begin{bmatrix}\frac{\partial^2 \log f}{\partial \mu^2} & \frac{\partial^2 \log f}{\partial \sigma^2 \partial \mu} \\ \frac{\partial^2 \log f}{\partial \sigma^2 \partial \mu} & \frac{\partial^2 \log f}{\partial \sigma^4}\end{bmatrix}=\begin{pmatrix}\frac{n}{\sigma^2} & 0 \\ 0 & \frac{n}{2\sigma^4}\end{pmatrix}$$

이고 $\det(I(\boldsymbol{\theta}))=n^2/(2\sigma^6)$이다. 따라서 $\boldsymbol{\theta}=(\mu,\sigma^2)$에 대한 제프리 사전밀도함수는 $\pi(\mu,\sigma^2)=n/\sqrt{2}\sigma^{-3}$이고 비례상수를 무시하면 $\pi(\mu,\sigma^2)=\sigma^{-3}$이다. 모수를 (μ,σ^2) 대신 (μ,σ)를 사용한다면 (μ,σ^2)에서 (μ,σ)으로의 변환에 대한 Jacobian이 2σ이므로 (μ,σ)에 대한 제프리 사전밀도함수는 $\pi(\mu,\sigma)=\sigma^{-3}2\sigma=2\sigma^{-2}$, 즉 $\pi(\mu,\sigma)=\sigma^{-2}$이다.

9.5 공액 사전분포

$X_1,\ldots,X_n$이 $Ber(\theta)$로부터 얻어진 독립적 관측치일 때 θ의 사전분포로 $Beta(\alpha,\beta)$를 선택하면 사후분포는 $\pi(\theta|x_1,\ldots,x_n)\propto f(x_1,\ldots,x_n|\theta)\pi(\theta)$로부터 $Beta(\alpha+\sum_{i=1}^{n}x_i,\beta+n-\sum_{i=1}^{n}x_i)$이다. 베타 분포는 특징이 잘 알려진 분포이므로 θ에 대한 사후추론이 용이하다. 또한 추후 $x_{n+1},\ldots,x_{n+m}$의 독립적인 관측치가 추가되었다면 $x_1,\ldots,x_{n+m}$이 주어졌을 때 θ의 사후분

포는 $\pi(\theta|x_1,\dots,x_{n+m}) \propto f(x_{n+1},\dots,x_{n+m}|\theta)\pi(\theta|x_1,\dots,x_n)$이 되어 $\pi(\theta|x_1,\dots,x_n)$이 사전분포와 같은 역할을 하는데 둘 다 베타 분포이므로 먼저의 사후분포에서 α 대신 $\alpha+\sum_{i=1}^{n} x_i$, β 대신 $\beta+n-\sum_{i=1}^{n} x_i$를 대입하면 된다. 따라서 $\pi(\theta|x_1,\dots,x_{n+m})$은 수리적 유도 없이도

$$
\begin{aligned}
&Beta\left(\alpha+\sum_{i=1}^{n} x_i+\sum_{i=n+1}^{n+m} x_i,\ \beta+n-\sum_{i=1}^{n} x_i+m-\sum_{i=n+1}^{n+m} x_i\right) \\
&= Beta\left(\alpha+\sum_{i=1}^{n+m} x_i,\ \beta+n+m-\sum_{i=1}^{n+m} x_i\right)
\end{aligned}
$$

임을 알 수 있다. 또 다시 $x_{n+m+1},\dots,x_{n+m+l}$의 관측치가 추가되었다면 마찬가지 방법으로 θ의 사후분포를 쉽게 구할 수 있다. 즉, 새로운 자료가 추가될 때마다 기존의 사후분포가 사전분포의 역할을 대신하게 되는데, 사후분포와 사전분포가 같은 분포 형태라면 쉽게 사후분포를 개선(update)해 나갈 수 있을 것이다. 이런 관점에서 나온 것이 공액 사전분포(conjugate prior)이다.

공액 사전분포집합

모수 θ에 대한 우도함수를 $f(x|\theta)$라고 할 때 어떤 사전분포의 집합 Π가 임의의 밀도함수 $\pi(\theta) \in \Pi$와 임의의 x에 대하여 $\pi(\theta|x) \in \Pi$를 만족시키면 Π는 우도함수 $f(x|\theta)$에 대한 공액 사전분포집합이라고 정의한다.

어떤 우도함수 $f(x|\theta)$에 대하여 공액 사전분포집합에 속하는 사전분포를 간단히 공액 사전분포라고 한다. 위 이항확률에 대한 예에서 사전분포로 베타 분포를 선택할 경우 사후분포도 베타 분포로 속하게 되어 사전과 사후분포가 같은 분포집합에 속하게 되므로 베타 사전분포는 이항확률에 대한 공액 사전분포이다.

예제 9.9

$X_1,\dots X_n|\sigma^2 \sim N(0,\sigma^2)$인 경우 만약 σ^2의 사전분포로 $IG(\alpha,\beta)$를 사용한다면 사후밀도함수가

$$\pi(\sigma^2|x_1,...x_n) \propto (\sigma^2)^{-\frac{n}{2}} \exp^{-\frac{1}{2\sigma^2}\sum x_i^2} (\sigma^2)^{-\alpha-1} e^{-\beta/\sigma^2}$$
$$= (\sigma^2)^{-\frac{n}{2}-\alpha-1} e^{-\frac{1}{\sigma^2}\left[\sum x_i^{2/2}+\beta\right]}$$

로 σ^2의 사후분포는 $IG\left(\frac{n}{2}+\alpha, \frac{1}{2}\sum x_i^2+\beta\right)$이다. 모수값만 다를 뿐 사전과 사후분포가 모두 역감마 분포이므로 역감마 분포는 σ^2에 대한 공액 사전분포이다.

예제 9.10

$X \mid \theta \sim Poi(\theta)$일 때 θ의 사전분포로 $Gamma(\alpha,\beta)$를 선택하면 θ의 사후분포는 $Gamma(x+\alpha,\beta+1)$이다. 따라서 포아송 평균에 대한 공액 사전분포는 감마 분포이다.

예제 9.11

$X_1,....X_n \mid \theta \sim N(\theta,\sigma^2)$이고 σ^2은 알려진 상수일 때, θ의 사전분포로 $N(\mu_0,\sigma_0^2)$를 선택하면 θ의 사후분포는

$$N\left(\frac{n\bar{x}/\sigma^2+\mu_0/\sigma_0^2}{n/\sigma^2+1/\sigma_0^2},\ \frac{1}{n/\sigma^2+1/\sigma_0^2}\right)$$

이므로 정규평균에 대한 공액 사전분포는 정규분포이다.

이들 예에서 보면 공액 사전분포는 대부분 잘 알려진 분포로서 분포에 대한 연구가 많이 되어 있고 컴퓨터 프로그램도 제공되므로 사후추론이 매우 쉽다는 장점이 있다. 또한 사전분포와 사후분포가 같은 형태로 되어있고 모수값만 다르기 때문에, 새로운 자료가 추가되었을 때 기존의 사후분포를 사전분포로 사용하여 새로운 사후분포를 유도할 때 단지 모수값만 바꾸면 되는 간편한 장점이 있다. 끝으로, 최근에 마코브체인 몬테칼로 기법(MCMC)이 소개되어 베이지안 분석에 필요한 계산에 널리 사용되고 있는데 공액 사전분포의 사용은 MCMC 기법의 사용을 용이하게 해주는 장점이 있다.

반면에 공액 사전분포의 단점으로는 분포 형태가 고정되어 있으므로 다양한 사전정보를 반

영하기에는 한계가 있다는 점이다. 예를 들면 정규평균에 대한 공액 사전분포는 정규분포인데 이는 평균을 중심으로 대칭이기 때문에 만약 θ에 대하여 비대칭인 사전정보를 가지고 있다면 사전정보를 반영하기 어렵다. 이 문제는 합성 사전분포(mixture of prior distributions)로 해결할 수 있다. $\pi_1(\theta)$와 $\pi_2(\theta)$가 둘 다 정규 공액 사전밀도함수로 서로 다른 위치모수를 가질 때, $0<\varepsilon<1$인 상수 ε에 대하여 $\pi(\theta)=\varepsilon\pi_1(\theta)+(1-\varepsilon)\pi_2(\theta)$의 합성밀도함수를 만든다면 π_1과 π_2가 둘 다 공액 사전밀도함수이기 때문에 $\pi(\theta)$ 역시 공액 사전밀도함수이며 π_1과 π_2의 위치모수와 ε을 잘 조정하여 대칭, 비대칭, 쌍봉(bimodal) 형태의 사전분포를 만들 수 있다. 3개 이상의 공액 사전밀도함수를 합성하는 것도 생각해 볼 수 있으나 여러 개를 합성하면 분포의 다양성은 커지지만 대신 사전모수가 많아지기 때문에 가능하면 소수의 합성으로 사전정보를 반영하는 것이 바람직하겠다.

연습문제

1 다음 분포들의 모수 θ에 대한 제프리 사전분포를 구하라.

(1) $Poi(\theta)$

(2) $NB(n,\theta)$

(3) $Gamma(1,\ \theta)$

2 $\boldsymbol{X}$가 이변량정규분포 $N\left(\boldsymbol{\theta},\ \begin{pmatrix}1&0\\0&1\end{pmatrix}\right)$, $\boldsymbol{\theta}=(\theta_1,\theta_2)'$를 따르는데 $\theta_1>3\theta_2$임을 알고 있다.

(1) $\boldsymbol{\theta}$에 대하여 적절한 무정보 사전분포를 구하라.

(2) $n=10$, $\overline{x_1}=3$, $\overline{x_2}=0.9$일 때, R 프로그램을 이용하여 θ_1, θ_2의 사후 표본을 2000개 생성한 후 산점도를 그리고, θ_1과 θ_2의 주변 사후밀도함수를 추정하여 그려라. $(\theta_1,\ \theta_2)$의 사후 표본을 생성하는 간단한 방법은 제한조건 $\theta_1>3\theta_2$을 무시하고 유도된 사후분포로부터 표본을 생성한 다음 조건을 만족하는 표본만 취하는 것이다.

3 다음 분포들의 모수 $\boldsymbol{\theta}$에 대하여 적절한 변환불변 사전분포를 구하라.

(1) $U(0,\ \theta)$

(2) $U(\theta-1,\ \theta+1)$

(3) $t_\nu(\theta,1)$

(4) $Gamma(1,1/\theta)$

4 $\pi(\theta)=\varepsilon\pi_1(\theta)+(1-\varepsilon)\pi_2(\theta)$이고 $\pi_1(\theta)\sim N(\mu_1,\sigma_1^2)$, $\pi_2(\theta)\sim N(\mu_2,\sigma_2^2)$일 때, $(\varepsilon,\mu_1,\sigma_1^2,\mu_2,\sigma_2^2)$을 변화시키면서 $\pi(\theta)$가 (i) 오른쪽으로 긴 꼬리를 갖는 경우, (ii) 왼쪽으로 긴 꼬리를 갖는 경우, (iii) 쌍봉인 경우를 찾고 이를 R 프로그램을 이용하여 그래프로 표현하라.

10

마코브체인 몬테칼로

모수 $\boldsymbol{\theta}$에 대한 베이지안 추론과정은 관측치 $\boldsymbol{x}$에 대한 통계적 분포 혹은 모형 $f(\boldsymbol{x}|\boldsymbol{\theta})$와 사전분포를 결합하여 $\boldsymbol{\theta}$의 사후분포를 구하고, 사후분포로부터 $\boldsymbol{\theta}$의 여러 가지 특성을 산출해 내는 것이다. 따라서 사후분포의 유도는 베이지안 추론의 핵심이다. 그러나 실제로는 $\boldsymbol{\theta}$의 사후분포를 정확하게 구할 수 없는 경우가 빈번히 발생하는데, 그 이유는 주로 모형이 복잡하거나 모수가 많기 때문이다. 이럴 경우 사후분포 또는 사후평균, 사후분산, 특정 사건에 대한 사후확률 등을 비롯한 사후분포의 특성을 근사적으로 계산하는 것이 필요하다.

사후분포의 특성을 근사적으로 구하는 방법으로는 여러 가지 방법들이 있는데 최근에 가장 널리 사용되는 방법은 마코브체인 몬테칼로(Markov chain Monte Carlo, MCMC) 기법이다. MCMC 기법은 마코브체인을 이용하여 사후분포로부터 표본을 생성하고, 생성된 사후표본을 사용하여 원하는 사후추론을 수행하는 방법이다.

MCMC 기법은 모형이 복잡하거나 모수가 다변량인 경우에도 손쉽게 적용할 수 있는 장점으로 인하여 최근 베이지안 추론에서 거의 필수적인 도구로 여겨지고 있으며 소프트웨어 개발도 활발히 이루어지고 있다. 이 장에서는 대표적인 MCMC 기법과 그 적용에 대하여 살펴보기로 한다.

10.1 깁스 표본기법

예제 10.1

$X_1,\ldots,X_n|\mu,\sigma^2 \sim N(\mu,\sigma^2)$, $\mu \sim N(\mu_0,\sigma_0^2)$, $\sigma^2 \sim IG(a,b)$를 생각해 보자. 이 경우 $\boldsymbol{x}=(x_1,\ldots,x_n)$이 주어졌을 때 (μ,σ^2)의 결합사후분포는 다음과 같이 주어진다.

$$\pi(\mu,\sigma^2|\boldsymbol{x}) \propto \sigma^{-n}\exp\left[-\frac{1}{2}\left\{\frac{1}{\sigma^2}\sum_{i=1}^{n}(x_i-\mu)^2+\frac{1}{\sigma_0^2}(\mu-\mu_0)^2\right\}\right](\sigma^2)^{-a-1}\exp(-b/\sigma^2).$$

위 분포는 흔히 알려진 분포가 아니며 결합 사후분포로부터의 표본생성도 간단치 않다. 그러나 μ가 주어진 조건하에서 σ^2의 분포, 즉, $\pi(\sigma^2|\boldsymbol{x},\mu)$는 간단히 계산해 보면

$\pi(\sigma^2|\boldsymbol{x},\mu) \sim IG(a+\frac{n}{2}, b+\frac{1}{2}\Sigma(x_i-\mu)^2)$임을 알 수 있다. 또한 $\pi(\mu|\boldsymbol{x},\sigma^2)$은 σ^2이 주어진 경우이므로 7장에서 유도한 바와 같이 정규분포이다. 따라서 μ와 σ^2이 각각 상대가 주어졌을 때 조건부 분포로부터의 표본추출이 용이함을 알 수 있다.

예 10.1과 같이 결합분포는 복잡하지만 완전 조건부 사후분포가 각각 편리한 형태로 주어지는 경우는 여러 다변량 모수의 경우에 매우 빈번히 발생한다. 어떤 모수의 완전 조건부 사후분포(full conditional posterior distribution)란 그 모수를 제외한 다른 모든 모수가 주어졌을 때 해당 모수의 조건부 사후분포를 말한다.

이를 일반화시켜 모수 $\boldsymbol{\theta}=(\theta_1,\theta_2,\theta_3)$의 각 원소모수의 완전 조건부 사후분포 $\pi(\theta_1|\boldsymbol{x},\theta_2,\theta_3)$, $\pi(\theta_2|\boldsymbol{x},\theta_1,\theta_3)$, $\pi(\theta_3|\boldsymbol{x},\theta_1,\theta_2)$로부터의 표본추출이 용이한 경우를 생각해 보자. 원소모수 $\theta_1, \theta_2, \theta_3$는 벡터 모수 $\boldsymbol{\theta}$를 세 그룹으로 분할한 것으로 각 θ_i는 스칼라 모수일 수도 있고 벡터 모수일 수도 있다. 이 경우 매우 쉽게 적용할 수 있는 깁스 표본기법의 알고리즘은 다음과 같다.

깁스 표본기법(Gibbs sampling method)

step 0 θ_1, θ_2, θ_3의 초기치 $\theta_1^{(0)},\theta_2^{(0)},\theta_3^{(0)}$를 정한다.

$$\boldsymbol{\theta}^{(0)}=(\theta_1^{(0)},\theta_2^{(0)},\theta_3^{(0)})$$

step 1 $\boldsymbol{\theta}^{(1)}=(\theta_1^{(1)},\theta_2^{(1)},\theta_3^{(1)})$을 다음과 같이 생성한다.

$$\theta_1^{(1)} \sim \pi(\theta_1|\boldsymbol{x},\theta_2^{(0)},\theta_3^{(0)})$$
$$\theta_2^{(1)} \sim \pi(\theta_2|\boldsymbol{x},\theta_1^{(1)},\theta_3^{(0)})$$
$$\theta_3^{(1)} \sim \pi(\theta_3|\boldsymbol{x},\theta_1^{(1)},\theta_2^{(1)})$$

step 2 $\boldsymbol{\theta}^{(2)}=(\theta_1^{(2)},\theta_2^{(2)},\theta_3^{(2)})$을 다음과 같이 생성한다.

$$\theta_1^{(2)} \sim \pi(\theta_1|\boldsymbol{x},\theta_2^{(1)},\theta_3^{(1)})$$
$$\theta_2^{(2)} \sim \pi(\theta_2|\boldsymbol{x},\theta_1^{(2)},\theta_3^{(1)})$$
$$\theta_3^{(2)} \sim \pi(\theta_3|\boldsymbol{x},\theta_1^{(2)},\theta_2^{(2)})$$

$$\vdots$$

step m $\boldsymbol{\theta}^{(m)} = (\theta_1^{(m)}, \theta_2^{(m)}, \theta_3^{(m)})$을 다음과 같이 생성한다.

$$\begin{aligned} \theta_1^{(m)} &\sim \pi(\theta_1 | \boldsymbol{x}, \theta_2^{(m-1)}, \theta_3^{(m-1)}) \\ \theta_2^{(m)} &\sim \pi(\theta_2 | \boldsymbol{x}, \theta_1^{(m)}, \theta_3^{(m-1)}) \\ \theta_3^{(m)} &\sim \pi(\theta_3 | \boldsymbol{x}, \theta_1^{(m)}, \theta_2^{(m)}). \end{aligned}$$

깁스 표본기법 알고리즘은 조건에 들어가는 모수값을 가장 최근의 값들로 대체하면서 차례대로 $\theta_1, \theta_2, \theta_3$ 을 완전 조건부 사후분포로부터 추출하는 것이다. $\theta_1^{(m)}$은 가장 최근의 θ_2, θ_3 값인 $(\theta_2^{(m-1)}, \theta_3^{(m-1)})$에만 의존할 뿐 그 이전의 (θ_2, θ_3)값에는 의존하지 않는다. $\theta_2^{(m)}, \theta_3^{(m)}$도 마찬가지로 다른 모수들의 가장 최근 값에만 의존한다. 따라서 $\boldsymbol{\theta}^{(m)} = (\theta_1^{(m)}, \theta_2^{(m)}, \theta_3^{(m)})$는 마코브 성질을 가지며 m이 커짐에 따라 $\boldsymbol{\theta}^{(m)}$는 $\pi(\boldsymbol{\theta}|\boldsymbol{x})$로 수렴한다. m이 충분히 클 때 m 시점 이후로 생성된 표본을 $\boldsymbol{\theta}$의 사후 표본으로 간주할 수 있으므로 충분히 큰 m 시점 이후 N개의 표본 $\boldsymbol{\theta}^{(m+1)}, \ldots, \boldsymbol{\theta}^{(m+N)}$를 $\boldsymbol{\theta}$의 사후 표본으로 사용한다. 예를 들면 $\psi(\boldsymbol{\theta})$의 사후기대치를

$$\hat{E}[\psi(\boldsymbol{\theta})|\boldsymbol{x}] = \frac{1}{N}\sum_{i=1}^{N}\psi(\boldsymbol{\theta}^{(m+i)})$$

로 추정할 수 있다. 이때 m은 $\boldsymbol{\theta}^{(i)}$의 분포가 $\pi(\boldsymbol{\theta}|\boldsymbol{x})$로 수렴하기까지 걸리는 시간(warm-up time, burn-in time)을 의미하며, N은 표본크기를 나타낸다.

그렇다면 마코브체인에서 수렴에 걸리는 시간 m을 어떻게 정할 것인가? 가장 많이 사용되는 방법은 표본의 경로그림(trace plot)을 살펴보는 시각적 방법이다. 이차원 그래프의 가로축에는 반복수(iteration number)를 세로축에는 각 반복마다 생성된 표본의 값을 표시하는 경로그림을 그린다. 서로 다른 초기치에서 출발한 여러 개의 MCMC 체인에 대하여 경로그림을 겹쳐 그려보아 이들 경로그림이 어느 시점 이후에 초기치의 영향을 벗어나 서로 잘 겹쳐지는지, 그리고 이들 경로그림이 어느 시점 이후에 증가하거나 감소하지 않고 안정적인 패턴을 보이는지 확인하는 것이다. 그림 10.1은 3개의 MCMC 체인에 대한 경로그림의 예를 보여 준다. 이 3개의 체인은 서로 다른 초기치에서 출발하였지만 약 100번 이후에는 서로 잘 겹쳐지며 증가 또는 감소의 경향(trend)을 보이지 않고 안정적인 모양을 보임을 알 수 있다.

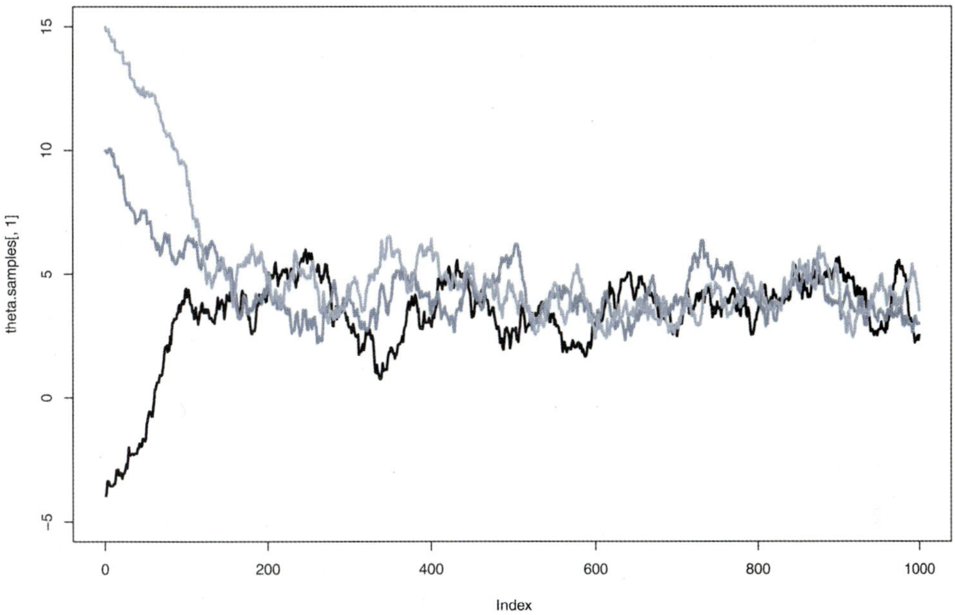

그림 10.1 3개의 체인에 대한 경로그림

MCMC 기법의 특징은 $\boldsymbol{\theta}^{(i)}$들이 서로 마코브체인으로 관련되어 있으므로 독립된 표본이 아니라는 점이다. 독립된 표본이 아니어도 N이 충분히 크기만 하면 $\hat{E}[\psi(\boldsymbol{\theta})|\boldsymbol{x}]$는 $E(\psi(\boldsymbol{\theta})|\boldsymbol{x})$로 수렴하지만 수렴속도가 독립표본에 비하여 매우 느릴 수 있다. 또한 추정치 $\hat{E}[\psi(\boldsymbol{\theta})|\boldsymbol{x}]$의 분산을 계산할 때 표본의 연관성을 고려해 주어야 한다. N개의 독립적인 표본이 갖는 정보에 비하여 N개의 연관성 있고 표본이 갖는 정보는 양이 적기 때문에 분산 계산 시 이 점을 고려해줘야 한다.

독립된 표본을 얻기 위하여 깁스 표본 알고리즘을 N번 독립적으로 수행하여 $\boldsymbol{\theta}_1^{(m)},\cdots,\boldsymbol{\theta}_N^{(m)}$을 얻어 사용하는 방법이 있다. 이때 $\boldsymbol{\theta}_k^{(m)}$은 k번째 독립된 깁스 표본 알고리즘에서 얻어진 $\boldsymbol{\theta}^{(m)}$이다. 그러나 위와 같이 하기에는 시간이 많이 걸리는 단점이 있으므로 타협안으로 하나의 깁스 표본 알고리즘을 충분히 길게 돌린 후 m번 이후에 l 간격을 두고 표본을 취하는 방법이 있다. 즉, $\boldsymbol{\theta}^{(m+l)},\cdots,\boldsymbol{\theta}^{(m+Nl)}$을 추정에 사용하는 것이다. l이 어느 정도 크면 $\boldsymbol{\theta}^{(m+l)},\cdots,\boldsymbol{\theta}^{(m+Nl)}$은 서로의 연관성이 약해져 대략 독립표본으로 간주할 수 있다.

예제 10.2

$X_1,\ldots,X_{10}|\mu,\sigma^2 \sim N(\mu,\sigma^2)$, $\mu \sim N(10,5^2)$, $\sigma^2 \sim IG(0.5,1)$이고 $x_1,\ldots,x_{10} = (10,13,15,11,9,18,20,17,23,21)$일 때, $\boldsymbol{\theta} = (\mu,\sigma^2)$에 대해 깁스 표본기법을 적용해 보자. 아래와 같은 R 프로그램을 사용할 때 그림 10.2는 깁스 표본기법에서 생성된 (μ,σ^2) 표본의 이동경로를 표시한 것으로 왼쪽부터 처음 5회, 15회, 100회까지의 경로를 나타낸다. 그림 10.3의 경로그림을 보면 매우 빨리 수렴이 되었음을 알 수 있으므로 $m=500$ 이후에 얻어진 표본은 사후 표본으로 간주해도 되겠다. 그림 10.4는 수렴시점 이후 (μ,σ^2)의 표본을 산점도로 표시한 것이고, 그림 10.5는 이 표본으로부터 추정한 μ와 σ^2의 주변 사후밀도함수이다.

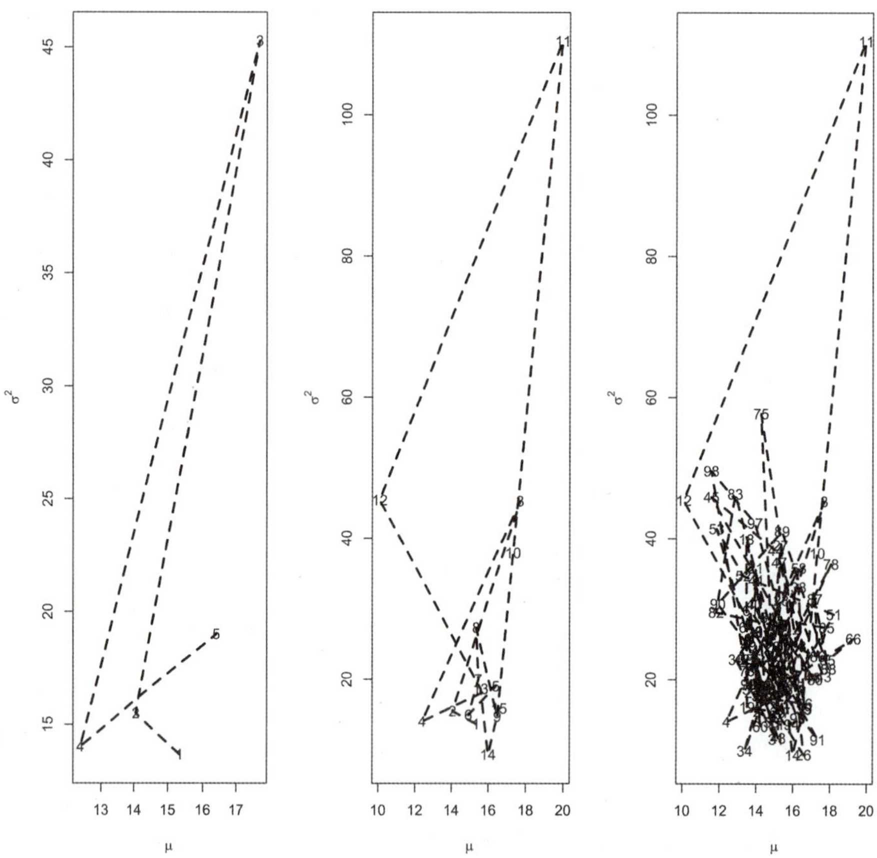

그림 10.2 깁스 표본기법에서 (μ,σ^2) 표본의 경로

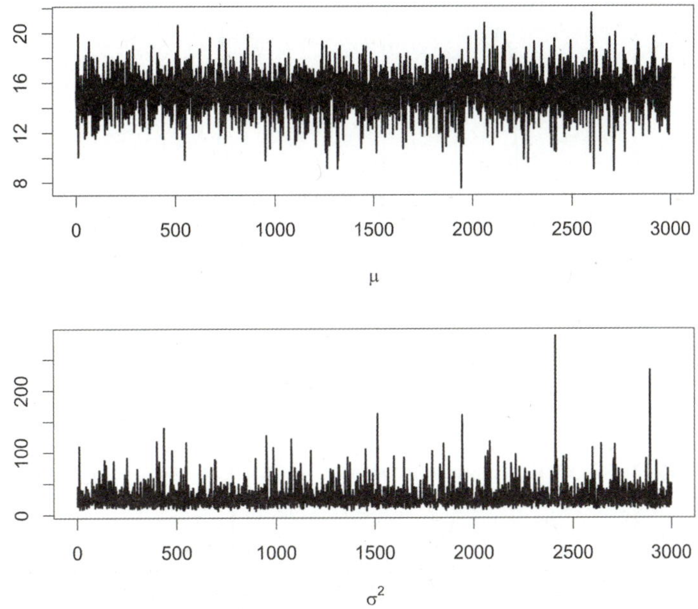

그림 10.3 μ와 σ^2의 경로그림

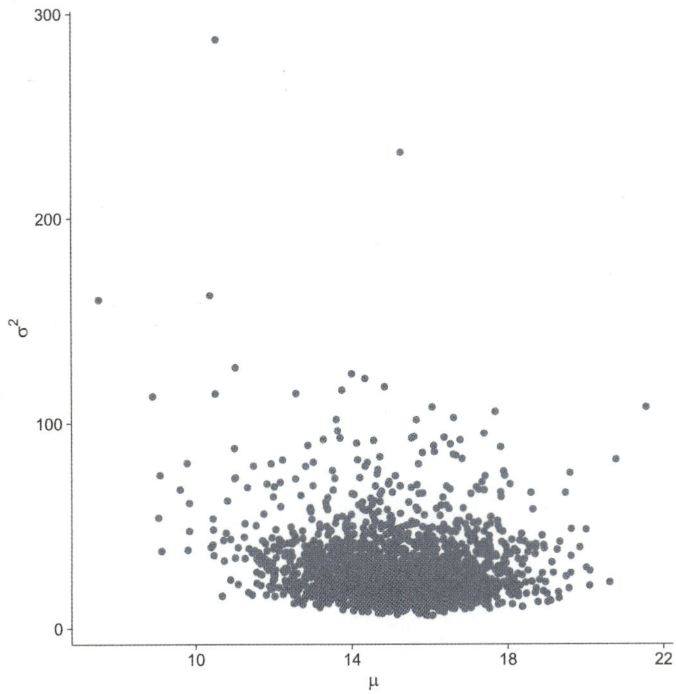

그림 10.4 깁스 표본기법에서 (μ, σ^2) 표본의 산점도

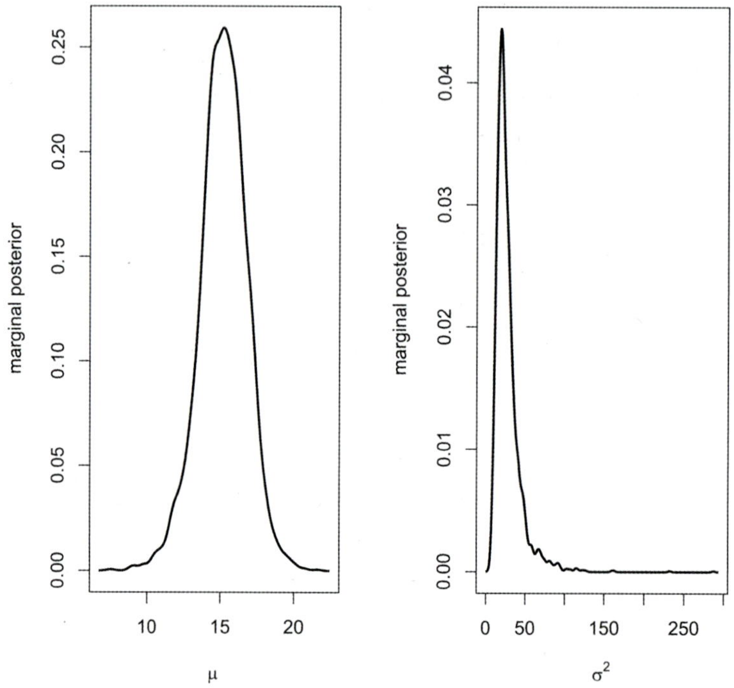

그림 10.5 깁스 표본기법에서 μ,σ^2의 주변 사후분포

```
M=3000 ; m=500
mu0=10;  sigsq0=25; a=0.5; b=1
x=c(10,13, 15, 11, 9, 18, 20, 17, 23,21)
n=length(x)
xbar=mean(x); var.x=var(x)
THETA=matrix(nrow=M ,ncol=2)

#initial value of sigsq
sigsq=var.x

#####simulation##########################
for(nsim in 1:M) {

#generate mu
```

```
condpost.mu=(sigsq/n * mu0 +sigsq0*xbar)/(sigsq/n +sigsq0)
condpost.var=1/(1/sigsq0 +n/sigsq)
mu=rnorm(1, condpost.mu,sqrt(condpost.var))

#generate sigsq
condpost.a=a+n/2
condpost.b =b+1/2*((n-1)*var.x +n *(xbar -mu)^2)
sigsq =1/rgamma(1,condpost.a , condpost.b)

#save
THETA[nsim, ] = c(mu,sigsq)
}
#######End Simulation #################################

par(mfrow=c(1,3))
plot(THETA[1:5, ], type="n",
xlab=expression(mu),ylab=expression(sigma^2))
lines(THETA[1:5, ],lty=2)
for(i in 1:5)   text(THETA[i,1 ],THETA[i,2],i)

plot(THETA[1:15, ], type="n",
xlab=expression(mu),ylab=expression(sigma^2))
lines(THETA[1:15, ], lty=2)
for(i in 1:15)   text(THETA[i,1 ],THETA[i,2],i)

plot(THETA[1:100, ], type="n",
xlab=expression(mu),ylab=expression(sigma^2))
lines(THETA[1:100, ], lty=2)
for(i in 1:100)   text(THETA[i,1 ],THETA[i,2],i)
```

```
par(mfrow=c(2,1))
plot(THETA[,1], type="l", xlab= "mu" , ylab="")
plot(THETA[,2], type="l", xlab= "sigsq", ylab="")

par(mfrow=c(1,1))
plot(THETA[m:M, 1 ],THETA[m:M, 2 ],xlab=expression(mu), ylab=
     expression(sigma^2),  main="")

par(mfrow=c(1,2))
plot(density(THETA[m:M,1]),xlab=expression(mu),ylab="marginal
posterior", main="")
plot(density(THETA[m:M,2]),xlab=expression(sigma^2),ylab="marginal
posterior", main="")
```

복잡한 모형에 적절한 잠재변수를 도입하면 모수의 완전 조건부 사후분포가 표본생성에 매우 용이한 형태로 변화되어 깁스 표본기법을 이용한 베이지안 추출을 손쉽게 수행할 수 있는 경우가 빈번하다. Gelfand and Smith(1990)가 미국통계학회지(Journal of the American Statistical Association)에 발표함으로써 깁스 표본기법을 통계학에서 응용하는 기폭제가 된 다음 예제를 살펴보자.

예제 10.3

관측치 $\boldsymbol{Y}=(Y_1,\ldots,Y_5)$가 다음과 같은 모수를 갖는 다항분포를 따른다.

$$\boldsymbol{Y}=(Y_{1,\ldots,}Y_5)\sim Multi(n,a_1\theta+b_{1,}a_2\theta+b_2,a_3\eta+b_{3,}a_4\eta+b_{4,}c(1-\theta-\eta)),$$
$$a_{i,}b_i\ge 0,0<c=1-\sum b_i=a_1+a_2=a_3+a_4<1.$$

이 모형에서 미지의 모수는 (θ,η)이며 $0<\theta<1, 0<\eta<1$, $0<\theta+\eta<1$의 제한조건을 갖는다. 모수(θ,η)에 $Dirichlet(\alpha_{1,}\alpha_{2,}\alpha_3)$ 사전분포를 가정하면

$$\pi(\theta,\eta)\propto\theta^{\alpha_1-1}\eta^{\alpha_2-1}(1-\theta-\eta)^{\alpha_3-1}I(0<\theta<1,0<\eta<1,0<\theta+\eta<1)$$

이다. 이로부터 사후밀도함수는

$$\pi(\theta,\eta|\boldsymbol{y}) \propto (a_1\theta+b_1)^{y_1}(a_2\theta+b_2)^{y_2}(a_3\eta+b_3)^{y_3}(a_4\eta+b_4)^{y_4}(c(1-\theta-\eta))^{y_5} \\ \times \theta^{\alpha_1-1}\eta^{\alpha_2-1}(1-\theta-\eta)^{\alpha_3-1}$$

이다. 사후밀도함수가 θ와 η의 매우 많은 항을 가진 다항식이므로 이 사후분포로부터 θ와 η의 사후기대치, 사후분산, 사후주변분포를 수리적으로 구하기는 어려움이 따른다.

이 문제를 깁스 표본기법으로 해결하는 방법을 살펴보자. 새로운 변수 $\boldsymbol{X}=(X_1,\dots,X_9)$을 $Multi(n,\ a_1\theta,\ b_1,\ a_2\theta,\ b_2,\ a_3\eta,\ b_3, a_4\eta,\ b_4, c(1-\theta-\eta))$를 따른다고 정의하자. 만약 $\boldsymbol{X}$의 관측치 $\boldsymbol{x}$가 주어진다면

$$\begin{aligned}\pi(\theta,\eta|\boldsymbol{x}) &\propto (a_1\theta)^{x_1}b_1^{x_2}(a_2\theta)^{x_3}b_2^{x_4}(a_3\eta)^{x_5}b_3^{x_6}(a_4\eta)^{x_7}b_4^{x_8}(c(1-\theta-\eta))^{x_9} \\ &\quad \times\theta^{\alpha_1-1}\eta^{\alpha_2-1}(1-\theta-\eta)^{\alpha_3-1} \\ &\propto \theta^{x_1+x_3+\alpha_1-1}\eta^{x_5+x_7+\alpha_2-1}(1-\theta-\eta)^{x_9+\alpha_3-1}\end{aligned} \tag{10.1}$$

이고, 따라서 $\pi(\theta,\eta|\boldsymbol{x})$는 디리슈레 분포를 따르므로 사후추론이 매우 간편해진다.

$\boldsymbol{X}$와 $\boldsymbol{Y}$의 관계를 표로 나타내면 표 10.1과 같다. 5개의 관측가능한 범주 중 Y_1은 첫 번째 범주의 도수이다. 범주의 확률이 $a_1\theta+b_1$이므로 이 사건은 두 가지 요인 A_1, B_1에 의해 발생한다고 볼 수 있으며 A_1에 의해 발생할 확률은 $a_1\theta$, B_1에 의해 발생할 확률은 b_1이다.

키(cm)	Y_1		Y_2		Y_3		Y_4		Y_5	n
	X_1	X_2	X_3	X_4	X_5	X_6	X_7	X_8	X_9	n
체중(kg)	$a_1\theta$	b_1	$a_2\theta$	b_2	$a_3\eta$	b_3	$a_4\eta$	b_4	$c(1-\theta-\eta)$	1

표 10.1 $\boldsymbol{X}$와 $\boldsymbol{Y}$의 관계

A_1, B_1에 대응하는 도수는 X_1, X_2이다. X_1과 X_2의 확률이 모수에 의존하는 구조가 다르기 때문에 X_1과 X_2가 관측된다면 모수추정이 용이하겠지만 X_1, X_2는 관측 불가능하고 단지 통합 도수 Y_1만 가능할 뿐이다. 다른 범주에 대해서도 마찬가지이다.

$\boldsymbol{X}$와 $\boldsymbol{Y}$의 관계를 살펴보면

$$\begin{aligned} X_1+X_2 &= Y_1 \\ X_3+X_4 &= Y_2 \\ X_5+X_6 &= Y_3 \\ X_7+X_8 &= Y_4 \\ X_9 &= Y_5 \end{aligned}$$

이다. $X_2 = Y_1 - X_1$으로부터 X_1과 Y_1을 알면 X_2를 알 수 있기 때문에 (X_1, X_2)를 (X_1, Y_1)으로 대체할 수 있다. 마찬가지로, (X_3, X_4)를 (X_3, Y_2)로, (X_5, X_6)를 (X_5, Y_3)로, (X_7, X_8)을 (X_7, Y_4)로 대체할 수 있다. 단, X_1, X_3, X_5, X_7은 관측이 되지 않는 잠재변수(latent variables)이다. 잠재변수와 Y를 합하여 $X = (X_1, X_3, X_5, X_7, Y)$를 새로운 관측변수로 간주하면 (θ, η)의 완전 조건부 분포는 식 (10.1)에 따라 디레슈레 분포로 주어진다. 잠재변수 X_1, X_3, X_5, X_7은 미지의 변수이므로 이들을 모수와 같이 취급하여 깁스 과정에서 표본을 추출한다.

이상을 종합하여 (θ, η)의 완전 조건부 사후분포를 구해 보면

$$\theta, \eta | \boldsymbol{x} \sim Dirichlet(x_{1+}x_{3+}\alpha_{1,}x_5 + x_{7+}\alpha_2, x_9 + \alpha_3)$$

이다. 또한 표 10.1을 보면 $Y_1 = y_1$이 주어졌을 때 X_1은 두 요인 중 요인 A_1의 도수이므로 θ와 y_1이 주어졌을 때 X_1의 조건부 분포는 $B(y_1, \dfrac{a_1\theta}{a_1\theta + b_1})$이다. 마찬가지로 X_3, X_5, X_7의 조건부 분포는

$$X_3 | \theta, y_2 \sim B\left(y_2, \ \frac{a_2\theta}{a_2\theta + b_2}\right)$$

$$X_5 | \eta, y_3 \sim B\left(y_3, \ \frac{a_3\eta}{a_3\eta + b_3}\right)$$

$$X_7 | \eta, y_4 \sim B\left(y_4, \ \frac{a_4\eta}{a_4\eta + b_4}\right)$$

이다.

이들 조건부 분포 모두 난수생성이 쉬운 분포이므로 깁스 표본기법을 이용하여 (X_1, X_3, X_5, X_7)과 (θ, η)의 표본을 생성할 수 있고, 이 중 (θ, η)의 표본만 취하면 이들은 $\pi(\theta, \eta | \boldsymbol{y})$를 따르는 사후 표본이다. 따라서 깁스 표본기법으로부터 생성된 (θ, η)의 표본을 사용하여 (θ, η)에 대한 사후추론을 수행할 수 있다.

다음은 $\boldsymbol{y} = (14, 1, 1, 1, 5)$가

$$Multi(22, \frac{1}{4}\theta + \frac{1}{8}, \frac{1}{4}\theta, \frac{1}{4}\eta, \frac{1}{4}\eta + \frac{3}{8}, \frac{1}{2}(1 - \theta - \eta))$$

로부터의 관측치일 때 $\pi(\theta, \eta) \sim Dirichlet(1, 1, 1)$ 사전분포를 사용하여 (θ, η)에 대한 사후추론을 시행하는 깁스 표본기법을 R 프로그램으로 구현한 것이다. 그림 10.6은 수렴시점 이후 생성된 (θ, η) 표본의 산점도이고 그림 10.7은 θ와 η의 주변 사후분포이다.

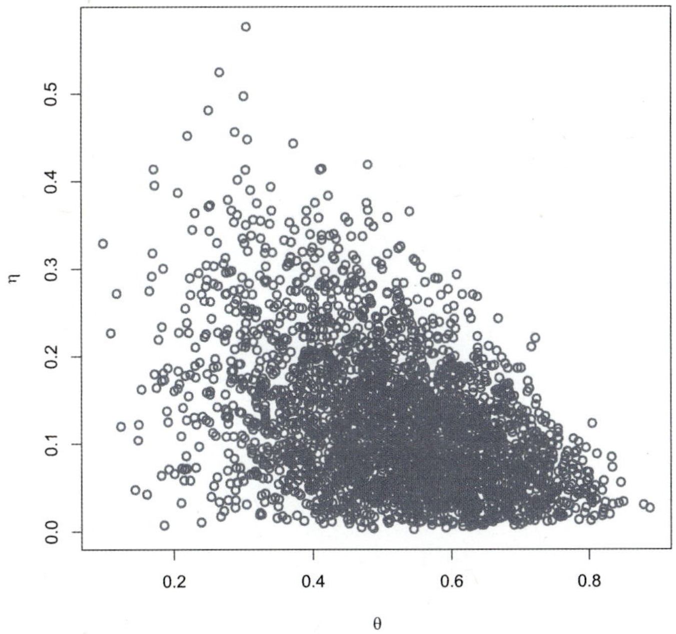

그림 10.6 깁스 표본기법으로부터 생성된 (θ,η) 표본의 산점도

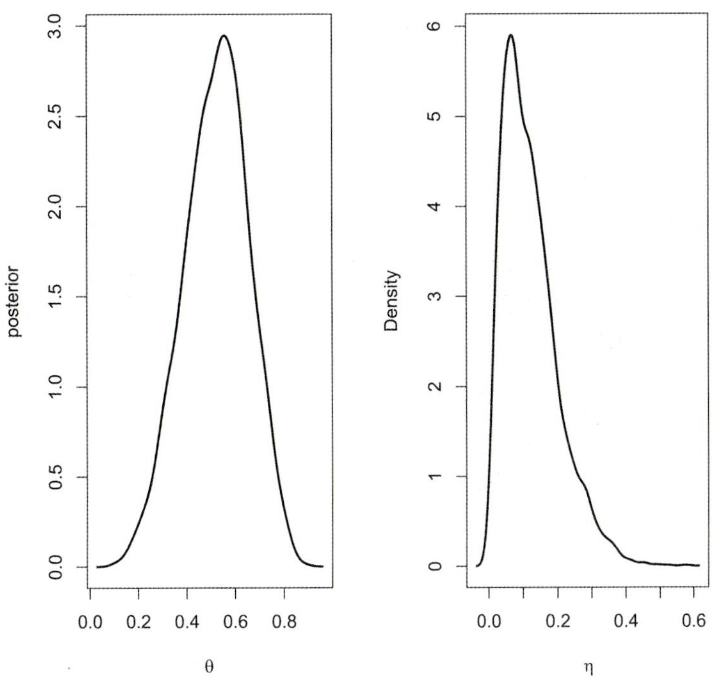

그림 10.7 깁스 표본기법으로부터 추정된 θ,η의 주변 사후분포

```
Y=c(14,1,1,1,5); n=22; a=c(0.25,0.25,0.25,0.25)
b=c(0.125,0,0,0.375); c=0.5; alpha=c(1,1,1);
m=1000; N=3000

THETA= matrix(0,m+N,3); X=c(1:9)*0

#Dirichelet generator
rDirich=function(n,p,a){
x=matrix(0,n,p)
for(i in 1:p) x[,i]=rgamma(n,a[i])
x=x/apply(x,1,sum)
}

#initialize
theta= 0.5; eta=0.5; THETA[1,]= c(theta,eta, 1-theta-eta)
X[1]= 0.5*Y[1]; X[3]= 0.5*Y[2]; X[5]= 0.5*Y[3]
X[7]=0.5*Y[4]; X[9]=Y[5]

###################simulate############################
for(i in 2:(m+N)){
   p=3
   aa=c(X[1]+X[3]+alpha[1],X[5]+X[7]+alpha[2],X[9]+alpha[3])
   THETA[i,]=rDirich(1,p,aa)
   theta=THETA[i,1]; eta=THETA[i,2]
   X[1]=rbinom(1,Y[1], a[1]*theta/(a[1]*theta + b[1]))
   X[3]=rbinom(1,Y[2], a[2]*theta/(a[2]*theta + b[2]))
   X[5]=rbinom(1,Y[3], a[3]*eta/(a[3]*eta + b[3]))
   X[7]=rbinom(1,Y[4], a[4]*eta/(a[4]*eta + b[4]))
}
################End simulation ##########################
theta.sim=THETA[(m+1):(m+N),1]; eta.sim=THETA[(m+1):(m+N),2]
```

```
par(mfrow=c(1,1))
plot(theta.sim,eta.sim, xlab=expression(theta),ylab=expression(eta))
par(mfrow=c(1,2))
plot(density(theta.sim), type="l",xlab=expression(theta),
    ylab="posterior", main=" ")
plot(density(eta.sim), type="l", xlab=expression(eta), main="")
```

10.2 메트로폴리스-헤스팅스 알고리즘

모수 $\boldsymbol{\theta}=(\theta_1,\ldots,\theta_p)$의 사후분포 $\pi(\boldsymbol{\theta}|\boldsymbol{x})$로부터 $\boldsymbol{\theta}$의 사후 표본 추출을 생각해 보자. 깁스 표본기법은 각 원소 θ_i들의 완전 조건부 사후분포 $\pi(\theta_i|\boldsymbol{x},\theta_1,\ldots,\theta_{i-1},\theta_{i+1},\ldots,\theta_p)$로부터 직접적인 표본생성이 가능해야 한다. 즉, 각 원소모수의 완전 조건부 사후분포가 표본생성이 용이한 분포여야 한다. 그러나 때로, 특히 사전분포가 공액 사전분포가 아닌 경우에, 완전 조건부 사후분포로부터 표본추출이 용이하지 않아 깁스 표본기법의 사용이 불가능하다. 이 경우에 다음과 같은 메트로폴리스-헤스팅스(Metropolis-Hastings) 알고리즘을 적용하여 $\pi(\boldsymbol{\theta}|\boldsymbol{x})$로부터의 표본을 추출할 수 있다.

메트로폴리스-헤스팅스 알고리즘의 $(k-1)$번째 스텝으로부터 표본 $\boldsymbol{\theta}^{(k-1)}$이 주어졌을 때 k번째 스텝은 다음과 같다.

메트로폴리스-헤스팅스 알고리즘의 Step k

(1) 후보 표본 $\boldsymbol{\theta}^*$의 추출: $\boldsymbol{\theta}^* \sim q(\boldsymbol{\theta}|\boldsymbol{\theta}^{(k-1)})$.

(2) 채택확률 계산:

$$\alpha^* = \frac{\pi(\boldsymbol{\theta}^*|\boldsymbol{x})}{\pi(\boldsymbol{\theta}^{(k-1)}|\boldsymbol{x})} \times \frac{q(\boldsymbol{\theta}^{(k-1)}|\boldsymbol{\theta}^*)}{q(\boldsymbol{\theta}^*|\boldsymbol{\theta}^{(k-1)})},$$

$$\alpha = \min\{1,\alpha^*\}.$$

(3) $\boldsymbol{\theta}^*$의 채택 또는 기각

$$u \sim U(0,1)$$
$$\boldsymbol{\theta}^{(k)} = \begin{cases} \boldsymbol{\theta}^*, & \text{if} \quad u \le \alpha \\ \boldsymbol{\theta}^{(k-1)}, & \text{if} \quad u > \alpha. \end{cases}$$

깁스 표본기법과 마찬가지로 메트로폴리스-헤스팅스 알고리즘에서 생성된 표본 $\boldsymbol{\theta}^{(k)}$의 분포는 k가 커짐에 따라 $\pi(\boldsymbol{\theta}|\boldsymbol{x})$로 수렴하기 때문에 수렴시점 이후의 표본을 사용하여 사후추론을 할 수 있다. 또한 연속된 표본들은 서로 상관관계를 지닌다.

위 알고리즘에서 q는 $\boldsymbol{\theta}^*$를 추출하기 위해 임의로 선택된 밀도함수로 후보추출함수(sample generating density 또는 proposal density)라고 한다. 만약 후보추출함수 q가 대칭이면, 즉

$$q(\boldsymbol{\theta}^*|\boldsymbol{\theta}^{(k-1)}) = q(\boldsymbol{\theta}^{(k-1)}|\boldsymbol{\theta}^*)$$

이면, α^* 식에서 q가 포함된 부분이 사라지게 되어 α^*는 사후밀도함수의 비(ratio)인

$$\alpha^* = \frac{\pi(\boldsymbol{\theta}^*|\boldsymbol{x})}{\pi(\boldsymbol{\theta}^{(k-1)}|\boldsymbol{x})}$$

가 된다. 후보추출함수가 대칭인 경우를 메트로폴리스 알고리즘이라고 한다.

메트로폴리스 알고리즘에서 k단계의 후보 표본을 현재 표본 $\boldsymbol{\theta}^{(k-1)}$을 평균으로 하는 정규분포에서 추출할 경우 이를 랜덤워크(random walk) 메트로폴리스 기법이라고 한다. 랜덤워크 메트로폴리스는 후보표본을 현재 표본 근처에서 추출하는 기법으로 사후분포에 대한 정보가 부족할 때 손쉽게 사용할 수 있어 널리 사용되고 있다. 가장 간단한 랜덤워크 메트로폴리스 기법은 $N(\boldsymbol{\theta}^{(k-1)}, \delta^2 I)$을 $q(\cdot|\boldsymbol{\theta}^{(k-1)})$로 사용하는 것이다. 여기에서 δ는 상수이고 I는 대각원소가 1인 정방 대각행렬이다. 상수 δ값은 랜덤워크의 보폭에 해당하며 δ값이 너무 작거나 크면 연속된 표본들 간의 높은 자기상관관계로 인해 수렴이 늦어질 수 있다. δ값이 너무 작으면 현재의 표본 근처에서만 움직이므로 사후분포의 전 영역을 방문하기에 시간이 오래 걸리는 단점이 있고, 반면에 δ가 너무 크면 확률이 낮은 영역에서 후보 표본을 추출할 가능성이 높아져 후보 표본을 채택하지 않고 현재 표본에 머무를 가능성이 높다. 따라서 적당한 크기의 δ를 선택함이 바람직한데, Gelman et al.(1996)에 의하면 δ값으로 $\boldsymbol{\theta}^{(k-1)}$

점에서 표준편차 추정치의 약 $2.4/\sqrt{p}$ 배가 좋다고 한다. 여기에서 p는 $\boldsymbol{\theta}$의 차원이다. 이때 후보 표본을 채택할 확률은 약 0.234이다.

참고로, α^*의 계산에서 사후밀도함수의 비는 사후밀도함수식의 정규화 상수를 몰라도 계산이 가능하다. 왜냐하면

$$\pi(\boldsymbol{\theta}|\boldsymbol{x}) = f(\boldsymbol{x}|\boldsymbol{\theta})\pi(\boldsymbol{\theta})/f(\boldsymbol{x})$$

인데

$$\frac{\pi(\boldsymbol{\theta}^*|\boldsymbol{x})}{\pi(\boldsymbol{\theta}^{(k-1)}|\boldsymbol{x})} = \frac{f(\boldsymbol{x}|\boldsymbol{\theta}^*)\pi(\boldsymbol{\theta}^*)/f(\boldsymbol{x})}{f(\boldsymbol{x}|\boldsymbol{\theta}^{(k-1)})\pi(\boldsymbol{\theta}^{(k-1)})/f(\boldsymbol{x})} = \frac{f(\boldsymbol{x}|\boldsymbol{\theta}^*)\pi(\boldsymbol{\theta}^*)}{f(\boldsymbol{x}|\boldsymbol{\theta}^{(k-1)})\pi(\boldsymbol{\theta}^{(k-1)})}$$

이므로 함수 $f(\boldsymbol{x})$는 약분되어 없어지고 우도함수와 사전밀도함수에서 $\boldsymbol{\theta}$가 포함된 식만 계산하면 되기 때문이다. 보통 사후밀도함수에서 정규화 상수는 구하기 어렵지만 우도함수와 사전밀도함수는 쉽게 계산할 수 있으므로 위와 같은 성질은 메트로폴리스-헤스팅스 기법의 큰 장점이다.

깁스 표본기법에서처럼 원소들을 분할하여 메트로폴리스-헤스팅스 알고리즘을 적용할 수 있다. 예를 들어 $\boldsymbol{\theta} = (\theta_1, \theta_2)$의 두 부분으로 나누었을 때 k번째 스텝을 다음과 같이 수행할 수 있다. $\boldsymbol{\theta} = (\theta_{1,\dots,}\theta_l)$로 세 부분 이상으로 나누었을 때는 아래 알고리즘을 확장하여 사용하면 된다. 이때 θ_i는 스칼라 모수 또는 벡터 모수가 될 수 있다.

step k

- $\theta_1^{(k)}$의 추출

  (1) $\theta_1^* \sim q_1(\theta_1|\boldsymbol{x}, \theta_1^{(k-1)}, \theta_2^{(k-1)})$

  (2) $\alpha_1^* = \dfrac{\pi(\theta_1^*, \theta_2^{(k-1)}|\boldsymbol{x})}{\pi(\theta_1^{(k-1)}, \theta_2^{(k-1)}|\boldsymbol{x})} \times \dfrac{q_1(\theta_1^{(k-1)}|\theta_1^*, \theta_2^{(k-1)})}{q_1(\theta_1^*|\theta_1^{(k-1)}, \theta_2^{(k-1)})}$,

  $\alpha_1 = \min\{1, \alpha_1^*\}$

  (3) $u_1 \sim U(0,1)$

  $$\theta_1^{(k)} = \begin{cases} \theta_1^*, & \text{if} \quad u_1 \le \alpha_1 \\ \theta_1^{(k-1)}, & \text{if} \quad u_1 > \alpha_1. \end{cases}$$

- $\theta_2^{(k)}$의 추출

(1) $\theta_2^* \sim q_2(\theta_2|\boldsymbol{x}, \theta_1^{(k)}, \theta_2^{(k-1)})$

(2) $\alpha_2^* = \dfrac{\pi(\theta_1^{(k)}, \theta_2^*|\boldsymbol{x})}{\pi(\theta_1^{(k)}, \theta_2^{(k-1)}|\boldsymbol{x})} \times \dfrac{q_2(\theta_2^{(k-1)}|\theta_1^{(k)}, \theta_2^*)}{q_2(\theta_2^*|\theta_1^{(k)}, \theta_2^{(k-1)})}$,

$\alpha_2 = \min\{1, \alpha_2^*\}$

(3) $u_2 \sim U(0,1)$

$$\theta_2^{(k)} = \begin{cases} \theta_2^*, & \text{if} \quad u_2 \le \alpha_2 \\ \theta_2^{(k-1)}, & \text{if} \quad u_2 > \alpha_2. \end{cases}$$

깁스 표본기법은 메트로폴리스-헤스팅스 알고리즘의 특수한 경우로, 깁스 표본기법에서는 후보추출함수가 각 원소 모수의 완전 조건부 사후밀도함수이다. 즉,

$$\begin{aligned} q_1(\theta_1|\boldsymbol{x}, \theta_1^{(k-1)}, \theta_2^{(k-1)}) &= \pi(\theta_1|\boldsymbol{x}, \theta_2^{(k-1)}) \\ q_2(\theta_2|\boldsymbol{x}, \theta_1^{(k)}, \theta_2^{(k-1)}) &= \pi(\theta_2|\boldsymbol{x}, \theta_1^{(k)}) \end{aligned}$$

이다. 이를 위의 메트로폴리스-헤스팅스 알고리즘에 적용하면,

$$\begin{aligned} \alpha_1^* &= \frac{\pi(\theta_1^*, \theta_2^{(k-1)}|\boldsymbol{x})}{\pi(\theta_1^{(k-1)}, \theta_2^{(k-1)}|\boldsymbol{x})} \times \frac{\pi(\theta_1^{(k-1)}|\boldsymbol{x}, \theta_2^{(k-1)})}{\pi(\theta_1^*|\boldsymbol{x}, \theta_2^{(k-1)})} \\ &= \frac{\pi(\theta_1^*|\boldsymbol{x}, \theta_2^{(k-1)})\pi(\theta_2^{(k-1)}|\boldsymbol{x})}{\pi(\theta_1^{(k-1)}|\boldsymbol{x}, \theta_2^{(k-1)})\pi(\theta_2^{(k-1)}|\boldsymbol{x})} \times \frac{\pi(\theta_1^{(k-1)}|\boldsymbol{x}, \theta_2^{(k-1)})}{\pi(\theta_1^*|\boldsymbol{x}, \theta_2^{(k-1)})} \\ &= 1 \end{aligned}$$

이 되며, 마찬가지로 $\alpha_2^* = 1$이 되어 항상 $\boldsymbol{\theta}_i^{(k)} = \boldsymbol{\theta}_i^*$가 성립한다. 따라서 깁스 표본기법은 메트로폴리스-헤스팅스 기법에서 매번 후보표본 $\boldsymbol{\theta}^*$를 $\boldsymbol{\theta}^{(k)}$로 받아들이며 후보의 채택확률은 1이다.

깁스 표본기법이 메트로폴리스-헤스팅스 기법의 특수한 경우이므로 $\boldsymbol{\theta}$를 부분적으로 나누어 메트로폴리스-헤스팅스 기법을 적용할 때 θ_2에 대하여 깁스 표본기법 적용이 가능하다면 θ_2는 깁스 표본기법을 적용하고 θ_1은 메트로폴리스-헤스팅스 기법을 적용할 수 있다. 역으로 깁스 표본기법을 적용하는데 일부 원소에서는 완전 조건부 사후분포로부터의 표본생성이 용이하지 않다면 이들 원소에 대해서는 메트로폴리스-헤스팅스 기법을 적용하고 나머지 원소들에 대해서는 깁스 기법을 적용해도 된다. 이를 Metropolis within Gibbs라고 한다.

연습문제

1 이변량 정규분포 $N\left((\theta_1,\theta_2)', \begin{pmatrix} 1 & 0.5 \\ 0.5 & 1 \end{pmatrix}\right)$를 따르는 변수 (X, Y)에 대한 30개의 관측치를 조사한 결과 $\bar{x}=0.3$, $\bar{y}=0.58$이었다. θ_1과 θ_2에 대한 사전분포로 $\pi(\theta_1,\theta_2)=1$를 정하였다.

(1) (θ_1,θ_2)의 사후분포를 수리적으로 유도하고 사후밀도함수를 등고선도로 나타내어라. 또한 θ_1과 θ_2의 주변 사후분포를 수리적으로 구하고 주변 사후밀도함수를 그림으로 나타내어라.

(2) θ_1과 θ_2에 대하여 각각 완전 조건부 사후분포를 수리적으로 구하라.

(3) R 프로그램에서 깁스 표본기법을 적용하여 θ_1과 θ_2의 사후 표본을 생성하고 이로부터 각각의 사후기대치, 사후분산, 그리고 둘의 상관계수를 추정하라. 추정값을 참값과 비교하라.

(4) (3)의 표본으로부터 (θ_1,θ_2)표본의 산점도를 그려 보아라. 또한 θ_1과 θ_2 각각의 근사적 주변 사후밀도함수를 그림으로 나타내라.

(5) (1)과 (4)의 결과를 비교하라.

2 1번 문제에서, 이론적으로 X의 기대치 θ_1은 Y의 기대치 θ_2보다 작아야 한다고 한다. 이 이론을 반영하여 θ_1과 θ_2에 대한 사전분포를 $\pi(\theta_1,\theta_2)=I(\theta_1<\theta_2)$로 정하였다.

(1) (θ_1,θ_2)의 결합 사후밀도함수식을 수리적으로 구할 수 있는가? θ_1, θ_2의 주변 사후밀도함수식을 수리적으로 구할 수 있는가?

(2) θ_1과 θ_2에 대하여 각각 완전 조건부 사후분포를 수리적으로 구하라.

(3) R 프로그램을 이용하여 깁스 표본기법을 적용하여 θ_1과 θ_2의 사후 표본을 생성하고, 이로부터 각각의 사후기대치, 사후분산을 추정하라.

(4) (3)의 표본으로부터 $(\theta_{1,}\theta_2)$ 표본의 산점도를 그려 보아라. 또한 θ_1과 θ_2 각각의 주변 사후밀도함수를 그림으로 나타내라.

11

JAGS를 이용한 베이지안 추론

11.1 JAGS 소개

JAGS는 "Just Another Gibbs Sampler"의 약어로 마코브체인 몬테칼로(Markov chain Monte Carlo, MCMC) 기법을 이용하여 베이지안 계층 모형에 대한 시뮬레이션 분석을 수행하는 프로그램이다. JAGS는 Martyn Plummer(2003, 2012)에 의해 개발되었으며 기존의 WinBUGS/OpenBUGS 등 BUGS(Bayesian inference Using Gibbs Sampler) 프로그램의 후속 프로그램으로 사용법이 매우 유사하다. 그러나 BUGS와 달리 모형설정이나 MCMC 표본의 분석을 위한 GUI(Graphical User Interface)를 제공하지 않으며 R과 같은 다른 프로그램과 연동하여 사용하도록 되어 있다.

WinBUGS/OpenBUGS 프로그램에 비하여 JAGS가 갖는 장점은 WinBUGS/OpenBUGS가 잘 알려지지 않은 Component Pascal 언어로 코딩된 반면 JAGS는 C++ 언어로 코딩되어 있어 사용이 용이하다. 또한 WinBUGS/OpenBUGS가 Windows Operating System(OS)에서는 편리하지만 Linux/Unix나 MacOS에는 불편한 면이 있었던 반면 JAGS는 여러 OS에서 사용이 용이하다는 장점이 있다. 이러한 장점으로 인해 최근 JAGS 사용자가 늘어나고 있는 실정이다.

11.2 JAGS 설치

JAGS의 설치 단계는 다음과 같다.

1) 최신 version의 R과 Rtools 프로그램을 설치한다.

2) 필수적인 것은 아니지만 RStudio 프로그램을 설치하여 사용하면 편리하다.

3) JAGS website 'http://mcmc-jags.sourceforge.net'로 이동하여 **Downloads** 아래 **files page**를 클릭한다.(그림 11.1, 11.2 참조)

4) 최신 버전의 JAGS 실행파일을 다운로드하여 설치한다.(그림 11.3 참조)

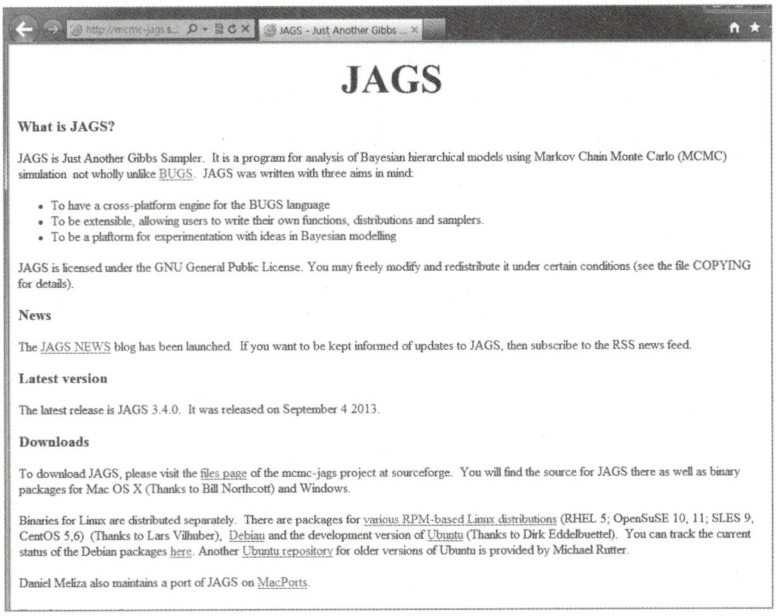

JAGS

What is JAGS?

JAGS is Just Another Gibbs Sampler. It is a program for analysis of Bayesian hierarchical models using Markov Chain Monte Carlo (MCMC) simulation not wholly unlike BUGS. JAGS was written with three aims in mind:

- To have a cross-platform engine for the BUGS language
- To be extensible, allowing users to write their own functions, distributions and samplers.
- To be a plaftorm for experimentation with ideas in Bayesian modelling

JAGS is licensed under the GNU General Public License. You may freely modify and redistribute it under certain conditions (see the file COPYING for details).

News

The JAGS NEWS blog has been launched. If you want to be kept informed of updates to JAGS, then subscribe to the RSS news feed.

Latest version

The latest release is JAGS 3.4.0. It was released on September 4 2013.

Downloads

To download JAGS, please visit the files page of the mcmc-jags project at sourceforge. You will find the source for JAGS there as well as binary packages for Mac OS X (Thanks to Bill Northcott) and Windows.

Binaries for Linux are distributed separately. There are packages for various RPM-based Linux distributions (RHEL 5; OpenSuSE 10, 11; SLES 9, CentOS 5,6) (Thanks to Lars Vilhuber), Debian and the development version of Ubuntu (Thanks to Dirk Eddelbuettel). You can track the current status of the Debian packages here. Another Ubuntu repository for older versions of Ubuntu is provided by Michael Rutter.

Daniel Meliza also maintains a port of JAGS on MacPorts.

그림 11.1 mcmc-jags.sourceforge.net 웹사이트

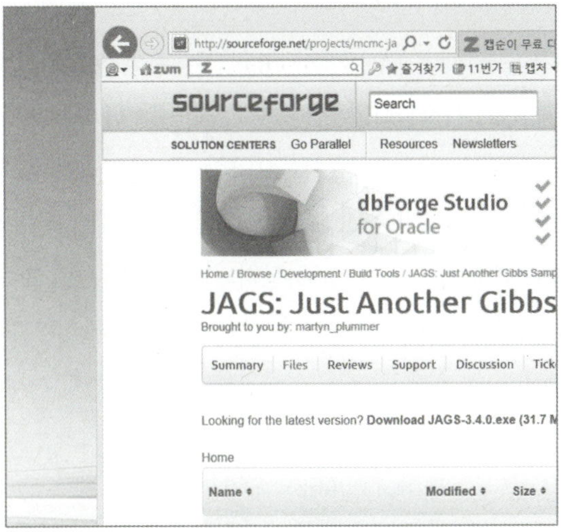

그림 11.2 JAGS 다운로드 사이트

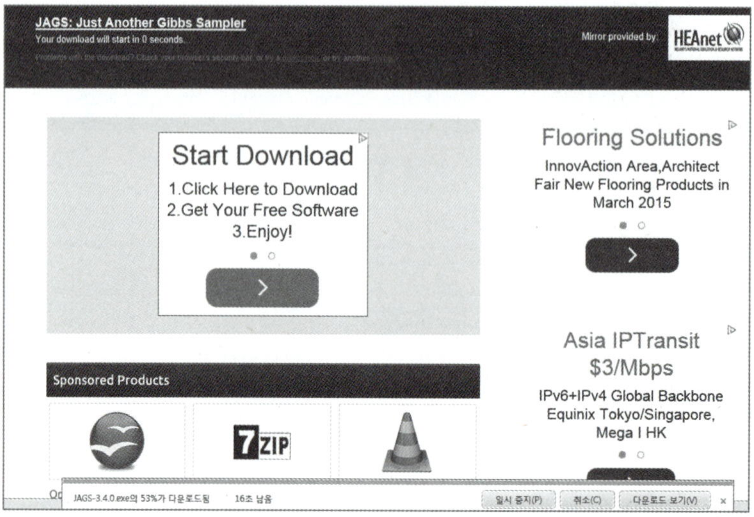

그림 11.3 JAGS 다운로드

11.3 JAGS 통계분포

JAGS 프로그램 사용을 위하여 JAGS에서 허용되는 통계분포를 알아야 한다. JAGS에서 허용되는 분포는 보통 'd'로 시작한다. 예를 들어 dbeta는 베타분포, dnorm은 정규분포를 나타낸다. 표 11.1~11.3은 JAGS 통계분포를 요약한 것이다. 각 분포의 모수가 일반적인 경우와 다르게 설정되어 있는 경우가 있으므로 이 점을 주의해서 사용해야 한다. 예를 들면 표 11.1에서 정규분포가 dnorm(mu,tau)로 정의되는데 이때 tau 모수는 분산의 역수이다. 즉, JAGS에서 dnorm(0,100)이 나타내는 것은 평균이 0, 분산이 1/100인 정규분포이다. 표 11.2에서 이항분포는 dbin(p,n)으로 p는 성공확률, n은 시행횟수이다.

표 11.1 JAGS의 단변량 연속분포

Name	JAGS	Density
Beta	dbeta(a,b) a>0, b>0	$\frac{\Gamma(a)\Gamma(b)}{\Gamma(a+b)} x^{a-1}(1-x)^{b-1}$, $0 < x < 1$

표 11.1 JAGS의 단변량 연속분포(계속)

Name	JAGS	Density
Chi-square	dchisqr(k) k>0	$\dfrac{x^{\frac{k}{2}-1}\exp(-x/2)}{2^{\frac{k}{2}}\Gamma(\frac{k}{2})}$, $x>0$
Double exponential	ddexp(mu,tau) τ>0	$\tau\exp(-\tau\lvert x-\mu\rvert)/2$
Exponential	dexp(lambda) λ>0	$\lambda\exp(-\lambda x)$, $x>0$
F	df(n,m) n>0, m>0	$\dfrac{\Gamma(\frac{n+m}{2})}{\Gamma(\frac{n}{2})\Gamma(\frac{n}{2})}(\frac{n}{m})^{\frac{n}{2}}x^{\frac{n}{2}-1}(1+\frac{nx}{m})^{-\frac{(n+m)}{2}}$
Gamma	dgamma(r,lambda) λ>0, r>0	$\dfrac{\lambda^{x}x^{r-1}\exp(-\lambda x)}{\Gamma(r)}$, $x>0$
Generalized gamma	dgen.gamma(r,lambda,b) λ>0, b>0, r>0	$\dfrac{b\lambda^{br}x^{br-1}\exp(-(\lambda x)^{b})}{\Gamma(r)}$, $x>0$
Logistic	dlogis(mu, tau) τ>0	$\dfrac{\tau\exp((x-\mu)\tau)}{[1+\exp((x-\mu)\tau)]^{2}}$
Log-normal	dlnorm(mu,tau) τ>0	$(\frac{\tau}{2\pi})^{\frac{1}{2}}x^{-1}\exp(-\tau(\log(x)-\mu)^{2}/2)$, $x>0$
Noncentral Chi-squre	dnchisqr(k,delta) $k>0, \delta\ge 0$	$\sum_{r=0}^{\infty}\dfrac{\exp(-\frac{\delta}{2})(\frac{\delta}{2})^{r}}{r!}\dfrac{x^{(k/2+r-1)}\exp(-\frac{x}{2})}{2^{(k/2+r)}\Gamma(\frac{k}{2}+r)}$, $x>0$
Normal	dnorm(mu,tau) $\tau>0$	$(\frac{\tau}{2\pi})^{\frac{1}{2}}\exp-\tau(x-\mu)^{2}/2$
Pareto	dpar(alpha, c) $\alpha>0, c>0$	$\alpha c^{\alpha}x^{-(\alpha+1)}$, $x>c$
Student t	dt(mu,tau,k) $\tau>0,\ k>0$	$\dfrac{\Gamma(\frac{k+1}{2})}{\Gamma(\frac{k}{2})}(\frac{\tau}{k\pi})^{\frac{1}{2}}1+\dfrac{\tau(x-\mu)^{2}}{k^{-\frac{(k+1)}{2}}}$

표 11.1 JAGS의 단변량 연속분포(계속)

Name	JAGS	Density
Uniform	dunif(a,b) $a < b$	$\frac{1}{b-a}$, $a < x < b$
Weibull	dweib(v, lambda) $v > 0$, $\lambda > 0$	$v\lambda x^{v-1}\exp(-\lambda x^{v})$, $x > 0$

표 11.2 JAGS의 단변량 이산분포

Name	JAGS	Density
Beta binomial	dbetabin (a,b,n) $a > 0, b > 0, n \in N^*$	$\binom{a+x-1}{x}\binom{b+n-x-1}{n-x}\binom{a+b+n-1}{n}^{-1}$, $x = 0,1,\ldots,n$
Bernoulli	dbern (p) $0 < p < 1$	$p^{x}(1-p)^{1-x}$, $x = 0,1$
Binomial	dbin (p, n) $0 < p < 1$, $n \in N^*$	$\binom{n}{x}p^{x}(1-p)^{n-x}$, $x = 0,1,\ldots,n$
Categorical	dcat (pi) $\pi \in (R^{+})^{N}$	$\frac{\pi_x}{\sum_i \pi_i}$, $x = 1,2,\ldots,N$
Noncentral hypergeometric	dhyper(n1,n2,m1,psi) $0 \le n_i, 0 < m_1 \le n_+$	$\frac{\binom{n_1}{x}\binom{n_2}{m_1-x}\psi^{x}}{\sum_i \binom{n_1}{i}\binom{n_2}{m_1-i}\psi^{i}}$, $\max(0, n_+ - m_1) < x < \min(n_1, m_1)$
Negative binomial	dnegbin(p, r) $0 < p \le 1$, $r \ge 0$	$\binom{x+r-1}{x}p^{r}(1-p)^{x}$, $x = 0,1,2,\ldots$
Poisson	dpois (lambda) $\lambda > 0$	$\frac{\exp(-\lambda)\lambda^{x}}{x!}$, $x = 0,1,2,\ldots$

표 11.3 JAGS의 다변량 분포

Name	JAGS	Density
Dirichlet	p ~ ddrich(alpha) alpha=$(\alpha_1,\ldots,\alpha_k)$,$\alpha_j \geq 0$	$\Gamma(\sum_j^k \alpha_j)\Pi_{j=1}^k \frac{p_j^{\alpha_j - 1}}{\Gamma(\alpha_j)}$
Multivariate normal	x ~ dmnorm(mu,Omega) Ω positive definite	$\left(\frac{\lvert\Omega\rvert}{2\pi}\right)^{\frac{1}{2}}\exp[-(x-\mu)^T\Omega(x-\mu)/2]$
Wishart	Omega ~ dwish (R,k) $R\ p \times p$ pos. def., $k \geq p$	$\frac{\lvert\Omega\rvert^{(k-p-1)/2}\lvert R\rvert^{k/2}\exp[-Tr(R\Omega/2)]}{2^{pk/2}\Gamma_p(k/2)}$
Multivariate Student t	x ~ dmt (mu, Omega, k) Ω pos. def.	$\frac{\Gamma(k+p)/2}{\Gamma(k/2)(n\pi)^{p/2}}\lvert\Omega\rvert^{1/2}[1+\frac{1}{k}(x-\mu)^T\Omega(x-\mu)]^{-(k-}$
Multinomial	x ~ dmulti(pi, n) $\sum_j x_j = n$	$n!\Pi_j \frac{\pi_j^{x_j}}{x_j!}$

11.4 JAGS 함수

JAGS의 내장함수를 표 11.4~11.8에 정리하였다.

표 11.4 JAGS의 스칼라 함수

JAGS	Description	Value Restrictions on arguments
abs(x)	Absolute value	Real
cloglog(x)	Complementary log log	Real
equals(x,y)	Test for equality	Logical
exp(x)	Exponential	Real
icloglog(x)	Inverse complementary log log function	Real
ifelse(x,a,b)	If x then a else b	Real

표 11.4 JAGS의 스칼라 함수(계속)

JAGS	Description	Value Restrictions on arguments
ilogit(x)	Inverse logit	Real
log(x)	Log function	Real
logfact(x)	Log factorial	Real
loggam(x)	Log gamma	Real
logit(x)	Logit	Real
phi(x)	Standard normal cdf	Real
pow(x,z)	Power function	Real
probit(x)	Probit	Real
round(x)	Round to integer away from zero	Integer
sqrt(x)	Square-root	Real
step(x)	Test for $x \geq 0$	Logical
trunc(x)	Round to integer towards zero	Integer

표 11.5 JAGS의 분포에 관한 함수

Name	Distribution	Density	Quantile
Bernoulli	pbern	dbern	qbern
Beta	pbeta	dbeta	qbeta
Binomial	pbin	dbin	qbin
Chi-square	pchisqr	dchisqr	qchisqr
Double exponential	pdexp	ddexp	qdexp
Exponential	pexp	dexp	qexp
F	pf	df	qf
Gamma	pgamma	dgamma	qgamma

표 11.5 JAGS의 분포에 관한 함수(계속)

Name	Distribution	Density	Quantile
Generalized gamma	pgen.gamma	dgen.gamma	qgen.gamma
Noncentral hypergeometric	phyper	dhyper	qhyper
Logistic	plogis	dlogis	qlogis
Log-normal	plnorm	dlnorm	qlnorm
Negative binomial	pnegbin	dnegbin	qnegbin
Noncentral Chi-square	pnchisqr	dnchisqr	qnchisqr
Normal	pnorm	dnorm	qnorm
Pareto	ppar	dpar	qpar
Poisson	ppois	dpois	qpois
Student t	pt	dt	qt
Weibull	pweib	dweib	qweib

표 11.6 JAGS의 연결함수

Link function	Description	Range	Inverse
cloglog(y)<-x	Complementary log log	$0 < y < 1$	y<-icloglog(x)
log(y)<-x	Log	$0 < y$	y<-exp(x)
logit(y)<-x	Logit	$0 < y < 1$	y<-ilogit(x)
probit(y)<-x	Probit	$0 < y < 1$	y<-phi(x)

표 11.7 JAGS의 기타함수

Function	Description
inprod(x1,x2)	Inner product
interp.lin(e,v1,v2)	Linear Interpolation

표 11.7 JAGS의 기타함수(계속)

Function	Description
logdet(m)	Log determinant
max(x1,x2,..)	Maximum element among all arguments
mean(x)	Mean of elements of x
min(x1,x2,..)	Minimum elements amo ng all arguments
prod(x)	Product of elements of x
sum(x)	Sum of elements of x
sd(x)	Standard deviation of elements of x

표 11.8 JAGS의 벡터와 행렬 함수

Usage	Description
inverse(a)	Matrix inverse
rank(v)	Ranks of elements of v
order(v)	Ordering permutation of v
sort(v)	Elements of v in order
t(a)	Transpose
a%*%b	Matrix multiplication

11.5 JAGS 실행

JAGS를 활용하여 원하는 사후분포로부터 MCMC 표본을 추출하는 과정을 간단한 예를 통하여 살펴보기로 하자.

예 10.2에서 관측변수와 모수의 사전분포

$$X_i|\mu,\sigma^2 \sim N(\mu,\sigma^2),\ i=1,\ldots,10,\quad x=(10,13,15,11,9,18,20,17,23,21),$$
$$\mu \sim N(\mu_0,,\sigma_0^2),\quad \sigma^2 \sim IG(a,b)$$

을 가정하였다. JAGS를 이용하여 (μ, σ^2)의 MCMC 사후 표본을 추출해 보자.

1) 패키지 설치

R 프로그램을 열고 "rjags" 패키지를 설치한다. rjags는 R과 JAGS를 연동하여주는 패키지이다. JAGS를 실행하여 얻은 MCMC 표본의 수렴성 등을 진단하기 위하여 "coda" 패키지를 이용하면 편리하기 때문에 이 패키지도 설치한다.

```
install.packages("rjags")
library(rjags)
install.packages("coda")
library(coda)
```

2) 모형설정(Model specification)

모형설정은 model{...} 문장으로 설정하며, 모형설정에서는 데이터의 분포와 사전분포를 지정한다. 또한 랜덤 모수를 변환하여 새로운 모수를 만들 수도 있고 상수를 지정할 수도 있다.

JAGS의 모형설정에서는 실은 노드(node)를 정의하는 것이며 프로그램 코드가 아니다. 노드는 랜덤 노드와 관측 노드가 있으며 이중으로 정의되면 안 된다. 예를 들면, 모형설정에서

```
x <- 3
x <- x+1
```

과 같은 문장은 노드 x를 중복으로 정의하기 때문에 오류가 발생한다.

모형설정 내용을 텍스트형식(.txt)의 외부 파일에 저장하여 JAGS 실행 시 호출할 수 있도록 한다. Windows에서 직접 파일을 만들어 저장해도 되고 아래와 같이 R에서 writeLines() 명령을 사용하여 파일을 저장해도 된다. JAGS의 모형설정은 WinBugs와 거의 비슷하다.

사전모수의 값을 $\mu_0 = 10$, $\sigma_0^2 = 25$, $a = 0.5$, $b = 1$를 선택했다고 하면 모형설정문은 아래와 같이 만들 수 있다. 모형설정에서 노드를 정의하는 순서는 상관이 없으나 일

반적으로 데이터에 대한 분포를 설정하고 랜덤 모수에 대하여 사전분포를 설정한 다음 상수값을 지정하는 것이 이해하기 쉽다.

```
modelString="
model
{
  for(i in 1:n){
     x[i] ~ dnorm( mu, invsigsq)        # 데이터의 분포
   }
  mu ~ dnorm(mu0, invsigsq0)           # 사전분포
  invsigsq ~ dgamma(a,b)
  sigsq <- 1/invsigsq                  # 모수의 변환
  mu0<- 10                             # 상수값 지정
  invsigsq0 <- 1/25
  a<- 0.5
  b<- 1
 }
"
writeLines(modelString, "model_ex11_1.txt")
```

3) 데이터 리스트

리스트 형식으로 입력할 데이터를 저장한다. 위의 모형설정문에서 필요한 데이터는 자료의 수 n과 관측치 $\boldsymbol{x}$이다. JAGS에서 데이터는 리스트 형식으로 제공되어야 하므로 다음과 같은 리스트를 만든다.

```
dataList=list( n=10, x=c(10,13,15,11,9,18,20,17,23,21))
```

4) 초기치 설정

위의 모형설정문에서 랜덤 노드는 mu, sigsq, invsigsq이다. 필수적인 것은 아니지만 랜덤 노드의 초기치를 설정해 주는 것이 좋다. 랜덤 노드의 초기치는 리스트 형식으로

제공한다. sigsq는 invsigsq의 변환이므로 이 둘은 서로 일대일 관계이다. 이 둘 중 어느 것의 초기치를 설정해도 무방하다. 여기에서는 invsigsq의 초기치를 제공하도록 하자. mu와 invsigsq의 초기치를 각각 10과 0.04로 하기로 선택했다면 다음과 같은 리스트를 만든다.

```
initsList=list(mu=10 , invsig=0.04)
```

또는 아래와 같이 자료를 복원 재추출하여 랜덤하게 초기치를 결정할 수도 있다. 코드 중 invsigsqInit=(1/sd(resampledX))^2*0.999+0.01는 혹시 sd(resampledX)가 매우 커서 1/sd(resampledX) $\approx$ 0일 때 invsigsqInit를 0.01로 만들어 초기치가 양수값이 되도록 하기 위한 것이다.

```
initsList=function(){
resampledX=sample(x, replace=T)
muInit=sum(resampledX)/length(resampledX)
invsigsqInit= (1/sd(resampledX))^2*0.999+0.01
return( list( mu=muInit, invsigsq=invsigsqInit))
}
```

5) JAGS 실행 준비

rjags 패키지의 jags.model( ) 함수를 사용하여 JAGS를 수행한다. jags.model( ) 함수에 대한 보다 구체적인 설명은 도움말을 사용하면 된다. 아래 예에서는 독립적인 MCMC 체인의 수를 3개로 지정하였다. n.adapt는 JAGS에서 MCMC 수행 시 적절한 후보추출함수 등을 찾는 튜닝에 필요한 반복횟수이다. 만약 jags.model( ) 함수 수행 후 “adaptation incomplete” 라는 오류 메시지가 나타나면 n.adapt를 늘려준다.

```
jagsModel=jags.model( file="model_ex11_1.txt", data=dataList,
inits=initsList, n.chains=3, n.adapt=500)
```

6) 예비단계 수행

MCMC가 수렴하기까지는 시간이 걸리므로 예비단계(burn-in) 이후의 표본이 우리가 원하는 사후분포로부터 생성된 표본이다. update() 함수는 n.iter에서 지정한 반복수 만큼 예비단계를 수행한다. update 단계에서 생성되는 표본은 아직 수렴에 이르지 않았으므로 저장되지 않는다.

```
update(jagsModel, n.iter=500)
```

7) MCMC 표본생성

coda.samples() 함수는 예비단계 이후에 n.iter에서 지정한 수만큼 MCMC 체인에서 표본생성을 수행하고 이를 coda 패키지 적용이 가능하도록 mcmc.list 형태로 저장한다. 모든 모수의 표본을 다 저장할 필요는 없을 수 있으므로 저장하고자 하는 모수의 이름을 variable.names에서 지정한다. 아래의 코드를 이용하면 JAGS의 결과가 codaSamples에 저장되는데, codaSamples[[1]]에는 첫 번째 체인으로부터 mu와 sigsq의 표본이, codaSamples[[2]], codaSamples[[3]]에는 두 번째와 세 번째 체인으로부터의 표본이 각각 저장된다.

```
codaSamples=coda.samples(jagsModel, variable.names=c("mu", "sigsq"),
n.iter=5000)
```

8) 수렴 진단

저장된 codaSamples에 대하여 coda 패키지를 사용하여 수행된 MCMC가 수렴이 잘 되었는지 진단할 수 있다. 가장 간단한 방법으로, 3개의 MCMC 체인의 경로그림을 겹쳐 그려보아 각 체인의 경로그림이 안정적이고 3개의 경로그림이 잘 섞이는지 눈으로 확인하는 것이다. 또한 자기상관계수 그림을 그려보아 표본들의 자기상관 관계를 파악할 수 있다. 다음 코드에서 codaSamples[,"mu"][[1]]는 첫 번째 체인에서 mu의 표본을 의미한다.

```
coda::traceplot( codaSamples[,"mu"] , main="" , ylab="mu" )
acf(codaSamples[,"mu"][[1]],plot=T, main="")

coda::traceplot( codaSamples[,"sigsq"] , main="" , ylab="sigsq" )
acf(codaSamples[,"sigsq"][[1]],plot=T, main="")
```

그림 11.4와 11.5는 μ와 σ^2에 대한 경로그림과 자기상관그림이다. 그림을 보면 3개의 체인이 잘 섞이므로 수렴이 잘 되며 또한 자기상관이 거의 없으므로 MCMC 표본이 독립표본에 가까운 것을 알 수 있다.

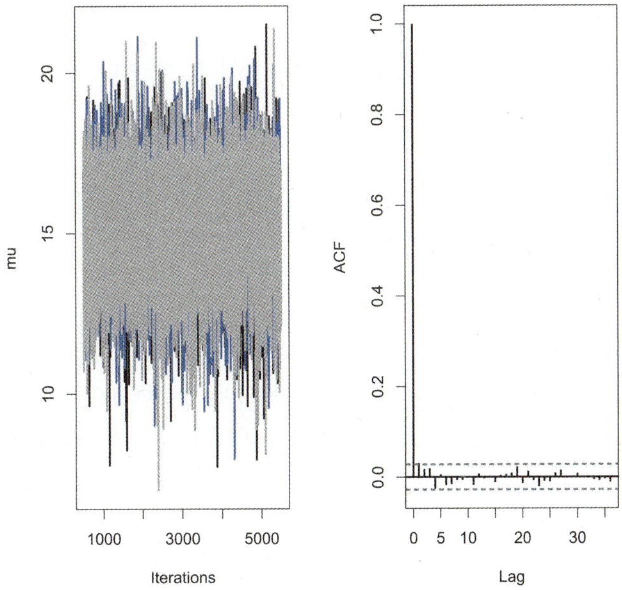

그림 11.4 μ에 대한 표본의 경로그림과 자기상관계수

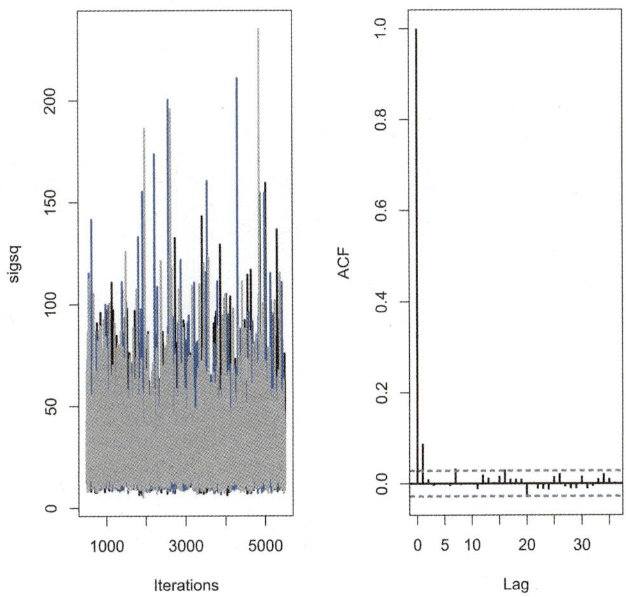

그림 11.5 σ^2에 대한 표본의 경로그림과 자기상관계수

9) 사후추론

생성된 MCMC 표본을 이용하여 원하는 사후추론을 수행할 수 있다. 예를 들어 μ와 σ^2의 주변 사후밀도함수를 아래 코드를 사용하여 그림 11.6과 같이 그려볼 수 있다. 처음 두 줄의 명령은 3개의 체인으로부터 얻은 mu와 sigsq 변수에 대한 사후 표본을 하나로 합쳐 행렬 형태로 저장한 것이다. 예를 들면, MuSamples는 3개의 체인에서 각각 5000개씩 추출된 총 15,000개의 mu에 대한 표본이 저장된 15,000 × 1 행렬이다.

```
MuSamples=as.matrix(codaSamples[,"mu"])
SigSamples=as.matrix(codaSamples[,"sigsq"])

par(mfrow=c(1,2))
plot(density(MuSamples), xlab=expression(mu), ylab="posterior
density",main="")
plot(density(SigSamples), xlab=expression(sigma^2), ylab="posterior
density",main="")
```

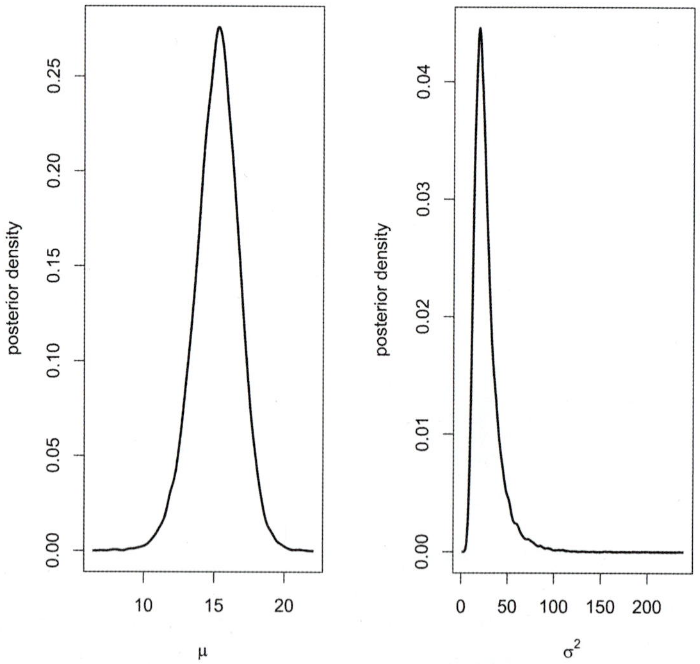

그림 11.6 μ와 σ^2의 주변 사후밀도함수

참고로, JAGS에서 어떤 MCMC 기법을 사용했는지 표본의 채택확률을 통해서 알아볼 수 있다. rejectionRate() 함수를 이용하여 채택확률을 알아보면, 채택확률이 mu와 sigsq 두 변수에 대하여 모두 100%임을 볼 때 JAGS에서 깁스 표본기법을 사용하였음을 알 수 있다.

```
AcceptRate=1-rejectionRate(codaSamples)
> AcceptRate
 mu sigsq
  1   1
```

연습문제

1 10장의 예 10.3에서 관측치 $\boldsymbol{Y}=(Y_1,\ldots,Y_5)$는 다음과 같은 모수를 갖는 다항분포를 따른다.

$$\boldsymbol{Y}=(Y_{1,\ldots,}Y_5)\sim Multi(n,a_1\theta+b_{1,}a_2\theta+b_2,a_3\eta+b_{3,}a_4\eta+b_{4,}c(1-\theta-\eta)),$$
$$a_{i,}b_i\geq 0,0<c=1-\sum b_i=a_1+a_2=a_3+a_4<1.$$

JAGS를 이용하여 모수 (θ,η)이 사후 표본을 추출하고 모수의 주변분포를 그림으로 그려본 후 예 10.3의 결과와 비교하라. 참고로, JAGS 모형설정은 다음과 같이 할 수 있다.

```
model
{
Y[1:K] ~ dmulti( pi[], N)
pi[1] <- a1*theta+b1
pi[2] <- a2*theta+b2
pi[3] <- a3*eta+b3
pi[4] <- a4*eta+b4
pi[5] <- c*(1-theta-eta)

theta<- alpha[1]
eta<- alpha[2]
alpha[1:3] ~ ddirch( a[1:3])

a1<- 1/4
b1<- 1/8
a2<- 1/4
b2<- 1/8
a3<- 1/4
b3<- 0
a4<- 1/4
b4<- 3/8
c<- 1/2
}
```

2 10장 연습문제 10.1에서 θ_1과 θ_2에 대한 사전분포로 각각 독립적으로 $N(0,100)$을 가정하고 (3)과 (4)를 JAGS를 이용하여 수행하라.

3 유리 찻잔을 만드는 공장에서 10개 제품을 랜덤 추출하여 조사하니 1개가 불량이었다. 이 공장에서 생산하는 모든 동일 제품의 불량 여부는 서로 독립이며 불량률 θ를 갖는다고 한다. θ에 대한 사전분포로 $Beta(0.1, 0.1)$을 가정하자.

(1) JAGS를 사용하여 θ의 사후표본 30000개를 생성하라.

(2) (1)에서 얻은 θ의 사후표본으로부터 θ의 사후밀도함수를 추정하고 이를 그림으로 그려라.

(3) 5장 내용을 기반으로 θ의 실제 사후밀도함수를 위의 그림에 겹쳐 그려라.

(4) 기존의 조사 이후에 새로이 5개 제품을 랜덤 추출하여 조사하고자 한다. 이 5개 제품 중 불량품의 개수를 Z라 하자. (1)에서 얻은 θ의 사후표본을 이용하여 Z의 예측분포를 추정하라. 즉, $z = 0, 1, 2, 3, 4, 5$에 대하여 $P(Z = z|x = 1, n = 10)$를 추정하라.

(Hint: $P(Z = z|x = 1, n = 10) = \int_0^1 P(Z = z|\theta)\pi(\theta|x = 1, n = 10)d\theta$

$= E^{\theta|x}[P(Z = z|\theta)]$)

(5) (4) 결과를 5장에 나와 있는 실제 확률과 비교하라. 참고로, R에서 log gamma를 계산하는 함수는 lgamma, log beta를 계산하는 함수는 lbeta이다.

4 영희의 카페를 하루 동안 방문하는 외국인의 수를 X라고 할 때, X는 평균 θ를 갖는 포아송 분포를 따른다고 한다. 과거 자료로부터 θ의 사전분포를 $Gamma(2, 1)$로 가정하였다. 4월 1일부터 10일까지 열흘 동안 관측한 결과, 총 12명의 외국인이 영희의 카페를 방문하였음이 조사되었다.

(1) JAGS를 사용하여 θ의 사후표본 30000개를 생성하라.

(2) (1)에서 얻은 θ의 사후표본으로부터 θ의 사후밀도함수를 추정하고 이를 그림으로 그려라.

(3) 6장 내용을 기반으로 θ의 실제 사후밀도함수를 (2)의 그림에 겹쳐 그려라.

(4) 4월 11일부터 15일까지 닷새 동안 영희의 카페를 방문한 외국인 수를 Y라 할 때 $Y=0,1,2,....,10$일 예측확률을 (1)에서 얻은 θ의 사후표본을 이용하여 추정하라.

(5) (1)에서 얻은 θ의 사후표본을 변환하여 $\log\theta$의 사후표본을 만들라.

(6) (5)에서 얻은 $\log\theta$의 사후표본으로부터 $\log\theta$의 사후밀도함수를 추정하고 이를 그림으로 그려라.

(7) (5)에서 얻은 $\log\theta$의 사후표본으로부터 $\log\theta$의 2.5%, 97.5% 사후분위수 추정치를 구하고 이를 (6)에서 그린 그림 위에 표시하라.

12

계층적 베이즈 추론

12.1 계층 모형

12.2 계층 모형에 대한 베이즈 추론

12.3 JAGS를 이용한 사후 표본추출

12.1 계층 모형

다음과 같은 집단으로부터 자료를 수집한다고 하자.

- 강서구에 사는 주민들
- 대한민국 고등학교 학생들
- 병원에 있는 환자들

이들 자료수집 대상을 보면 전체 집단 내에 여러 개의 소집단이 존재한다. 예를 들면, 강서구에는 화곡동, 방화동, 목동 등이 있고, 대한민국 고등학교에는 서울소재 일반고, 지방소재 일반고, 특목고 등이 있다. 또 병원에는 대형병원, 중소병원, 개인병원 등이 존재한다.

전체 집단 내에 K개의 소집단이 존재하고 i번째 소집단에서 n_i개의 관측치 $X_{i1},\cdots,X_{i,n_i}$가 얻어진다고 하자. 관측치 $X_{i1},\cdots,X_{i,n_i}$가 랜덤으로 얻어진다면 이들에 대해 교환가능성을 가정하는 것이 문제가 없을 것이고, 그렇다면 De Finetti 정리에 의해 이들이 독립적으로 모수 θ_i를 갖는 분포 $f(x|\theta_i)$를 따른다고 가정할 수 있다. 즉,

$$X_{i1},\cdots,X_{i,n_i}|\theta_i \overset{iid}{\sim} f(x|\theta_i)$$

이다. 또 $\theta_1,\cdots,\theta_K$에 대하여 마찬가지로 교환가능성을 가정할 수 있다면, 달리 말해서 $\theta_1,\cdots,\theta_K$들이 모수 ξ가 주어졌을 때 독립적으로 동일한 분포를 따른다고 가정할 수 있다면,

$$\theta_i|\xi \overset{iid}{\sim} f(\theta|\xi)$$

를 가정할 수 있다.

구체적으로,

$$\begin{aligned} X_{i1},\cdots,X_{i,n_i}|\theta_i,\sigma^2 &\overset{iid}{\sim} N(\theta_i,\sigma^2), \\ \theta_1,\cdots,\theta_K|\mu,\tau^2 &\overset{iid}{\sim} N(\mu,\tau^2) \end{aligned}$$

인 경우를 고려해 보자. 이 모형을 도식으로 표현하면 그림 12.1과 같다.

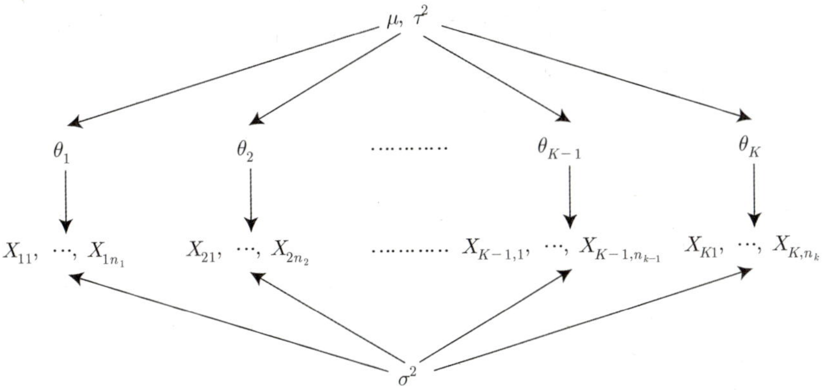

그림 12.1 계층 모형의 구조

계층 모형에서 우리의 관심은 소집단의 평균 $\theta_1,\cdots,\theta_K$에 관한 것이다. 고전적 분산분석(ANOVA)을 살펴보면 다음 두 가지 중 하나를 가정한다.

1) 소집단은 서로 연관성이 없으며

$$\hat{\theta}_i = \bar{x}_{i.} = \frac{1}{n_i}\sum_{j=1}^{n_i} x_{ij}, \quad i = 1,\cdots,K,$$

이다. 즉, 소집단들끼리 서로 관련이 없으므로 i번째 소집단의 평균 추론에는 i번째 소집단에서 얻은 자료만 사용한다.

2) 소집단들은 동질적이며

$$\hat{\theta}_1 = \hat{\theta}_2 = \cdots = \hat{\theta}_K = \bar{x}_{..} = \sum_{i=1}^{K}\sum_{j=1}^{n_i} x_{ij} \Big/ \sum_{i=1}^{K} n_i$$

이다. 즉, 소집단의 구분이 필요치 않으며 모든 소집단들은 동일한 평균을 갖고 이 평균은 전체 자료를 이용하여 추정한다.

주어진 자료에 대하여 어떤 가정이 더 적절한가? 이에 대한 ANOVA(Analysis of Variance) 분석은 다음과 같다. 간단한 경우로 $n_i = n$이라고 하면 다음과 같은 ANOVA 표가 만들어진다.

표 12.1 분산분석표

요인	SS	MS	$E(MS)$
그룹 간 변동	$SSB = n\sum_{i=1}^{K}(\overline{x_{i.}} - \overline{x}_{..})^2$	$MSB = SSB/(K-1)$	$\sigma^2 + n\tau^2$
그룹 내 변동	$SSW = \sum_{i=1}^{K}\sum_{j=1}^{n}(x_{ij} - \overline{x_{i}}.)^2$	$MSW = SSW/K(n-1)$	σ^2

만약 $\overline{x}_{1.}, \cdots, \overline{x}_{K.}$가 서로 많이 다르면 MSB가 MSW에 비하여 커지고, 이는 $\tau^2 > 0$을 의미하며 따라서 θ_i들은 서로 다르다고 결론짓고 $\hat{\theta_i} = \overline{x}_{i.}$로 추정한다. 그러나 만약 $\overline{x}_{1.}, \cdots, \overline{x}_{K.}$가 서로 비슷하면 $MSB \approx MSW$일 것이고 이는 $\tau^2 \approx 0$을 의미하므로 θ_i들이 서로 같다고 결론짓고 $\widehat{\theta_1} = \cdots = \widehat{\theta_K} = \overline{x_{..}}$로 추정한다.

위의 ANOVA 분석법을 보면 두 극단 중 하나를 선택하게 된다. 소집단을 완전히 분리하여 따로 취급하고 따라서 정보의 공유가 하나도 없거나, 아니면 소집단의 존재를 무시하고 전체를 하나의 동질적(homogeneous) 모집단으로 보고 정보를 공유하는 것이다. 그러나 실제 상황에서는 이 양 극단의 중간이 존재할 수 있다. 완전히 독립적이지도 않고 그러나 완전히 동질적이지도 않은, 소집단 고유의 특성을 지니면서도 전체 집단이 공통으로 갖는 어떤 특성들을 공유할 수 있는 것이다. 이 경우 θ_i를 $\overline{x}_{i.}$와 $\overline{x}_{..}$의 가중평균으로 구하면 좋을 것이다. 더 나아가 사전정보에서 θ_i들의 추정치로 μ_0를 얻을 수 있다면 θ_i를 $\overline{x}_{i.}, \overline{x}_{..}, \mu_0$의 가중평균으로 구하면 합리적일 것이다. 즉,

$$\hat{\theta_i} = w_{1i} \times \overline{x}_{i.} + w_{2i} \times \overline{x}_{..} + w_{3i} \times \mu_0$$

로 $w_{1i} + w_{2i} + w_{3i} = 1$이다. 여기에서 가중치 w_{1i}, w_{2i}, w_{3i}는 그룹 내 분산, 그룹 간 분산, 표본크기, 그리고 사전정보의 정확도에 의존하는 것이 바람직하다.

계층 모형에 대한 베이즈 추론은 이와 같은 가중평균을 θ_i의 추정치로 제공한다. 소집단의 독립성과 동질성의 정도, 그리고 표본자료 대비 사전정보의 정확도에 따라 융통성 있게 가중치가 조정되면서 합리적인 θ_i의 추정치를 얻을 수 있는 것이다.

12.2 계층 모형에 대한 베이즈 추론

위 모형에서 미지의 모수는 σ^2, τ^2, μ이다. 베이지안 추론을 위하여 이들에 대하여 각각 다음과 같은 반공액 사전분포 $\sigma^2 \sim IG(a,b)$, $\tau^2 \sim IG(c,d)$, $\mu|\tau^2 \sim N(\mu_0, \tau^2/k_0)$를 가정하자. 이상을 종합하여 다음과 같은 계층 모형을 고려한다.

$$
\begin{aligned}
&X_{ij}|\theta_i, \sigma^2 \sim N(\theta_i, \sigma^2) \\
&\theta_i|\mu, \tau^2 \sim N(\mu, \tau^2), \\
&\sigma^2 \sim IG(a,b), \\
&\mu|\tau^2 \sim N(\mu_0, \tau^2/k_0), \\
&\tau^2 \sim IG(c,d).
\end{aligned}
\tag{12.1}
$$

식 (12.1)에 주어진 계층 모형을 보면, 만약 $\tau^2 = 0$이면 $\theta_1 = \dots = \theta_k = \mu$로 소그룹은 모두 동일한 평균을 갖는 동질적 그룹이므로 소그룹의 구분이 필요치 않고 $\widehat{\theta_1} = \dots = \widehat{\theta_k} = \overline{x_{..}}$이다. 만약 $\tau^2 = \infty$이면 θ_i들은 서로 연관되어 있지 않고 독립적이므로 $\widehat{\theta_i} = \overline{x_{i.}}$이다. $0 < \tau^2 < \infty$이면 위의 양 극단의 중간이다. 즉, 소그룹들은 부분적으로 고유한 특성을 지니며 또한 부분적으로는 공통 특성을 공유한다.

우리의 궁극적인 목표는 $\boldsymbol{\theta} = (\theta_1, \cdots, \theta_K), \mu, \sigma^2, \tau^2$을 추정하는 것이다. 사후밀도함수식을 보면 다음과 같다.

$$
\begin{aligned}
\pi(\boldsymbol{\theta}, \mu, \sigma^2, \tau^2 | \boldsymbol{x}) &\propto f(\boldsymbol{x}|\boldsymbol{\theta}, \mu, \sigma^2, \tau^2) f(\boldsymbol{\theta}|\mu, \sigma^2, \tau^2) \pi(\mu, \sigma^2, \tau^2) \\
&= f(\boldsymbol{x}|\boldsymbol{\theta}, \sigma^2) f(\boldsymbol{\theta}|\mu, \tau^2) \pi(\mu|\tau^2) \pi(\sigma^2) \pi(\tau^2) \\
&= \prod_{i=1}^{K} \prod_{j=1}^{n_i} f(x_{ij}|\theta_i, \sigma^2) \prod_{i=1}^{K} f(\theta_i|\mu, \tau^2) \pi(\mu|\tau^2) \pi(\sigma^2) \pi(\tau^2) \\
&\propto (\sigma^2)^{-\frac{1}{2}\sum_{i=1}^{K} n_i} e^{-\frac{1}{2\sigma^2}\sum_{i=1}^{K}\sum_{j=1}^{n_i}(x_{ij}-\theta_i)^2} (\tau^2)^{-\frac{K}{2}} e^{-\frac{1}{2\tau^2}\sum_{i=1}^{K}(\theta_i-\mu)^2} \\
&\quad \times (\tau^2)^{-\frac{1}{2}} e^{-\frac{k_0}{2\tau^2}(\mu-\mu_0)^2} (\sigma^2)^{-a-1} e^{-b/\sigma^2} (\tau^2)^{-c-1} e^{-d/\tau^2}
\end{aligned}
$$

$\boldsymbol{\theta}, \mu, \sigma^2, \tau^2$의 사후 표본을 직접 구하기는 어려우므로 깁스 표본기법을 이용하여 모수들의

사후 표본을 얻는 방법을 고려해 보자. 각 모수의 완전 조건부 사후분포를 살펴보면

$$\begin{aligned}\pi(\theta_i|\boldsymbol{x},\ \mu,\sigma^2,\tau^2) &\propto f(\boldsymbol{x}|\boldsymbol{\theta},\sigma^2)\pi(\boldsymbol{\theta}|\mu,\tau^2)\\ &\sim N\left(\frac{\frac{1}{\sigma^2/n_i}\overline{x}_{i\cdot}+\frac{1}{\tau^2}\mu}{\frac{1}{\sigma^2/n_i}+\frac{1}{\tau^2}},\ \left(\frac{1}{\sigma^2/n_i}+\frac{1}{\tau^2}\right)^{-1}\right),\end{aligned}$$

$$\begin{aligned}\pi(\sigma^2|\boldsymbol{x},\boldsymbol{\theta},\mu,\tau^2)=\pi(\sigma^2|\boldsymbol{x},\boldsymbol{\theta}) &\propto f(\boldsymbol{x}|\boldsymbol{\theta},\sigma^2)\pi(\sigma^2)\\ &\propto (\sigma^2)^{-\frac{1}{2}\sum_{i=1}^{K}n_i-a-1}e^{-\frac{1}{\sigma^2}\left\{\frac{1}{2}\sum_{i=1}^{K}\sum_{j=1}^{n_i}(x_{ij}-\theta_i)^2+b\right\}}\\ &\sim IG\left(\frac{1}{2}\sum_{i=1}^{K}n_i+a,\ \frac{1}{2}\sum_{i=1}^{K}\sum_{j=1}^{n_i}(x_{ij}-\theta_i)^2+b\right),\end{aligned}$$

$$\begin{aligned}\pi(\tau^2|\boldsymbol{x},\theta,\mu,\boldsymbol{\sigma 2})=\pi(\tau^2|\boldsymbol{x},\boldsymbol{\theta},\mu) &\propto f(\boldsymbol{\theta}|\mu,\tau^2)\pi(\mu|,\tau^2)\pi(,\tau^2)\\ &\propto (\tau^2)^{-\left(\frac{K}{2}+\frac{1}{2}+c\right)-1}e^{-\frac{1}{\tau^2}\left\{\frac{1}{2}\sum_{i=1}^{K}(\theta_i-\mu)^2+\frac{1}{2}k_0(\mu-\mu_0^2)+d\right\}}\\ &\sim IG\left(\frac{K+1}{2}+c,\frac{1}{2}\sum_{i=1}^{K}(\theta_i-\mu)^2+\frac{k_0}{2}(\mu-\mu_0)^2+d\right)\end{aligned}$$

를 얻을 수 있다. 또한 $\theta_1,\cdots,\theta_K|\mu,\tau^2\sim N(\mu,\tau^2)$이므로, $\overline{\theta}=\frac{1}{K}\sum_{i=1}^{K}\theta_i$라 할 때,

$$\begin{aligned}\overline{\theta}|\mu,\tau^2 &\sim N(\mu,\tau^2/K),\\ \mu|\tau^2 &\sim N(\mu_{0,}\tau^2/k_0)\end{aligned}$$

로부터

$$\begin{aligned}\pi(\mu|\boldsymbol{x},\boldsymbol{\theta},\sigma^{2,}\tau^2) &\propto f(\boldsymbol{\theta}|\mu,\tau^2)\pi(\mu|\tau^2)\\ &\sim N\left(\frac{k_0\mu_0+K\overline{\theta}}{K+k_0},\ \frac{\tau^2}{k_0+K}\right)\end{aligned}$$

이다. 각 원소모수 $\theta_1,\cdots,\theta_K,\sigma^2,\tau^2,\mu$에 대한 완전 조건부 사후분포로부터 표본추출이 가능하므로 깁스 표본기법을 이용하여 이들 모수에 대한 몬테칼로 사후추정이 가능하다.

계층 모형에서 사전분포의 모수인 초모수(hyper-parameter)에 무정보 사전분포를 사용하는 경우가 많다. 위 모형에서 초모수인 μ,τ^2에 무정보 사전분포 $\pi(\mu,\tau^2)=\pi(\mu)\pi(\tau^2)=1/\tau^2$를 사용하는 경우를 살펴보자. 간단한 계산에 의하면 이 경우 위의 깁스 표본기법 절차 중 θ_i와 σ^2의 조건부 사후분포는 변함이 없고 τ^2의 조건부 사후분포는

$IG\left(\frac{K}{2}, \frac{1}{2}\sum_{i=1}^{K}(\theta_i-\mu)^2\right)$, μ의 조건부 사후분포는 $N(\bar{\theta}, \tau^2/K)$임을 알 수 있다.

분산 σ^2이 알려진 경우 또는 표본크기가 충분히 큰 경우 σ^2을 변수가 아닌 고정된 상수로 놓을 수 있다. σ^2이 상수로 주어진 경우에는 위의 깁스 표본기법 절차에서 σ^2 추출 부분을 생략하면 된다.

예제 12.1

2009년도에 실시된 수능시험에서 수리영역 점수에 계층모형을 적용해 보자. 인터넷과 신문에 수리영역 평균 상위 100개 학교의 평균과 표준편차가 발표되었는데 이 중 2개 학교를 제외한 98개 학교에서 대략적인 응시자수를 파악할 수 있었다. 각 학교마다 주어진 평균과 표준편차를 갖는 정규분포로부터 응시생수의 약 1/20 개수만큼 난수를 생성하여 이를 x_{ij}로 사용해 보기로 한다. 즉, x_{ij}는 i번째 학교, j번째 학생의 점수이다. 학교마다 조사된 학생 수가 다르므로 표본크기 n_i는 서로 다른 값을 갖는다. 생성된 자료가 'http://home.ewha.ac.kr/~msoh/Bayesianbook/mathscore.txt'에 행렬형태로 주어지는데 각 학교의 번호, 학생수, 점수가 차례대로 저장되어 있다.

이 조사에서 우리가 알고 싶은 것은 같은 학교 내, 그리고 다른 학교 간 수리영역 점수의 차이에 관한 것인데 이를 구체적으로 표현하면 다음과 같다.

- 학교 내 또는 학교 간 수리영역 점수 차이가 존재하는가?
- 어떤 학교의 평균이 얼마나 전체 평균보다 높은가?
- 어떤 학교의 평균이 얼마나 전체 평균보다 낮은가?

먼저, 자료에 대한 모형이 적절한지 탐색적 분석을 수행해 보자. 그림 12.2는 98개 학교에 대하여 각 관측치를 하얀 점으로 표시하고 소집단의 평균 $\bar{x}_{i.}$를 검은 점으로 표시한 것이다. 중심의 평행선은 전체 평균 $\bar{x}_{..}$를 나타낸다.

다음, $\theta_1, ..., \theta_K$에 대한 정규성을 알아보기 위하여 $\bar{x}_{i.}$의 히스토그램을 그림 12.3(a)에 그려본 결과 정규성 가정이 크게 벗어나지 않음을 알 수 있다. 또한 X_{ij}에 대한 정규분포에서 동일한 분산을 가정하였는데 이를 검증하기 위하여 표본표준편차 $s_i = \sqrt{\sum_{j=1}^{n_i}(x_{ij}-\bar{x}_{i.})^2/(n_i-1)}$

을 그림 12.3(b)에 그려본 결과 s_i가 대략 10과 30 사이로 크게 변동이 없으므로 동일 분산 가정이 무리가 없어 보인다.

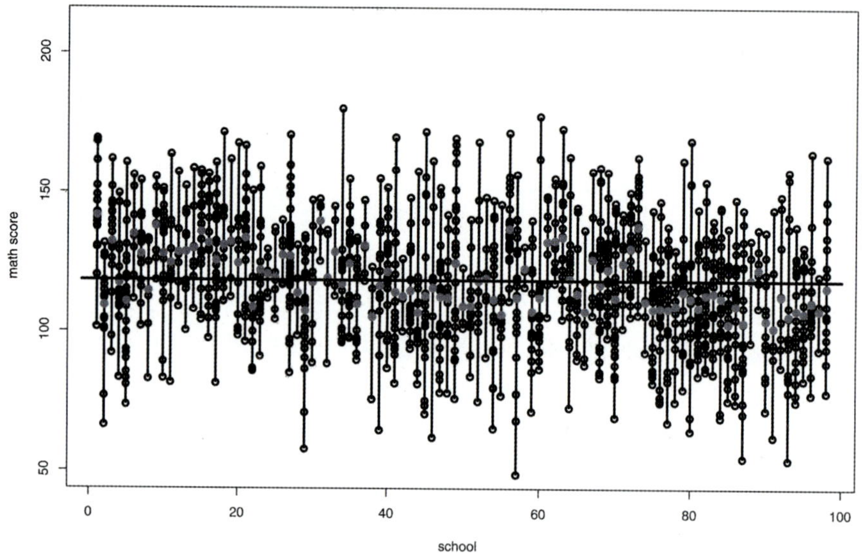

그림 12.2 수리영역점수의 학교별 평균

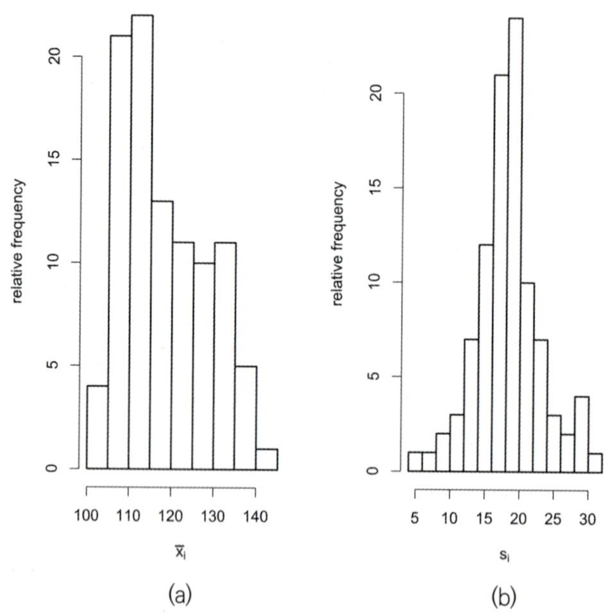

그림 12.3 $\overline{x}_i, s_i$의 분포

다음은 이상의 탐색적 작업을 수행하는 R 프로그램이다.

```
max.ni=31
data=matrix(scan('http://home.ewha.ac.kr/~msoh/Bayesianbook/mathscore
.txt'),ncol=max.ni+2, byrow=T)
ni=data[,2]
k=length(ni)
X=data[,3:(max.ni+2)]

xbar = rep(0,K) ;s = rep(0,K) ; x.min= rep(0,K) ; x.max = rep(0,K)
for (i in 1:K)  x.min[i] = min(X[i,1:ni[i]])
for (i in 1:K)  x.max[i] = max(X[i,1:ni[i]])
for (i in 1:K)  xbar[i] = mean(X[i,1:ni[i]])
for (i in 1:K)  s[i] = sd(X[i,1:ni[i]])

# plot Fig 12.2
par(mfrow=c(1,1))
plot(xbar, ylim=c(50,210), type="n", xlab="school", ylab="math score")
for(i in 1:K) for(j in 1:ni[i])  points(i,X[i,j])
for(i in 1:K) lines(c(i,i), c(x.min[i],x.max[i]) )
for(i in 1:K) points(i,xbar[i], pch=19)
xtotal.mean =mean(xbar)
lines(c(-1:100),rep(xtotal.mean,102), lwd=4)

#plot Fig 12.3
par(mfrow=c(1,2))
hist(xbar, xlab="xbar_i", ylab="relative frequency")
hist(s,nclass=10, xlab="s_i", ylab="relative frequency")
```

이 자료에 계층적 베이즈 분석을 적용하기 위하여 다음과 같은 사전분포의 모수를 선택하자.

$$
\begin{aligned}
a &= 1/2 \\
b &= a \cdot Mean\{s_1^2, \ldots, s_K^2\} \\
c &= 1/2 \\
d &= c \cdot Var\{\bar{x}_1, \ldots, \bar{x}_K\} \\
\mu_0 &= Mean\{x_1, \ldots, x_K\} \\
k_0 &= 1
\end{aligned}
\tag{12.2}
$$

σ^2에 대한 사전분포에서 $a = 1/2$은 사전정보를 한 개의 자료가 주는 정보와 맞먹게 하는 것이고 $b = a \cdot Mean\{s_1^2, \ldots, s_K^2\}$는 σ^2의 사전분포의 중심을 표본분산의 평균과 일치시키는 것이다. 마찬가지 방법으로 τ^2와 θ_i에 대한 사전분포의 모수를 선택하였다. 이렇게 사전정보를 한 개의 자료가 주는 정보와 맞먹게 하는 것은 Kass and Wasserman(1995)이 제안한 것으로 단일정보 사전분포(unit information prior)라고 한다.
이상의 사전분포를 가지고 앞서 제시한 조건부 사후분포를 사용한 깁스 표본기법을 적용해 보자.

```
#prior
a=0.5
sigsq0=mean(s**2)
b=a*sigsq0
c=0.5
tausq0=var(xbar)
d=c*tausq0

k0=1
mu0=mean(xbar)

##########Start Gibbs ###############

Nwarm=1000; Nsim=5000
```

```
THETA=matrix(nrow=Nsim,ncol=K)
MTS=matrix(nrow=Nsim,ncol=3)
theta=c(1:K)

# initial values
mu=mu0
tausq=tausq0
sigsq=sigsq0
theta=xbar

for(ns in 1:(Nwarm+Nsim) ){

#generate theta
for(i in 1:K){
    mi=(xbar[i]*ni[i]/sigsq + mu/tausq)/(1/tausq+ni[i]/sigsq)
    vari=1/(1/tausq+ni[i]/sigsq)
    theta[i]=rnorm(1,mi,sqrt(vari))
}

#generate sigsq
alpha=0.5*sum(ni)+a
sum=0
for(i in 1:K) for (j in 1: ni[i]){
   sum=sum+(X[i,j]- theta[i])^2
}
beta=b+ 0.5*sum
sigsq=1/rgamma(1,alpha,beta)

#generate mu
mu=rnorm(1,(K*mean(theta)+ k0*mu0)/(K+k0),sqrt(tausq/(K+k0)))
```

```
#generate tausq
alpha=c +0.5*K +0.5
sum=0
for(i in 1:K)sum=sum+(theta[i]- mu)^2
beta=d + 0.5*(k0*(mu-mu0)^2+sum)
tausq = 1/rgamma(1,alpha,beta)

#store
if( ns > Nwarm) {
THETA[ns-Nwarm,]=theta
MTS[ns-Nwarm,]=c(mu,sigsq,tausq)
  }
}

######End Gibbs######
```

깁스 표본기법에서 생성된 표본을 가지고 사후추론을 할 수 있는데, 우선 깁스 기법으로부터 생성된 표본들의 수렴성과 상호연관성을 보기 위하여 1000번 이후의 표본을 가지고 표본의 경로그림과 자기상관그림을 각각 그림 12.4와 그림 12.5에 그려보았다. 그림 12.4를 보면 수렴성을 만족시킨 것으로 보인다. 그림 12.5를 보면 τ^2의 상관성이 높게 보이므로 τ^2에 대한 추론에서는 이 점을 염두에 두어야 할 것이다. 또 얻어진 표본을 가지고 각 모수의 주변 사후밀도함수를 추정한 결과가 95% 최대사후구간과 함께 그림 12.6에 나타나 있다. 여기에서 95% 최대사후구간은 간단히 2.5%와 97.5% 분위수로 표시하였다.

그림 12.7은 $\hat{\theta}_i$의 히스토그램과 $N(\hat{\mu}, \hat{\tau}^2)$ 그림을 그려 비교한 것이다. $\hat{\theta}_i$들이 최빈값을 중심으로 왼쪽에서는 급격한 경사를 보이고 오른쪽에서는 완만한 경사를 보여 정규분포에서 약간 벗어남을 볼 수 있다. 이 특성을 보다 잘 반영하기 위해서는 θ_i의 분포로 두 정규분포의 합성분포를 고려해 볼 수 있겠다.

```
#time sequence plot
```

```
par(mfrow=c(1,3))
plot(MTS[,1], ylab="mu")
plot((MTS[,2]), ylab="sigsq")
plot((MTS[,3]), ylab="tausq")

#Auto correlation graph
par(mfrow=c(1,3))
acf(MTS[,1], ylab="ACF mu")
acf(MTS[,2], ylab="ACF sigsq")
acf(MTS[,3], ylab="ACF tausq")

#posterior density function of mu, sigma^2, tau^2
par(mfrow=c(1,3))
plot(density(MTS[,1]),xlab=expression(mu),main="")
abline(v=quantile(MTS[,1],c(0.025,0.5,0.975)), lty=c(3,2,3))

plot(density(MTS[,2]), xlab=expression(sigma^2),main="")
abline(v=quantile(MTS[,2],c(0.025,0.5,0.975)), lty=c(3,2,3))

plot(density(MTS[,3]), xlab=expression(tau^2),main="")
abline(v=quantile(MTS[,3],c(0.025,0.5,0.975)), lty=c(3,2,3))

#inference
mu.hat=mean(MTS[,1])
sigsq.hat=mean(MTS[,2])
tausq.hat=mean(MTS[,3])
theta.hat=apply(THETA,2,mean)

#plot of theta.hat_i
par(mfrow=c(1,1))
```

```
theta.grid=seq(mu.hat-7*sqrt(tausq.hat),mu.hat+7*sqrt(tausq.hat),
               length=100)
hist(theta.hat,prob=T,main="")
lines(theta.grid,dnorm(theta.grid,mu.hat,sqrt(tausq.hat)))

xtotal.mean=sum( ni*xbar)/sum(ni)
par(mfrow=c(1,1))
plot(c(1:K),xbar , ylim=c(100,150), xlab="i")
points(c(1:K),theta.hat, pch=19)
lines(c(1:K), rep(xtotal.mean, K), lw=4)
for(i in 1:K) lines( c(i,i),c( xbar[i], xtotal.mean))

plot(ni,abs(xbar-theta.hat),xlab="n_i",ylab="|xbar_i- theta.hat_i|")
```

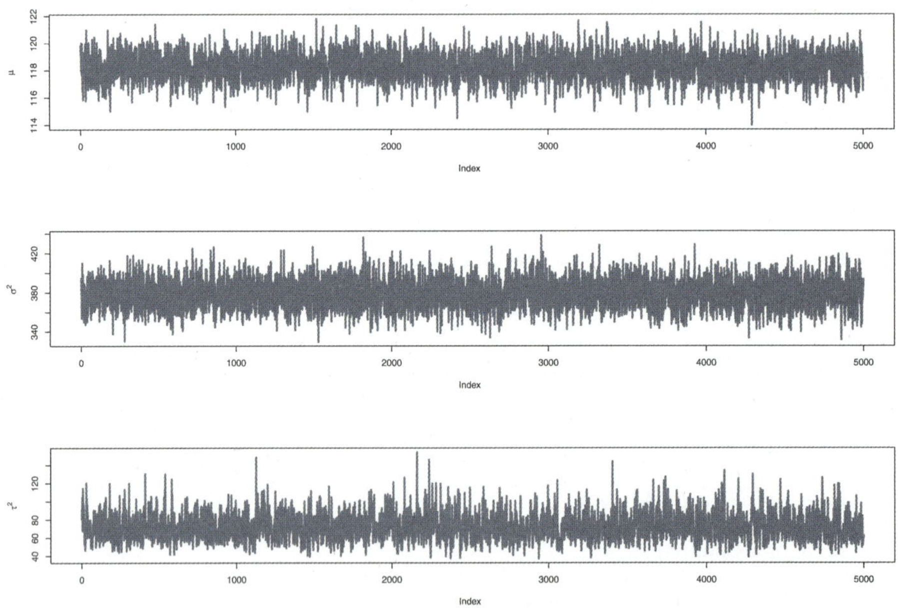

그림 12.4 표본의 경로그림

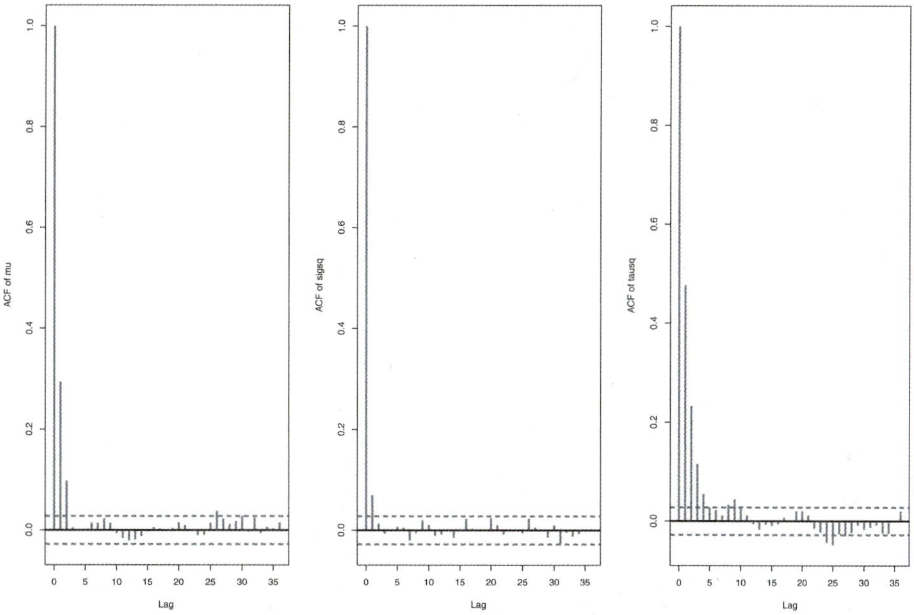

(a) μ (b) σ^2 (c) τ^2

그림 12.5 표본의 자기상관그림

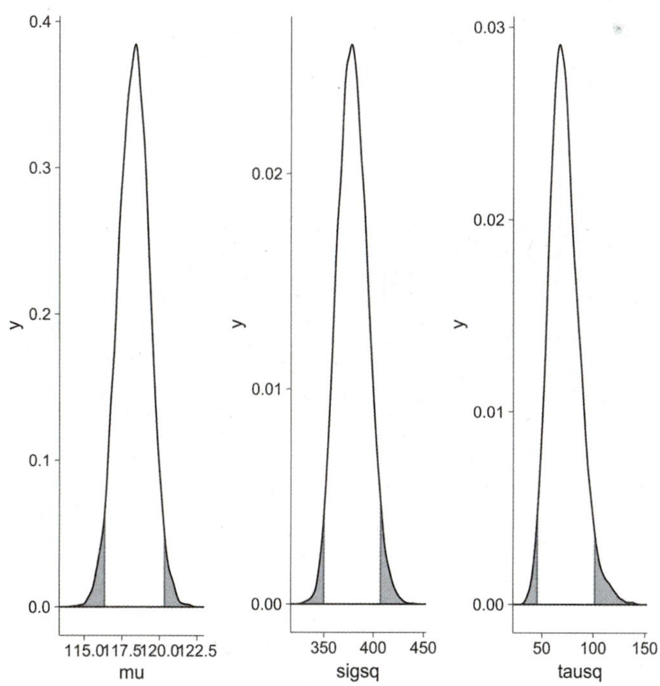

그림 12.6 모수의 분포 추정

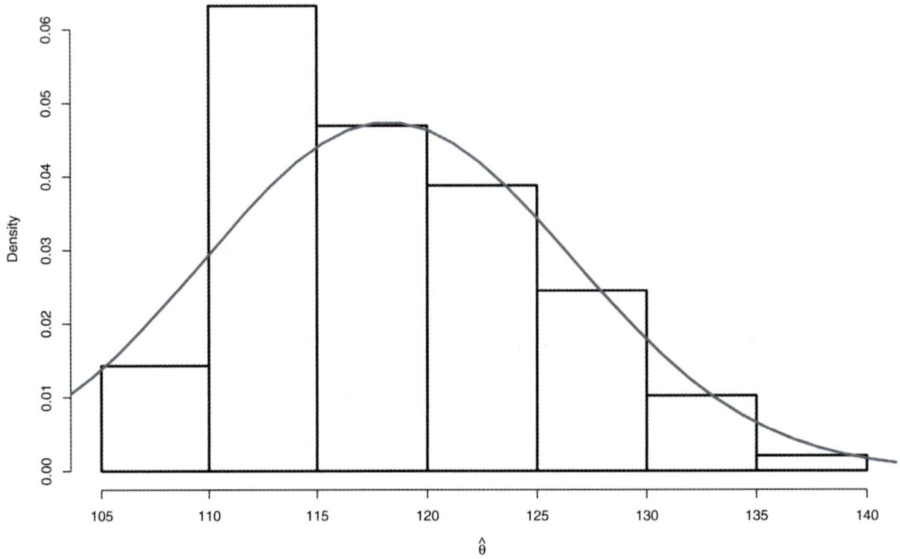

그림 12.7 $\hat{\theta}_i$의 히스토그램과 $N(\hat{\mu}, \hat{\tau}^2)$

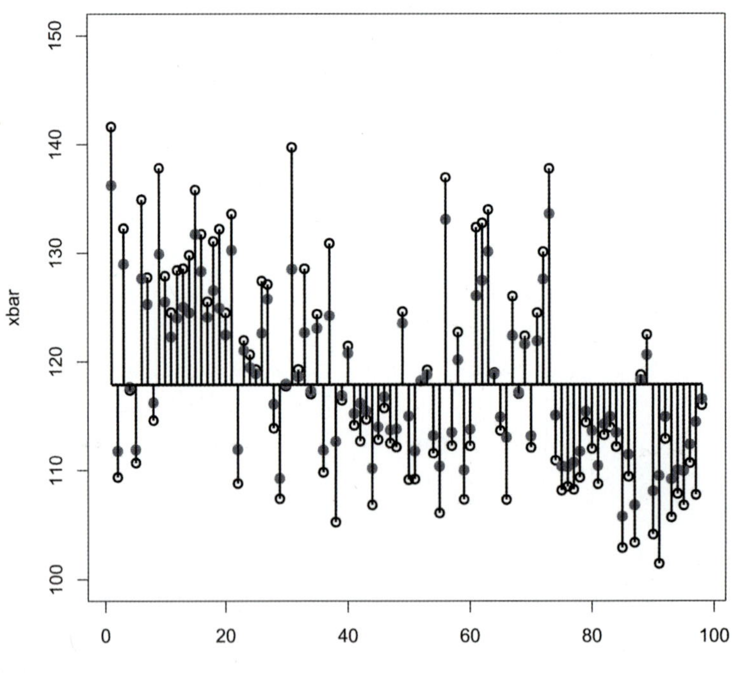

그림 12.8 학교별 $\hat{\theta}_i$과 $\overline{x_{i.}}$

앞에서 θ_i의 추정치로 $\overline{x}_{i.}, \overline{x}_{..}, \mu_0$의 가중치가 이상적이라 언급하였는데, 계층적 베이즈 분석에서 θ_i의 추정치가 $\overline{x}_{i.}, \overline{x}_{..}, \mu_0$의 가중치인지 알아보자. 그림 12.8에서 검은 점은 $\hat{\theta}_i$, 하얀 점은 $\overline{x}_{i.}$, 가로선은 $\overline{x}_{..}$을 나타낸다. 그림을 보면 모든 경우에 $\overline{x}_{i.}$에 비하여 $\hat{\theta}_i$가 $\overline{x}_{..}$에 더 근접함을 알 수 있다. 즉, $\hat{\theta}_i$는 $\overline{x}_{..}$를 향하여 수축(shrink)된 형태이며, 달리 말하면 $\overline{x}_{i.}$와 $\overline{x}_{..}$의 가중평균이다. 이 예의 경우에 사전 평균으로 $\mu_0 = \overline{x}_{..}$를 가정했기 때문에 $\hat{\theta}_i$는 $\overline{x}_{i.}$와 $\overline{x}_{..}$의 가중평균이지만 실제적으로는 $\overline{x}_{i.}, \overline{x}_{..}, \mu_0$의 가중평균이다.

수축의 정도와 표본크기 n_i와의 관계를 알아보기 위하여 n_i와 $|\overline{x}_{i.} - \hat{\theta}_i|$의 그림을 그려보았다. 그림 12.9에서 보면 n_i가 작을수록 수축이 심하게 됨을 알 수 있다. 베이지안 추론에서는 소집단의 평균 θ_i를 추정하기 위하여 소집단의 자료뿐만 아니라 전체 집단으로부터 정보를 빌려와 사용하게 된다. 이때 소집단의 크기가 작으면 전체 집단으로부터 빌려온 정보가 영향을 많이 주게 되므로 $\hat{\theta}_i$가 $\overline{x}_{..}$에 더 가깝고, 반대로 소집단의 크기가 크면 전체 집단의 영향이 작음을 알 수 있다.

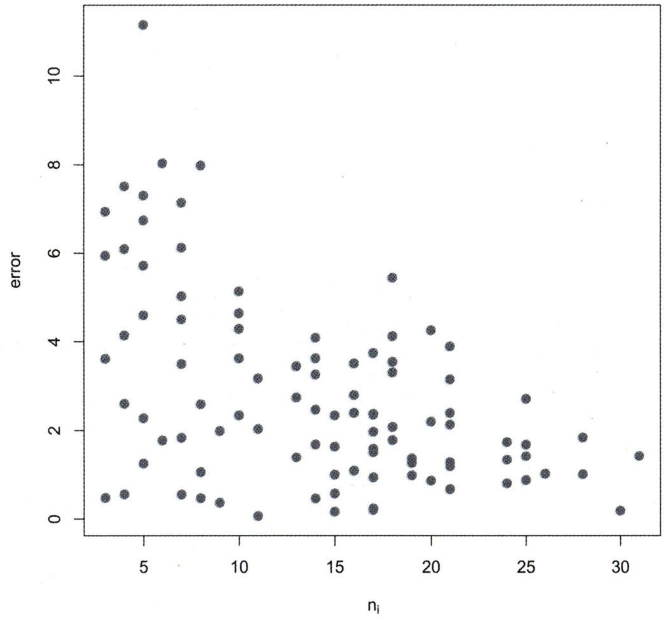

그림 12.9 학교별 $|\overline{x_{i\cdot}} - \hat{\theta}_i|$과 n_i

학교별로 n_i, $\overline{x}_i$, $\hat{\theta}_i$, $\overline{x}_i$의 순위, $\hat{\theta}_i$의 순위를 알아보면 다음과 같다.

```
>theta.rank=K+1-rank(theta.hat)
>xbar.rank=K+1-rank(xbar)
>aa=cbind(ni, round(xbar,1), round(theta.hat,1), xbar.rank,
theta.rank)
>aa[1:20,]
     ni  xbar theta.hat xbar.rank theta.rank
 [1,] 18 141.6 136.0         1          1
 [2,] 15 109.4 111.8        76         82
 [3,] 18 132.3 129.0        12          8
 [4,] 15 117.4 117.6        46         46
 [5,] 25 110.7 112.1        72         77
 [6,]  7 134.9 127.6         7         12
 [7,] 16 127.8 125.3        23         18
 [8,]  6 114.6 116.3        53         53
 [9,]  8 137.8 129.8         3          7
[10,] 17 127.9 125.5        22         17
[11,] 10 124.5 122.1        29         31
[12,]  7 128.4 124.0        21         24
[13,] 10 128.6 124.7        19         20
[14,]  7 129.8 124.6        18         21
[15,] 18 135.8 131.6         6          4
[16,] 16 131.7 128.2        14         10
[17,] 24 125.5 124.0        27         23
[18,] 10 131.1 126.4        15         14
[19,]  5 132.2 125.0        13         19
[20,] 11 124.5 122.3        30         30
```

표본크기 n_i가 작을수록 $\hat{\theta}_i$는 $\overline{x}_{..}$를 향하여 많이 움직이는 경향이 있고, $\overline{x}_{i.}$의 순위에 비하여 $\hat{\theta}_i$의 순위가 상당히 달라졌음을 볼 수 있다.

12.3 JAGS를 이용한 사후 표본추출

JAGS를 사용하여 관심모수 $\theta_1, \ldots, \theta_k, \sigma^2, \mu, \tau^2$의 사후 표본을 추출하여 보자.

1) 모형설정을 위한 model{} 문장은 다음과 같다.

```
modelString="
model
{
for(i in 1:K){
  for (j in 1:ni[i]){
    x[i,j] ~ dnorm( theta[i], invsigsq)
  }
}

for(i in 1:K){
theta[i] ~ dnorm( mu, invtausq)
}

mu ~ dnorm(mu0, k0*invtausq)
invsigsq ~ dgamma(a,b)
invtausq ~ dgamma(c,d)

sigsq= 1/invsigsq
tausq= 1/invtausq


}
"
writeLines(modelString, "model_ex12_1.txt")
```

2) 자료를 읽어 들이고 JAGS 수행에 필요한 데이터 리스트와 초기치 리스트를 만든다.

```
max.ni=31
data=matrix(scan('http://home.ewha.ac.kr/~msoh/Bayesianbook/mathscore.tx
t'),ncol=max.ni+2, byrow=T)
ni=data[,2]
K=length(ni)
X=data[,3:(max.ni+2)]

xbar = rep(0,K) ;s = rep(0,K)
for (i in 1:K)  xbar[i] = mean(X[i,1:ni[i]])
for (i in 1:K)  s[i] = sd(X[i,1:ni[i]])

#prior
a=0.5
sigsq0=mean(s**2)
b=a*sigsq0
c=0.5
tausq0=var(xbar)
d=c*tausq0

k0=1
mu0=mean(xbar)

dataList=list(K=K, x=X, ni=ni, a=a, b=b, c=c,d=d, k0=k0, mu0=mu0)
initsList= list( theta=xbar, mu=mu0, invtausq= 1/tausq0, invsigsq=1/sigsq0)
```

3) 3개의 체인을 사용하여 사후 표본을 생성한다.

```
nChains=3
jagsModel=jags.model( file="jags_ex11_1.txt", data=dataList,
inits=initsList, n.chains=nChains, n.adapt=100)
```

```
update(jagsModel, n.iter=1000)

codaSamples=coda.samples(jagsModel, variable.names=c("theta","mu",
"sigsq", "tausq"), n.iter=30000)
```

4) 알파벳 순서로 모수의 표본이 저장되어 있음을 알 수 있다.

```
variable.names(codaSamples[[1]])

 [1] "mu"         "sigsq"      "tau"        "theta[1]"  "theta[2]"  "theta[3]"
 [7] "theta[4]"  "theta[5]"  "theta[6]"  "theta[7]"  "theta[8]"  "theta[9]"
[13] "theta[10]" "theta[11]" "theta[12]" "theta[13]" "theta[14]" "theta[15]"
[19] "theta[16]" "theta[17]" "theta[18]" "theta[19]" "theta[20]" "theta[21]"
[25] "theta[22]" "theta[23]" "theta[24]" "theta[25]" "theta[26]" "theta[27]"
[31] "theta[28]" "theta[29]" "theta[30]" "theta[31]" "theta[32]" "theta[33]"
              :
              :
```

coda 패키지를 사용하여 수렴성을 진단한다. traceplot()과 acf() 함수를 사용하여 μ, σ^2, τ^2의 경로그림과 자기상관그림을 그려본다.

```
para=c("mu","sigsq", "tausq")

par(mfrow=c(3,2))
for(i in 1:3){
traceplot( codaSamples[,para[i]] , main="" , ylab=para[i] )
acf(codaSamples[,para[i]][[1]],plot=T, main="")
}
```

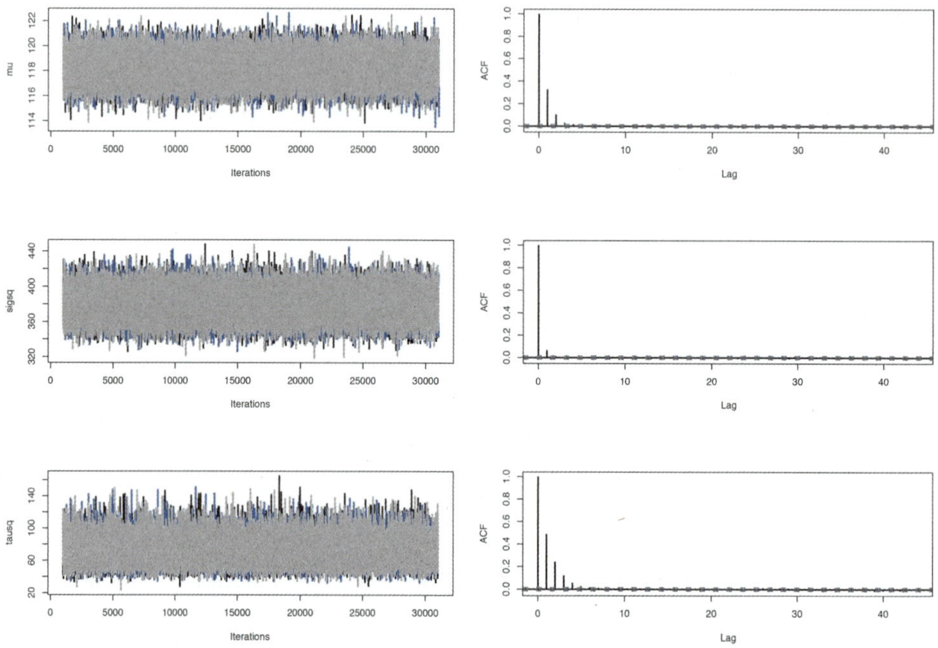

그림 12.10 모수의 경로그림과 자기상관

4) 수렴에 문제가 없어보이므로 표본을 행렬 형태로 바꾸어 사후분포를 수행한다.

```
MCMCSamples=as.matrix(codaSamples)
par(mfrow=c(1,3))
for(i in 1:3){
 plot(density(MCMCSamples[,i]), main="",xlab=para[i])
 HPD=HPDsample(MCMCSamples[,i])
 abline(v=HPD, lty=2)
}
```

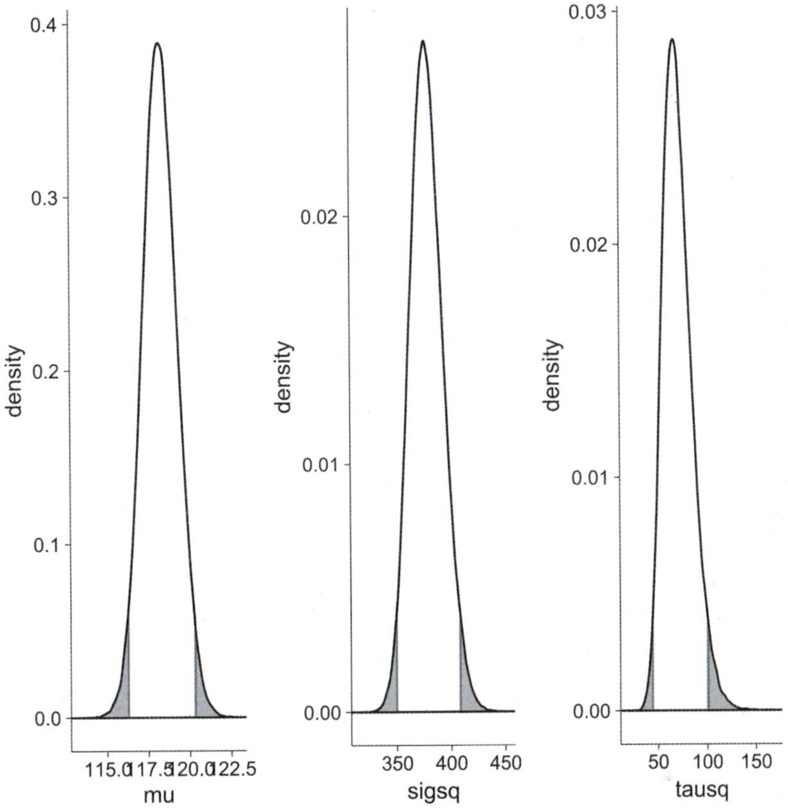

그림 12.11 모수의 주변 사후분포

예제 12.2

수원을 운영하는 김보석씨는 비료의 종류에 따라 사과 수확량이 다른지 알아보기로 하였다. 과수원에서 41그루 나무를 랜덤으로 추출한 다음 각 나무에 대하여 1~4 정수(그룹 번호) 중 하나를 랜덤으로 부여하였다. 그룹 1은 비료를 주지 않고(제어그룹), 그룹 2, 3, 4는 각각 요소, 질산칼륨, 암모늄 비료를 주고 몇 개월이 지난 후 수확철에 각 나무에서 사과를 딴 후 총중량을 기록한 결과 다음과 같은 자료를 얻었다. 이 자료는 http://home.ewha.ac.kr/~msoh/Bayesianbook/fert_mtx.csv파일에 관측되지 않은 값 NA를 포함한 4×11 행렬로 저장되어 있다.

Group1	85	114	93	50	99	80	70	87	67		
Group2	117	99	108	104	97	94	91	101	96	100	85
Group3	127	108	100	125	94	99	117	135	86	102	110
Group4	77	91	91	81	89	70	69	74	75	87	

(1) 이 자료에 대하여 식 (12.1)에 주어진 계층 모형과 식 (12.2)에 주어진 사전분포를 가정하고 JAGS를 사용하여 모수 $\{\theta_i\}, \mu, \sigma^2, \tau^2$의 사후표본을 60000개를 생성하여 보자.

```
X=read.csv("http://home.ewha.ac.kr/~msoh/Bayesianbook/fert_mtx.csv")
xbar=rowMeans(X, na.rm=T); xbar
s=apply(X,1, sd,na.rm=T)
ssq=s**2
K=nrow(X)
ni=c(1:K)
for(i in 1:K) ni[i]=sum(!is.na(X[i,]))
#prior
a=0.5
sigsq0=mean(s**2)
b=a*sigsq0
c=0.5
tausq0=var(xbar)
d=c*tausq0
k0=1
mu0=mean(xbar)
modelString="
model
{
for(i in 1:K){
  for (j in 1:ni[i]){
    X[i,j] ~ dnorm( theta[i], invsigsq)
  }
}
for(i in 1:K){
theta[i] ~ dnorm( mu, invtausq)
}
```

```
mu ~ dnorm(mu0, k0*invtausq)
invsigsq ~ dgamma(a,b)
invtausq ~ dgamma(c,d)
sigsq= 1/invsigsq
tausq= 1/invtausq
}"
library(rjags)
dataList=list(K=K, X=X,ni=ni,  a=a, b=b, c=c,d=d, k0=k0, mu0=mu0)
initsList= list( theta=xbar, mu=mu0, invtausq= 1/tausq0,
invsigsq=1/sigsq0)
nChains=3
jagsModel=jags.model( textConnection(modelString), data=dataList,
inits=initsList, n.chains=nChains, n.adapt=100)
update(jagsModel, n.iter=1000)
codaSamples=coda.samples(jagsModel, variable.names=c("theta","mu",
"sigsq", "tausq"), n.iter=20000)
post.samples=as.matrix(codaSamples)
```

(2) 위의 사후표본으로부터 그룹평균 θ_i의 사후밀도함수를 추정하여 겹쳐 그려서 비료 종류에 따라 평균수확량에 차이가 있는지 대략적으로 알아보자.

다음 코드를 실행하면 표본이 저장된 변수들을 확인할 수 있다. θ_i의 표본은 post.samples의 4~7열에 저장되어 있으므로 이들을 theta.samples로 따로 저장한 다음 θ_i의 사후밀도함수를 추정하여 겹쳐 그린 것이 그림 12.12이다.

```
varnames(codaSamples)
[1] "mu"      "sigsq"   "tausq"    "theta[1]" "theta[2]" "theta[3]" "theta[4]"
theta.samples=post.samples[, 4:7]
plot(density(theta.samples[,1]),xlab="theta",ylab="density",
xlim=c(65,130), ylim=c(0,0.1), main=" ")
 lines(density(theta.samples[,2]), lty=2)
```

```
lines(density(theta.samples[,3]), lty=3)
lines(density(theta.samples[,4]), lty=4)
legend(120, 0.09, c("theta1", "theta2","theta3", "theta4"), lty=1:4)
```

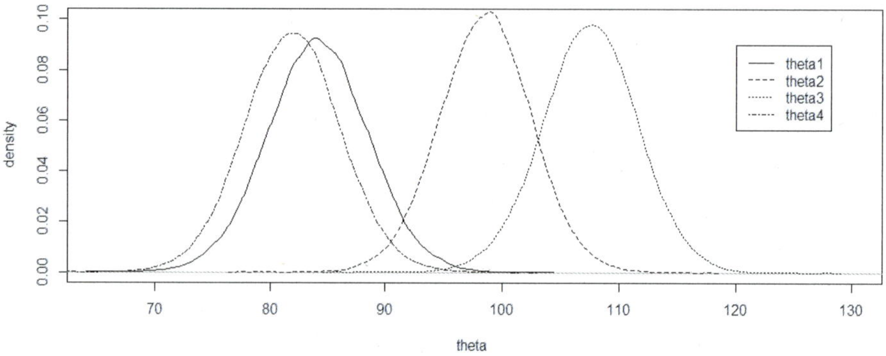

그림 12.12 예 12.2에서 θ_i의 사후밀도함수

(3) 모든 가능한 θ_i들의 쌍 $(\theta_i, \theta_j), i \neq j$,에 대하여 $\theta_i - \theta_j$의 사후밀도함수와 대략적인 95%, 99% 사후구간을 구해보고, 어떤 것들의 사후구간이 0을 포함하지 않는지 살펴보자.

$\theta_1 - \theta_2$의 사후밀도함수와 95%, 99% 사후구간을 구하는 코드는 다음과 같다.

```
d12=theta.samples[,1]-theta.samples[,2]
plot(density(d12), xlab="theta1-theta2", ylab="density", main=" ")
abline(v=quantile(d12, c(0.005, 0.995)), lty=2)
abline(v=quantile(d12, c(0.025, 0.975)), lty=3)
```

같은 방법으로 나머지 쌍들의 차이에 대하여 사후밀도함수와 95%, 99% 사후구간을 구하여 그림으로 표시한 것이 그림 12.13이다.

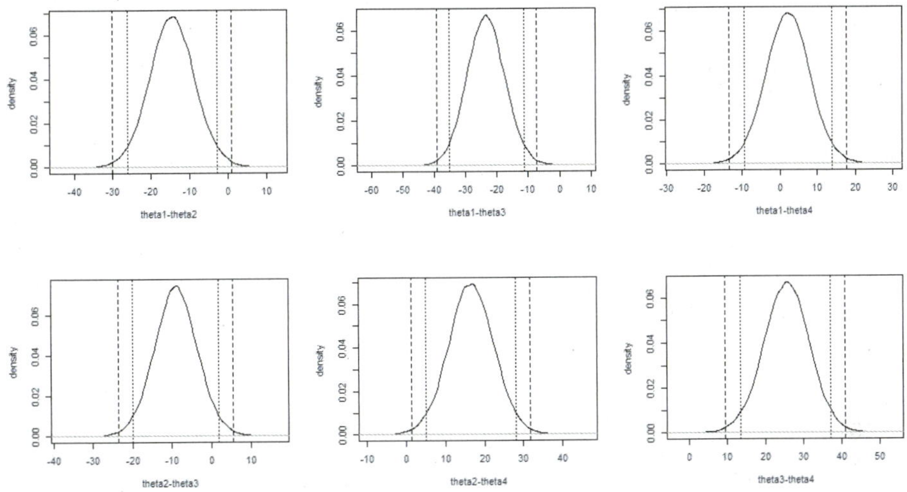

그림 12.13 예12.2에서 θ_i-θ_j, $i \neq j$의 사후밀도함수와 95%, 99% 사후구간

그림 12.13을 보면 $\theta_1 - \theta_3$, $\theta_2 - \theta_3$, $\theta_3 - \theta_4$ 의 99% 사후구간이 0을 포함하지 않으므로 이들 쌍은 서로 다른 평균 수확량을 가진다고 할 수 있다. 그리고 $\theta_1 - \theta_2$의 95% 사후구간은 0을 포함하지 않지만 99% 사후구간은 0을 포함하므로 유의수준에 따라 결론이 달라진다. 단, 여기에서 주의할 점은 $\theta_i - \theta_j$의 사후구간을 보고 판단하는 것은 $H_0 : \theta_i = \theta_j \quad vs \quad H_1 : \theta_i \neq \theta_j$, 즉, $\theta_i - \theta_j$의 주변분포에 대한 검정으로 이는 모든 (θ_i, θ_j) 쌍의 차이에 대한 다중 가설에 대한 동시검정과는 다르다.

연습문제

1 다음은 중국의 8개 도시에서 조사된 흡연자와 비흡연자 사이의 폐암 발생유무에 대한 자료이다(Liu, 1992). 예를 들면 베이징의 경우 전체 흡연자 226명 중 126명에서 폐암이 발생하였고 비흡연자 96명 중 35명에서 폐암이 발생하였음을 나타낸다. 이처럼 여러 곳에서 개별적으로 모아진 자료들을 종합하여 통합된 결론을 이끌어내려 하는 것을 메타분석(meta analysis)이라고 하는데, 계층적 모형은 메타분석에 매우 유용하게 사용될 수 있다.

도시	흡연자 폐암발생률	비흡연자 폐암발생률	로그 오즈비 (Y_i)	로그 오즈비의 분산 (σ_i^2)
베이징	126/226	35/96	0.78663	0.0629
상하이	908/1596	497/1304	0.76219	0.0058
선양	913/1660	336/934	0.77715	0.0071
난징	235/407	58/179	1.04744	0.0356
하얼빈	402/710	121/336	0.8412	0.0186
쩡조우	182/338	72/170	0.46245	0.036
타이완	60/159	11/54	0.86253	0.1409
난창	104/193	21/57	0.69475	0.0962

위와 같은 이항자료의 경우 표본크기가 크므로 각 도시별로 로그 오즈비(log odds ratio)에 대하여 정규분포근사를 사용할 수 있다. n_{11i}를 i번째 도시에서 흡연자 중 폐암에 걸린 사람 수, n_{12i}를 i번째 도시에서 흡연자 중 폐암에 안 걸린 사람 수, n_{21i}를 i번째 도시에서 비흡연자 중 폐암에 걸린 사람 수, n_{22i}를 i번째 도시에서 비흡연자 중 폐암에 안 걸린 사람 수라고 하면, 각 도시별 로그 오즈비(Y_i)의 관측값은

$$y_i = \log\left(\frac{n_{11i}}{n_{12i}}\right) - \log\left(\frac{n_{21i}}{n_{22i}}\right)$$

이다. Y_i에 대하여 $N(\theta_i, \sigma_i^2)$를 가정하면

$$\sigma_i^2 = \frac{1}{n_{11i}} + \frac{1}{n_{12i}} + \frac{1}{n_{21i}} + \frac{1}{n_{22i}}$$

로 놓을 수 있다. 즉, 정규분포에 대한 계층적 베이즈 모형에서 σ^2이 알려진 상수이며 $Y_i = \overline{X}_{i.}$, $\sigma^2/n_i = \sigma_i^2$에 해당한다. i번째 도시의 실제 로그 오즈비 θ_i에 대하여 $\pi(\theta_i|\mu,\tau^2) \sim N(\mu,\tau^2)$를 가정하고 $\pi(\mu|\tau^2) \sim N(\overline{y},\tau^2)$, $\pi(\tau^2) \sim IG(\frac{1}{2},\frac{1}{2}s_y^2)$의 사전분포를 가정한다. 여기에서 $\overline{y}, s_y^2$는 각각 Y의 평균과 표본분산이다.

(1) 깁스 표본기법을 이용하여 모수를 추정하고 8개 θ_i에 대하여 95% HPD 구간을 같은 도면 위에 그림으로 표시하여 비교하라.

(2) θ_i의 추정치와 y_i를 가지고 그림 12.9와 같은 그림을 그려보고 표본크기와 수축 정도를 확인하라.

2 1번 문제에서 JAGS를 활용하여 $\{\theta_{\text{i}}, \text{i} = 1,\ldots,\text{K}\}, \mu, \tau^2$의 사후 표본을 생성한 후 이를 이용하여

(1) 8개 θ_i에 대하여 95% HPD 구간을 같은 도면 위에 그림으로 표시하여 비교하라.

(2) μ, τ^2의 주변 사후밀도함수를 그리고 그 위에 95% HPD 구간을 표시하라.

3 어느 물품 제조회사에서는 매일 아침 전날 생산된 물품을 10곳에 있는 가게에 배달한다. 통상 사용하는 배달 경로가 4가지 있는데 경로에 따른 배달 소요시간에 차이가 있는지 검정하고자 30일 동안 랜덤으로 선택된 경로에 따라 배달하고 시간을 측정하였다.

경로(route)	소요시간(hour)
1	2.6 3.6 2.8 3.9 2.1 4.6 3.0
2	3.0 1.7 3.1 2.7 2.2 2.6 2.1 2.5 2.3
3	2.1 2.6 2.4 3.5 2.9 2.0 3.3
4	3.7 3.1 2.8 2.7 3.2 3.4 3.6

아래에 주어진 R 코드를 실행하거나 혹은 직접 값을 입력하여 X 행렬에 다음과 같이 자료를 저장하고 각 경로(route)마다 평균과 분산을 계산한 다음 (1)~(3) 문제에 답하라.

```
> X
     [,1] [,2] [,3] [,4] [,5] [,6] [,7] [,8] [,9]
[1,]  2.6  3.6  2.8  3.9  2.1  4.6  3.0   NA   NA
[2,]  3.0  1.7  3.1  2.7  2.2  2.6  2.1  2.5  2.3
[3,]  2.1  2.6  2.4  3.5  2.9  2.0  3.3   NA   NA
[4,]  3.7  3.1  2.8  2.7  3.2  3.4  3.6   NA   NA

K=4; ni=c(7,9,7,7)
N=max(ni)
X=matrix(NA, K, N)
X[1,]=c(2.6, 3.6, 2.8, 3.9, 2.1 , 4.6 , 3.0)
X[2,1:ni[2]]=c(3.0, 1.7, 3.1 ,2.7,  2.2, 2.6, 2.1,  2.5, 2.3)
X[3,1:ni[3]]=c(2.1 ,2.6, 2.4 ,3.5 ,2.9 ,2.0, 3.3)
X[4,1:ni[4]]=c(2.1 ,2.6, 2.4 ,3.5 ,2.9 ,2.0, 3.3)

xbar=rowMeans(X, na.rm=T); xbar
s=apply(X,1, sd,na.rm=T)
ssq=s**2
```

(1) 이 자료가 식 (12.1)에 주어진 계층 모형을 따른다고 할 때, JAGS를 사용하여 모수 $\{\theta_{\mathrm{i}}\}, \mu, \sigma^2, \tau^2$의 사후표본을 30000개를 생성하라.

(2) 그룹평균 θ_i의 사후밀도함수를 추정하여 하나의 그림에 겹쳐 그려라.

(3) 모든 가능한 θ_i들의 쌍 $(\theta_i, \theta_j), i \neq j$,에 대하여 $\theta_i - \theta_j$의 사후밀도함수와 대략적인 95%, 99% 사후구간을 구해보고, 어떤 것들의 사후구간이 0을 포함하지 않는지 살펴보아라.

13

베이지안 회귀분석

관심 있는 변수 Y가 있을 때 Y에 대한 추론을 위하여 Y와 관련 있는 변수들 $X_1,\ldots,X_p$에 관한 정보를 이용하는 것이 도움이 된다. 예를 들면, 심장발작 환자의 나이, 건강상태, 가족력으로부터 앞으로의 생존기간을 예측한다든지, 중고차의 연수, 차종, 주행거리, 차의 외관상태 등으로부터 차 가격을 추정하는 것 등이다. 심장발작의 예에서 관심변수 Y는 생존기간이고 Y의 추론에 사용되는 관련 변수들은 $X_1=$나이, $X_2=$건강상태, $X_3=$가족력이다. 이때 Y를 종속변수(dependent variable) 또는 반응변수(response variable)라고 하며, $\boldsymbol{X}=(X_1,\ldots,X_p)$를 독립변수(independent variable) 또는 설명변수(explanatory variable)라고 한다. 이 장에서는 변수 Y와 $\boldsymbol{X}$의 관계에 대한 선형 회귀모형의 베이지안 추론을 다룬다.

13.1 선형 회귀모형

회귀모형에서는 설명변수값 $\boldsymbol{x}=(x_1,\ldots,x_p)$가 주어졌을 때 Y의 조건부 분포에 대한 가정을 한다. 각 설명변수 x_j에 대하여 $(x_l, l\neq j)$가 주어졌을 때 x_j가 증가함에 따라 Y가 선형적으로 증가 혹은 감소하는 경향을 보인다면, x_j들의 선형조합과 Y의 조건부평균에 대하여 $E(Y|\boldsymbol{x}) = \beta_0+\beta_1x_1+\cdots+\beta_px_p$를 가정하는 것이 적절할 것이다. 또한 Y의 조건부 분포가 대략적으로 정규분포를 따르고 분산이 $\boldsymbol{x}$와 상관없이 일정한 값을 가진다면, $\boldsymbol{\beta}=(\beta_0,\beta_1,\ldots,\beta_p)$라 할 때,

$$Y|\boldsymbol{x},\boldsymbol{\beta},\sigma^2 \sim N(\beta_0+\beta_1x_1+\cdots+\beta_px_p,\sigma^2)$$

을 가정한다. 이를 달리 표현하면

$$Y = \beta_0+\beta_1x_1+\cdots+\beta_px_p+\varepsilon, \qquad \varepsilon\sim N(0,\sigma^2)$$

이며 이를 정규선형 회귀모형 혹은 선형 회귀모형이라고 한다.

선형모형을 개체 $i=1,\ldots,n$에 대한 독립적인 관측치 $(\boldsymbol{x_i},y_i)$에 대하여 적용하면

$$Y_i=\boldsymbol{x_i}'\boldsymbol{\beta}+\varepsilon_i, \qquad \varepsilon_i\sim N(0,\sigma^2),\quad i=1,\ldots,n$$

인데 여기에서 $\boldsymbol{x_i} = (1, x_{i1}, \ldots, x_{ip})'$는 상수 1과 설명변수들의 i번째 관측치로 구성된 벡터이고 $\boldsymbol{\beta} = (\beta_0, \beta_1, \ldots, \beta_p)'$는 회귀계수 벡터이다. $\boldsymbol{Y} = (Y_1, \ldots, Y_n)'$, $\boldsymbol{\varepsilon} = (\varepsilon_1, \ldots, \varepsilon_n)'$로 놓고 $\boldsymbol{X}$를 $n \times p$행렬로서 $\boldsymbol{X}$의 i번째 줄 벡터(row vector)가 $\boldsymbol{x_i}'$이 되도록 하면 위의 선형 회귀모형을 간단히

$$\boldsymbol{Y} = \boldsymbol{X\beta} + \boldsymbol{\varepsilon}, \quad \boldsymbol{\varepsilon} \sim N(\boldsymbol{0}, \sigma^2 I_n)$$

로 표시할 수 있는데 여기에서 I_n은 대각원소들이 1, 나머지 원소는 모두 0인 $n \times n$ 행렬이다. 위의 선형 회귀모형으로부터 관측치 $\boldsymbol{y} = (y_1, \ldots, y_n)$의 결합밀도함수는

$$f(\boldsymbol{y} \mid \boldsymbol{\beta}, \sigma^2) = (2\pi\sigma^2)^{-n/2} \exp\left\{-\frac{1}{2\sigma^2}(\boldsymbol{y} - \boldsymbol{X\beta})'(\boldsymbol{y} - \boldsymbol{X\beta})\right\}$$

이다.

13.2 최소제곱 추정치

Y의 i번째 관측치 y_i와 조건부 기대치 $\boldsymbol{x_i}'\boldsymbol{\beta}$의 차이의 제곱을 모든 i에 대하여 합한 것을 잔차제곱합(Sum of Squares of Residual, SSR)이라고 한다. 즉,

$$SSR(\boldsymbol{\beta}) = \sum_{i=1}^{n} (y_i - \boldsymbol{x_i}'\boldsymbol{\beta})^2 = (\boldsymbol{Y} - \boldsymbol{X\beta})'(\boldsymbol{Y} - \boldsymbol{X\beta})$$

이다. $SSR(\boldsymbol{\beta})$을 최소로 만드는 $\boldsymbol{\beta}$값을 $\boldsymbol{\beta}$의 최소제곱 추정치(Least Squares Estimate)이라고 하며, 이는 $SSR(\boldsymbol{\beta})$의 $\boldsymbol{\beta}$에 대한 미분값을 0으로 만드는 $\boldsymbol{\beta}$값으로서

$$\hat{\boldsymbol{\beta}}_{LSE} = (\boldsymbol{X}'\boldsymbol{X})^{-1}\boldsymbol{X}'\boldsymbol{y}$$

로 주어진다. 정규선형모형에서 $SSR(\boldsymbol{\beta})$을 최소로 만드는 $\boldsymbol{\beta}$값은 우도함수를 최대로 만들기 때문에 최소제곱 추정치는 또한 최대우도 추정치이다.

13.3 선형 회귀모형의 베이지안 추론

13.3.1 반공액 사전분포

선형 회귀모형의 모수 $\boldsymbol{\beta}$와 σ^2에 대하여

$$\boldsymbol{\beta} \sim N(\boldsymbol{\beta_0}, \Sigma_0), \qquad \sigma^2 \sim IG(a,b)$$

사전분포를 가정하자. $\boldsymbol{\beta}$와 σ^2의 결합사후밀도함수는

$$\begin{aligned}\pi(\boldsymbol{\beta}, \sigma^2 | \boldsymbol{y}) \propto (\sigma^2)^{-n/2} \exp\left\{-\frac{1}{2\sigma^2}(\boldsymbol{y}-\boldsymbol{X\beta})'(\boldsymbol{y}-\boldsymbol{X\beta})\right\} \\ \times exp\left\{-\frac{1}{2}(\boldsymbol{\beta}-\boldsymbol{\beta_0})'\Sigma_0^{-1}(\boldsymbol{\beta}-\boldsymbol{\beta_0})\right\} \\ \times (\sigma^2)^{-a-1} e^{-b/\sigma^2}\end{aligned}$$

로 주어진다. 이로부터 σ^2이 주어졌을 때 $\boldsymbol{\beta}$의 조건부 사후분포는 다음과 같다.

$$\begin{aligned}\pi(\boldsymbol{\beta} | \sigma^2, \boldsymbol{y}) &\propto \exp\left[-\frac{1}{2}\left\{\frac{1}{\sigma^2}\boldsymbol{\beta}'\boldsymbol{X}'\boldsymbol{X}\boldsymbol{\beta} - 2\frac{1}{\sigma^2}\boldsymbol{\beta}'\boldsymbol{X}'\boldsymbol{y}\right\} - \frac{1}{2}\left\{\boldsymbol{\beta}'\Sigma_0^{-1}\boldsymbol{\beta} - 2\boldsymbol{\beta}'\Sigma_0^{-1}\boldsymbol{\beta_0}\right\}\right] \\ &\propto \exp\left[-\frac{1}{2}\left\{\boldsymbol{\beta}'\left(\frac{1}{\sigma^2}\boldsymbol{X}'\boldsymbol{X} + \Sigma_0^{-1}\right)\boldsymbol{\beta} - 2\boldsymbol{\beta}'\left(\frac{1}{\sigma^2}\boldsymbol{X}'\boldsymbol{y} + \Sigma_0^{-1}\boldsymbol{\beta_0}\right)\right\}\right] \\ &\propto \exp\left[-\frac{1}{2}\left\{\boldsymbol{\beta}'\Sigma_\beta^{-1}\boldsymbol{\beta} - 2\boldsymbol{\beta}'\Sigma_\beta^{-1}\boldsymbol{\mu_\beta}\right\}\right] \\ &\sim N(\boldsymbol{\mu_\beta}, \Sigma_\beta)\end{aligned}$$

여기에서

$$\Sigma_\beta = \left(\frac{1}{\sigma^2}\boldsymbol{X}'\boldsymbol{X} + \Sigma_0^{-1}\right)^{-1}, \qquad \boldsymbol{\mu_\beta} = \Sigma_\beta\left(\frac{1}{\sigma^2}\boldsymbol{X}'\boldsymbol{y} + \Sigma_0^{-1}\boldsymbol{\beta_0}\right)$$

이다. 또한 $\boldsymbol{\beta}$가 주어졌을 때 σ^2의 조건부 사후분포는

$$\begin{aligned}\pi(\sigma^2 | \boldsymbol{\beta}, \boldsymbol{y}) &\propto (\sigma^2)^{-n/2-a-1} \exp\left[-\frac{1}{\sigma^2}\left\{\frac{1}{2}(\boldsymbol{y}-\boldsymbol{X\beta})'(\boldsymbol{y}-\boldsymbol{X\beta}) + b\right\}\right] \\ &\sim IG\left(\frac{n}{2}+a, \frac{1}{2}SSR(\boldsymbol{\beta}) + b\right)\end{aligned}$$

이다. 두 조건부 사후분포로부터의 표본생성이 용이하므로 깁스 표본기법을 적용하여 $\boldsymbol{\beta}$와

σ^2의 사후표본을 얻을 수 있고 $\boldsymbol{\beta}$와 σ^2에 대한 근사적 사후 추론이 가능하다.

깁스 표본기법의 알고리즘을 간단히 적어보면, $k-1$번째 스텝에서 (β, σ^2)의 표본 $(\boldsymbol{\beta}^{(k-1)}, \sigma^{2(k-1)})$이 주어졌을 때 k번째 스텝은 다음과 같다.

1. $\boldsymbol{\beta}^{(\boldsymbol{k})}$의 추출:
   (a) $\Sigma_\beta = \left(\dfrac{1}{\sigma^{2(k-1)}}\boldsymbol{X}'\boldsymbol{X} + \Sigma_0^{-1}\right)^{-1}, \qquad \boldsymbol{\mu}_{\boldsymbol{\beta}} = \Sigma_\beta\left(\dfrac{1}{\sigma^{2(k-1)}}\boldsymbol{X}'\boldsymbol{y} + \Sigma_0^{-1}\boldsymbol{\beta}_0\right)$
   (b) $\boldsymbol{\beta}^{(\boldsymbol{k})} \sim N(\boldsymbol{\mu}_{\boldsymbol{\beta}}, \Sigma_\beta)$
2. $\sigma^{2(k)}$의 추출:
   (a) $SSR(\boldsymbol{\beta}^{(\boldsymbol{k})}) = (\boldsymbol{y} - \boldsymbol{X}\boldsymbol{\beta}^{(\boldsymbol{k})})'(\boldsymbol{y} - \boldsymbol{X}\boldsymbol{\beta}^{(\boldsymbol{k})})$
   (b) $\sigma^{2(k)} \sim IG\left(\dfrac{n}{2} + a, \dfrac{1}{2}SSR(\boldsymbol{\beta}^{(\boldsymbol{k})}) + b\right)$.

위와 같은 $\boldsymbol{\beta} \sim N(\boldsymbol{\beta}_0, \Sigma_0), \sigma^2 \sim IG(a,b)$ 사전분포를 반공액(semi-conjugate) 사전분포라고 한다. 반공액이라고 부르는 것은 $\boldsymbol{\beta}$와 σ^2의 사전분포와 주변사후분포는 공액관계가 아니지만 "조건부" 사전분포와 "조건부" 사후분포가 공액 관계를 형성한다는 의미이다.

반공액 사전분포를 사용했을 때 $\boldsymbol{\beta}$의 사후평균 $\boldsymbol{\mu}_{\boldsymbol{\beta}}$와 사후분산 Σ_β를 살펴보자. $\boldsymbol{\beta}$의 최소제곱 추정치 $\hat{\boldsymbol{\beta}}_{LSE}$의 분산은 $\sigma^2(\boldsymbol{X}'\boldsymbol{X})^{-1}$로 주어진다. 분산의 역행렬을 정확도의 측도로 본다면 베이지안 추정치 $\boldsymbol{\mu}_{\boldsymbol{\beta}}$의 정확도는

$$\begin{aligned}
\Sigma_\beta^{-1} &= \frac{1}{\sigma^2}\boldsymbol{X}'\boldsymbol{X} + \Sigma_0^{-1} \\
&= (\sigma^2(\boldsymbol{X}'\boldsymbol{X})^{-1})^{-1} + \Sigma_0^{-1} \\
&= Var^{-1}(\hat{\boldsymbol{\beta}}_{LSE}) + \Sigma_0^{-1} \\
&= \hat{\boldsymbol{\beta}}_{LSE}\text{의 정확도} + \boldsymbol{\beta}_0\text{의 정확도}
\end{aligned}$$

이며 이는 표본추정치 $\hat{\boldsymbol{\beta}}_{LSE}$의 정확도와 사전추정치 $\boldsymbol{\beta}_0$의 정확도를 더한 것이다. 사후평균 $\boldsymbol{\mu}_{\boldsymbol{\beta}}$는

$$\begin{aligned}\boldsymbol{\mu}_\beta &= \Sigma_\beta\left(\frac{1}{\sigma^2}\boldsymbol{X}'\boldsymbol{y}+\Sigma_0^{-1}\boldsymbol{\beta_0}\right)\\ &=\left(\frac{1}{\sigma^2}\boldsymbol{X}'\boldsymbol{X}+\Sigma_0^{-1}\right)^{-1}\left(\frac{1}{\sigma^2}(\boldsymbol{X}'\boldsymbol{X})(\boldsymbol{X}'\boldsymbol{X})^{-1}\boldsymbol{X}'\boldsymbol{y}+\Sigma_0^{-1}\boldsymbol{\beta_0}\right)\\ &=\left(Var^{-1}(\hat{\boldsymbol{\beta}}_{\boldsymbol{LSE}})+\Sigma_0^{-1}\right)^{-1}\left(Var^{-1}(\hat{\boldsymbol{\beta}}_{\boldsymbol{LSE}})\cdot\hat{\boldsymbol{\beta}}_{\boldsymbol{LSE}}+\Sigma_0^{-1}\boldsymbol{\beta_0}\right)\end{aligned}$$

로 표시할 수 있는데, 이는 $\hat{\boldsymbol{\beta}}_{LSE}$와 $\boldsymbol{\beta_0}$의 가중평균으로 가중치는 각 추정치의 정확도에 비례함을 알 수 있다. 따라서 Σ_0^{-1}가 $\sigma^2(\boldsymbol{X}'\boldsymbol{X})^{-1}$에 비하여 매우 작다면 사후추정치 $\boldsymbol{\mu}_\beta$는 $\hat{\boldsymbol{\beta}}_{LSE}$와 거의 같게 되고, 반대로 σ^2이 매우 커서 $Var^{-1}(\hat{\boldsymbol{\beta}}_{LSE})$가 매우 작으면 $\boldsymbol{\mu}_\beta$는 $\boldsymbol{\beta_0}$와 거의 같게 된다.

13.3.2 표본분산에 비례하는 사전분산을 사용할 경우

사전 정보가 뚜렷이 없는 경우 $\boldsymbol{\beta_0}$와 Σ_0을 정하는 것은 어려운 문제일 수 있다. 이때 보통 $\boldsymbol{\beta_0}=\hat{\boldsymbol{\beta}}_{LSE}$로 하고 Σ_0를 $\hat{\boldsymbol{\beta}}_{LSE}$의 분산 $\sigma^2(\boldsymbol{X}'\boldsymbol{X})^{-1}$에 비례하도록, 즉 $\Sigma_0=c\sigma^2(\boldsymbol{X}'\boldsymbol{X})^{-1}$로 놓는다. 상수 c를 크게 하면 사전정보를 작게 하는 것이고 c를 작게 하면 사전정보를 유의하게 사용하는 것이다. Σ_0을 $(\boldsymbol{X}'\boldsymbol{X})^{-1}$에 비례하도록 정하는 것의 장점은 사전분산이 설명변수의 단위에 의존하므로 설명변수의 단위가 바뀌면 Σ_0도 거기에 대응하여 바뀌게 되는 장점이 있다. 상수 c를 $c=n$으로 놓는 경우를 단일정보 사전분포(unit information prior)라고 한다. 이는 Kass and Wasserman(1995)이 제안한 것으로, 한 개의 관측치가 갖는 정보와 동일한 정보를 사전분포가 갖도록 하는 개념이다. $\hat{\boldsymbol{\beta}}_{LSE}$의 분산이 $\sigma^2(\boldsymbol{X}'\boldsymbol{X})^{-1}$인데 $\hat{\boldsymbol{\beta}}_{LSE}$는 n개의 관측치로
부터 얻은 추정치이므로 분산의 역행렬 $\frac{1}{\sigma^2}(\boldsymbol{X}'\boldsymbol{X})$는 n개의 관측치가 갖는 정보를 나타낸다고 할 수 있고, 따라서 이를 n으로 나눈 값 $\frac{1}{n\sigma^2}(\boldsymbol{X}'\boldsymbol{X})$을 Σ_0^{-1}로 놓으면, 즉 $\Sigma_0=n\sigma^2(\boldsymbol{X}'\boldsymbol{X})^{-1}$이면, 대략 한 개의 관측치가 갖는 정보를 사전정보가 갖도록 하는 것이다. 이 경우 Σ_0가 자료에 의존한다는 문제가 있긴 하지만, 관측치가 많을 경우 상대적으로 적은 정보를 사용하므로 영향이 크지 않다.

$\boldsymbol{\beta_0}=\hat{\boldsymbol{\beta}}_{LSE}$, $\Sigma_0=c\sigma^2(\boldsymbol{X}'\boldsymbol{X})^{-1}$로 놓을 경우 $\boldsymbol{\beta}$의 사후평균과 분산을 보면,

$$\begin{aligned}\Sigma_\beta &= \left(\frac{1}{\sigma^2}\boldsymbol{X}'\boldsymbol{X}+\Sigma_0^{-1}\right)^{-1} \\ &= \left(\frac{1}{\sigma^2}(\boldsymbol{X}'\boldsymbol{X})+\frac{1}{c\sigma^2}(\boldsymbol{X}'\boldsymbol{X})\right)^{-1} \\ &= \left(1+\frac{1}{c}\right)^{-1}\sigma^2(\boldsymbol{X}'\boldsymbol{X})^{-1} \\ &= \frac{c}{c+1}\sigma^2(\boldsymbol{X}'\boldsymbol{X})^{-1}\end{aligned}$$

$$\begin{aligned}\boldsymbol{\mu}_{\boldsymbol{\beta}} &= \Sigma_\beta\left(\frac{1}{\sigma^2}(\boldsymbol{X}'\boldsymbol{X})\hat{\boldsymbol{\beta}}_{LSE}+\Sigma_0^{-1}\beta_0\right) \\ &= \Sigma_\beta\left(\frac{1}{\sigma^2}(\boldsymbol{X}'\boldsymbol{X})\hat{\boldsymbol{\beta}}_{LSE}+\frac{1}{c\sigma^2}(\boldsymbol{X}'\boldsymbol{X})\hat{\boldsymbol{\beta}}_{LSE}\right) \\ &= \frac{c}{c+1}\sigma^2(\boldsymbol{X}'\boldsymbol{X})^{-1}\left(\frac{c+1}{c}\right)\frac{1}{\sigma^2}(\boldsymbol{X}'\boldsymbol{X})\hat{\boldsymbol{\beta}}_{LSE} \\ &= \hat{\boldsymbol{\beta}}_{LSE}\end{aligned}$$

이다. 즉,

$$\boldsymbol{\beta}|\sigma^2\boldsymbol{y} \sim N\left(\hat{\boldsymbol{\beta}}_{LSE},\ \frac{c}{c+1}\sigma^2(\boldsymbol{X}'\boldsymbol{X})^{-1}\right)$$

이다. 단일정보 사전분포의 경우 $c=n$이므로 $\boldsymbol{\mu}_{\boldsymbol{\beta}}=\hat{\boldsymbol{\beta}}_{LSE}$, $\Sigma_\beta=\frac{n}{n+1}\sigma^2(\boldsymbol{X}'\boldsymbol{X})^{-1}$이다. n이 크면 $\Sigma_\beta \approx \sigma^2(\boldsymbol{X}'\boldsymbol{X})^{-1}=Var(\hat{\boldsymbol{\beta}}_{LSE})$임을 알 수 있다.

$\boldsymbol{\beta_0}=\hat{\boldsymbol{\beta}}_{LSE}$, $\Sigma_0=c\sigma^2(\boldsymbol{X}'\boldsymbol{X})^{-1}$일 경우에는 σ^2의 주변 사후분포를 수리적으로 구할 수 있다. 이 경우 $(\boldsymbol{\beta},\sigma^2)$의 결합사후분포는

$$\begin{aligned}\pi(\boldsymbol{\beta},\sigma^2|\boldsymbol{y}) \propto\ & (\sigma^2)^{-\frac{n}{2}}e^{-\frac{1}{2\sigma^2}(\boldsymbol{y}-\boldsymbol{X\beta})'(\boldsymbol{y}-\boldsymbol{X\beta})} \\ & \times|\sigma^2(\boldsymbol{X}'\boldsymbol{X})^{-1}|^{-1/2}\exp\left[-\frac{1}{2c\sigma^2}(\boldsymbol{\beta}-\hat{\boldsymbol{\beta}}_{LSE})'(\boldsymbol{X}'\boldsymbol{X})(\boldsymbol{\beta}-\hat{\boldsymbol{\beta}}_{LSE})\right] \\ & \times(\sigma^2)^{-a-1}e^{-\frac{b}{\sigma^2}}\end{aligned}$$

이다. 그런데 위 식의 지수항에서 $\boldsymbol{\beta}$가 포함된 항을 보면, $\hat{\boldsymbol{\beta}}_{LSE}$를 간단히 $\hat{\boldsymbol{\beta}}$라고 할 때

$$
\begin{aligned}
&\frac{1}{\sigma^2}(\boldsymbol{y}-\boldsymbol{X}\beta)'(\boldsymbol{y}-\boldsymbol{X}\beta)+\frac{1}{c\sigma^2}(\beta-\hat{\beta})'(\boldsymbol{X}'\boldsymbol{X})(\beta-\hat{\beta}) \\
&=\frac{1}{\sigma^2}\boldsymbol{y}'\boldsymbol{y}-\frac{2}{\sigma^2}\beta'\boldsymbol{X}'\boldsymbol{y}+\frac{1}{\sigma^2}\beta'\boldsymbol{X}'\boldsymbol{X}\beta+\frac{1}{c\sigma^2}\beta'\boldsymbol{X}'\boldsymbol{X}\beta-2\frac{1}{c\sigma^2}\beta'\boldsymbol{X}'\boldsymbol{X}\hat{\beta}+\frac{1}{c\sigma^2}\hat{\beta}'\boldsymbol{X}'\boldsymbol{X}\hat{\beta} \\
&=\boldsymbol{\beta}'\left(\frac{c+1}{c}\frac{1}{\sigma^2}\boldsymbol{X}'\boldsymbol{X}\right)\beta-\frac{2}{\sigma^2}\beta'\left(\boldsymbol{X}'\boldsymbol{y}+\frac{1}{c}\boldsymbol{X}'\boldsymbol{X}\hat{\beta}\right)+\frac{1}{\sigma^2}\boldsymbol{y}'\boldsymbol{y}+\frac{1}{c\sigma^2}\hat{\beta}'\boldsymbol{X}'\boldsymbol{X}\hat{\boldsymbol{\beta}} \\
&=\boldsymbol{\beta}'\Sigma_\beta^{-1}\beta-2\beta'\Sigma_\beta^{-1}\hat{\boldsymbol{\beta}}+\hat{\boldsymbol{\beta}}'\Sigma_\beta^{-1}\hat{\boldsymbol{\beta}}-\hat{\boldsymbol{\beta}}'\Sigma_\beta^{-1}\hat{\boldsymbol{\beta}}+\frac{1}{\sigma^2}\boldsymbol{y}'\boldsymbol{y}+\frac{1}{c\sigma^2}\hat{\beta}'\boldsymbol{X}'\boldsymbol{X}\hat{\boldsymbol{\beta}} \\
&=(\boldsymbol{\beta}-\hat{\boldsymbol{\beta}})'\Sigma_\beta^{-1}(\boldsymbol{\beta}-\hat{\boldsymbol{\beta}})+\frac{1}{\sigma^2}\boldsymbol{y}'\boldsymbol{y}-\frac{1}{\sigma^2}\hat{\beta}'\boldsymbol{X}'\boldsymbol{X}\hat{\boldsymbol{\beta}} \\
&=(\boldsymbol{\beta}-\hat{\boldsymbol{\beta}})'\Sigma_\beta^{-1}(\boldsymbol{\beta}-\hat{\boldsymbol{\beta}})+\frac{1}{\sigma^2}\boldsymbol{y}'(I-\boldsymbol{X}(\boldsymbol{X}'\boldsymbol{X})^{-1}\boldsymbol{X}')\boldsymbol{y}
\end{aligned}
$$

이다. 위 식의 3번째 등식에서 4번째 등식으로의 유도는

$$
\hat{\boldsymbol{\beta}}=(\boldsymbol{X}'\boldsymbol{X})^{-1}\boldsymbol{X}'\boldsymbol{y},\ \Sigma_\beta^{-1}=\frac{c+1}{c}\frac{1}{\sigma^2}\boldsymbol{X}'\boldsymbol{X}
$$

$$
\frac{1}{\sigma^2}[X'y+\frac{1}{c}X'X\hat{\boldsymbol{\beta}}]=\frac{1}{\sigma^2}[(X'X)\hat{\boldsymbol{\beta}}+\frac{1}{c}(X'X)\hat{\boldsymbol{\beta}}]=\frac{c+1}{c}\frac{1}{\sigma^2}(X'X)\hat{\boldsymbol{\beta}}=\Sigma_\beta^{-1}\hat{\boldsymbol{\beta}}
$$

$$
\hat{\boldsymbol{\beta}}\Sigma_\beta^{-1}\hat{\boldsymbol{\beta}}=\hat{\boldsymbol{\beta}}\frac{c+1}{c}\frac{1}{\sigma^2}(\boldsymbol{X}'\boldsymbol{X})\hat{\boldsymbol{\beta}}=\frac{c+1}{c}\frac{1}{\sigma^2}\hat{\boldsymbol{\beta}}'\boldsymbol{X}'\boldsymbol{X}\hat{\boldsymbol{\beta}}=(1+\frac{1}{c})\frac{1}{\sigma^2}\hat{\boldsymbol{\beta}}'\boldsymbol{X}'\boldsymbol{X}\hat{\boldsymbol{\beta}}
$$

임을 이용한 것이다.

따라서

$$
\begin{aligned}
\pi(\sigma^2|\boldsymbol{y}) &= \int\pi(\sigma^2,\boldsymbol{\beta}|\boldsymbol{y})d\boldsymbol{\beta} \\
&\propto(\sigma^2)^{-\frac{n}{2}-a-1}|\sigma^2(\boldsymbol{X}'\boldsymbol{X})^{-1}|^{-1/2}|\Sigma_\beta|^{1/2} \\
&\quad\times\int|\Sigma_\beta|^{-1/2}\exp\left[-\frac{1}{2}((\boldsymbol{\beta}-\hat{\boldsymbol{\beta}})'\Sigma_\beta(\boldsymbol{\beta}-\hat{\boldsymbol{\beta}})\right]d\boldsymbol{\beta} \\
&\quad\times\exp\left[-\frac{1}{2\sigma^2}\boldsymbol{y}'(I-\boldsymbol{X}(\boldsymbol{X}'\boldsymbol{X})^{-1}\boldsymbol{X}')\boldsymbol{y}-\frac{b}{\sigma^2}\right] \\
&\propto(\sigma^2)^{-\frac{n}{2}-a-1}\exp\left[-\frac{1}{\sigma^2}\left\{\frac{1}{2}\boldsymbol{y}'(I-\boldsymbol{X}(\boldsymbol{X}'\boldsymbol{X})^{-1}\boldsymbol{X}')\boldsymbol{y}+b\right\}\right] \\
&\sim IG\left(\frac{n}{2}+a,\ \frac{1}{2}\boldsymbol{y}'(I-\boldsymbol{X}(\boldsymbol{X}'\boldsymbol{X})^{-1}\boldsymbol{X}')\boldsymbol{y}+\boldsymbol{b}\right) \qquad (13.1)
\end{aligned}
$$

이다.

이 경우 σ^2의 주변 사후분포를 알기 때문에 깁스 표본기법을 사용할 필요없이 직접 $\boldsymbol{\beta}$와 σ^2의 사후 표본들을 다음 알고리즘을 사용하여 생성할 수 있다. k번째 스텝에서

① $\sigma^{2(k)}$의 추출 : $\sigma^{2(k)} \sim IG\left(\frac{n}{2}+a, \frac{1}{2}\boldsymbol{y}'(I-\boldsymbol{X}(\boldsymbol{X}'\boldsymbol{X})^{-1}\boldsymbol{X}')\boldsymbol{y}+b\right)$

② $\boldsymbol{\beta}^{(k)}$의 추출 : $\boldsymbol{\beta}^{(k)}|\sigma^{2(k)} \sim N\left(\hat{\boldsymbol{\beta}}_{LSE}, \frac{c}{c+1}\sigma^{2(k)}(\boldsymbol{X}'\boldsymbol{X})^{-1}\right)$

와 같이 표본을 생성하면, $(\boldsymbol{\beta}^{(k)}, \sigma^{2(k)})$은 서로 독립적인 $(\boldsymbol{\beta}, \sigma^2)$의 사후 표본이다. 이 경우 마코브체인 몬테칼로 표본이 아니므로 수렴시간이 필요하지 않으며 표본들은 서로 연관이 없는 독립표본들이다.

예제 13.1

체중과 운동이 HDL 콜레스테롤에 미치는 영향을 알아보기 위하여 26명을 대상으로 다음과 같은 실험을 수행하였다. 8명은 제어그룹으로 운동을 하지 않고, 8명은 유산소운동을 하게 하고, 나머지 10명은 유산소운동과 근력운동을 같이 하도록 하였다. 10주 후에 참가자들의 체중과 HDL 콜레스테롤을 측정한 결과 표 12.1과 같은 자료를 얻었다. (http://home.ewha.ac.kr/~msoh/Bayesianbook/ HDL.txt) 이 자료는 미국 Virginia Polytech Institute and State University 통계 상담실에서 분석한 것으로 Myers(1990)에 소개되어 있다.

표 13.1 실험자의 체중(lb)과 HDL 콜레스테롤 수치(mg/decaliter)

그룹	체중	HDL	그룹	체중	HDL
1	163.5	75	2	106	57.5
1	180	72.5	2	134	49
1	178.5	62	2	216.5	74
1	161.5	60	3	136.5	54.5
1	127	53	3	142.5	79.5
1	161	53	3	145	64
1	165	65	3	165	69
1	144	63.5	3	226	50.5
2	141	49	3	122	58
2	162	53.5	3	193	63.5

그룹	체중	HDL	그룹	체중	HDL
2	134	30	3	163.5	76
2	121	40.5	3	154	55.5
2	145	51.5	3	139	68

각 그룹에 대하여 독자적인 절편과 기울기를 갖는 다음과 같은 회귀모형을 가정하였다. Y_i를 i번째 참가자의 HDL 콜레스테롤 수치(mg/decaliter), x_i를 i번째 참가자의 체중(lb)이라고 하고 독립적으로 $\varepsilon_i \sim N(0,\sigma^2)$일 때

$$
\begin{aligned}
Y_i &= \beta_0 + \beta_i x_i + \varepsilon_i,\ i = 1,\ldots,8 && (\text{그룹 } I)\\
Y_i &= \gamma_0 + \gamma_i x_i + \varepsilon_i,\ i = 9,\ldots,16 && (\text{그룹 } II)\\
Y_i &= \delta_0 + \delta_i x_i + \varepsilon_i,\ i = 17,\ldots,26 && (\text{그룹 } III)
\end{aligned}
$$

모형을 가정한다.

이 모형에서 $\boldsymbol{\beta}= (\beta_0,\gamma_0,\delta_0,\beta_1,\gamma_1,\delta_1)'$, $\boldsymbol{\varepsilon}= (\varepsilon_1,\ldots,\varepsilon_{26})$, $\boldsymbol{Y}= (Y_1,\ldots,Y_{26})$,

$$
\boldsymbol{X} = \begin{pmatrix}
1 & 0 & 0 & x_1 & 0 & 0\\
\vdots & \vdots & \vdots & \vdots & \vdots & \vdots\\
1 & 0 & 0 & x_8 & 0 & 0\\
0 & 1 & 0 & 0 & x_9 & 0\\
\vdots & \vdots & \vdots & \vdots & \vdots & \vdots\\
0 & 1 & 0 & 0 & x_{16} & 0\\
0 & 0 & 1 & 0 & 0 & x_{17}\\
\vdots & \vdots & \vdots & \vdots & \vdots & \vdots\\
0 & 0 & 1 & 0 & 0 & x_{26}
\end{pmatrix}
$$

이라 놓으면 $\boldsymbol{Y}=\boldsymbol{X\beta}+\boldsymbol{\varepsilon}$의 관계가 성립한다. 표 13.1에 주어진 자료를 사용하여 $\hat{\boldsymbol{\beta}}_{LSE}$를 구하면

$$\hat{\boldsymbol{\beta}}_{LSE}= (23.054, 14.225, 76.880, 0.2495, 0.250, -0.082)'$$

이고

$$
(\boldsymbol{X}'\boldsymbol{X})^{-1} = \begin{pmatrix}
12.166 & 0 & 0 & -0.0752 & 0 & 0\\
0 & 2.8334 & 0 & 0 & -0.0187 & 0\\
0 & 0 & 3.0721 & 0 & 0 & -0.0187\\
-0.0752 & 0 & 0 & 0.00047 & 0 & 0\\
0 & -0.0187 & 0 & 0 & 0.00013 & 0\\
0 & 0 & -0.0187 & 0 & 0 & 0.000118
\end{pmatrix}
$$

이다.

베이지안 추정에 필요한 사전분포로 $\boldsymbol{\beta}|\sigma^2 \sim N(\hat{\boldsymbol{\beta}}_{LSE},\, n\sigma^2(\boldsymbol{X}'\boldsymbol{X})^{-1}),\ \pi(\sigma^2)=1/\sigma^2$ 을 가정한 다음, R 프로그램을 이용하여 $\boldsymbol{\beta}, \sigma^2$의 사후추론을 수행하여 보자. 참고로, $\pi(\sigma^2)=1/\sigma^2$일 때 $\boldsymbol{\beta}$의 조건부 사후분포는 앞에서 유도한 것과 동일하고 σ^2의 사후분포는 앞의 식에서 $a=0, b=0$를 대입한 것과 같다.

```
HDL.data=matrix(scan('http://home.ewha.ac.kr/~msoh/Bayesianbook/
                HDL.txt'),ncol=3, byrow=T)
y=HDL.data[,3]
group=HDL.data[,1]
n=length(y) ; p=6
x=matrix(0,n,p)
for ( i in 1:n ) {
  x[i,group[i]]=1; x[i,group[i]+3]=HDL.data[i,2]
}
xtx=t(x)%*%x
xtx.inv=solve(xtx)
xty=t(x)%*%y
beta.LSE=xtx.inv%*%xty
SSR=t(y)%*%( diag(1,nrow=n) - x %*% xtx.inv %*% t(x) ) %*% y

# Random sample generation
a=0; b=0
Nsample=10000    ## num. of samples
sig2=0*c(1:Nsample)
beta=matrix(0, Nsample,p)
for ( iter in 1: Nsample ){
   sig2[iter]=1/rgamma(1, 0.5*n+a, 0.5*SSR+b)
   Sigma.beta=n/(n+1)*sig2[iter]*xtx.inv
   R=t(chol(Sigma.beta))
   beta[iter,]=R%*%(rnorm(p)) + beta.LSE
}
```

```
# posterior density of sigma^2, beta
sig2.grid=seq(0,200,length=100)
astar=0.5*n+a ; bstar=0.5*SSR+b
post.sig2=bstar**astar/gamma(astar)*sig2.grid**(-astar-1)
           *exp(-bstar/sig2.grid)

#Figure 13.1
par(mfrow=c(1,2))
plot(sig2.grid, post.sig2, xlab=expression(sigma^2),
     ylab="true posterior density", type="l", xlim=c(0,200))
plot(density(sig2), xlab=expression(sigma^2), ylab="estimated
     posterior density", type="l", main="",xlim=c(0,200))

#Figure 13.2
par(mfrow=c(1,3))
plot(density(beta[,4]), xlab="beta_1", ylab="posterior density",
 main="")
HPD=HPDsample(beta[,4])
abline(v=HPD , lty=2)
plot(density(beta[,5]), xlab="gamma_1", ylab="posterior density",
         main="")
HPD=HPDsample(beta[,5])
abline(v=HPD, lty=2)
plot(density(beta[,6]), xlab="delta_1", ylab="posterior density",
         main="")
HPD=HPDsample(beta[,5])
abline(v=HPD, lty=2)
```

이 경우 σ^2의 주변 사후밀도함수는 식 (13.1)에 정확히 주어져 있다. 비교를 위하여 σ^2의 실제 사후밀도함수와 표본으로부터 추정된 사후밀도함수를 그림 13.1에 그려 보았다. 두 함수 간에 거의 차이가 없음을 알 수 있다.

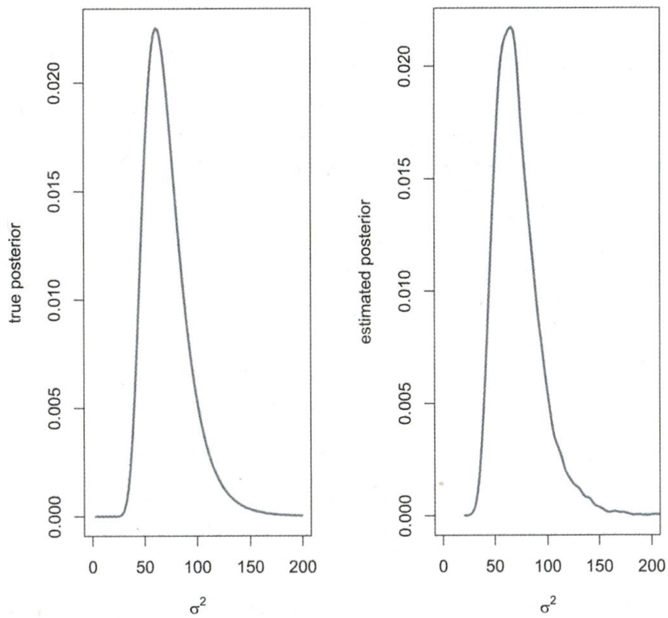

그림 13.1 σ^2의 실제 사후분포(왼쪽)와 σ^2의 표본으로부터 추정된 사후분포(오른쪽)

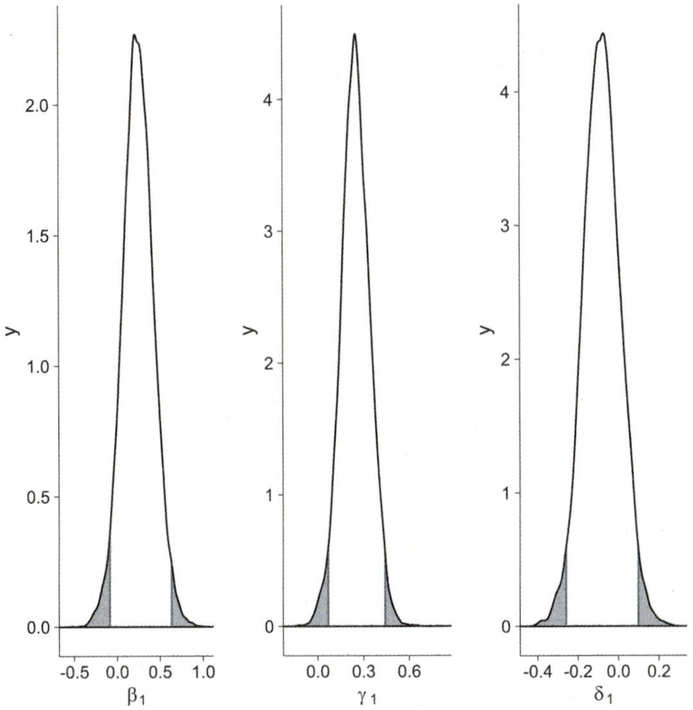

그림 13.2 세 그룹의 회귀직선 기울기의 사후부포와 95% HPD 구간

그림 13.2는 각 그룹별 기울기의 사후분포와 95% HPD 구간을 보여 주고 있다. 그림 13.2를 보면 γ_1만이 95% HPD 구간이 0을 포함하지 않고 β_1과 δ_1의 95% HPD는 0을 포함하고 있어 유의하지 않음을 알 수 있다.

HDL 콜레스테롤 자료에서 우리의 관심은 체중이 HDL 콜레스테롤 수치에 미치는 영향이 운동 정도에 따라 다른가 하는 것이다. 달리 말하면, 서로 다른 운동 그룹 간에 체중과 HDL 콜레스테롤의 회귀직선의 기울기 β_1, γ_1, δ_1에 차이가 있는가 하는 것이다. 우선, 자료의 산점도에 위에 세 그룹의 추정된 회귀직선을 그림 13.3에 그려 보았다. 산점도의 숫자는 각 관측치가 속하는 그룹을 표시한다. 그림을 보면 그룹 I(제어 그룹)과 그룹 II(유산소운동 그룹)는 절편만 다를 뿐 기울기는 거의 차이가 없고 체중이 증가할수록 HDL 콜레스테롤 수치는 올라감을 알 수 있다. 그러나 그룹 III(유산소운동 + 근력운동 그룹)은 두 그룹과 매우 다른 양상을 보이는데, 체중 증가와 HDL 콜레스테롤 수치와는 거의 상관이 없는 것으로 보인다.

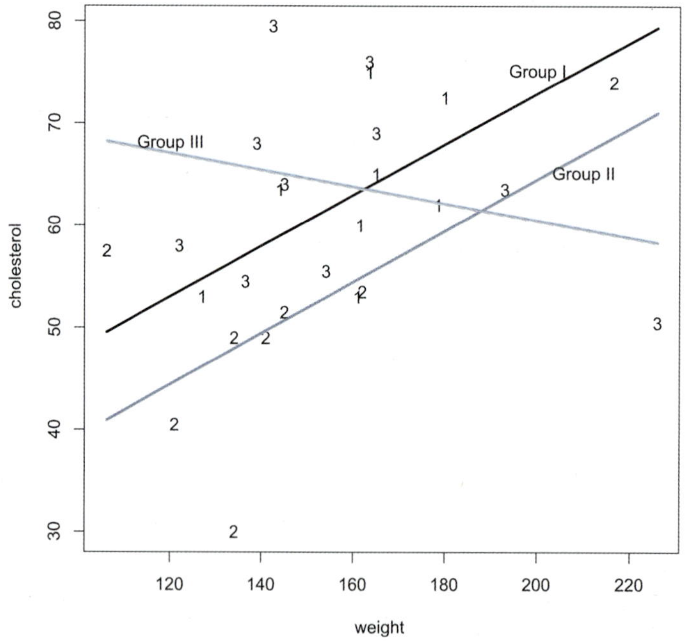

그림 13.3 세 그룹의 추정된 회귀직선

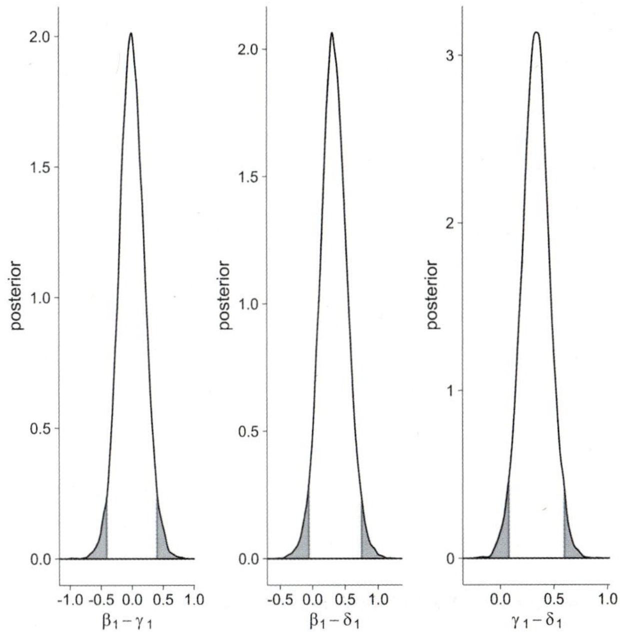

그림 13.4 기울기 차이의 사후분포

사후 표본을 이용하여 기울기의 차이에 대한 사후밀도함수와 95% HPD 구간을 추정해 보면 그림 13.4와 같다. $\gamma_1 - \delta_1$의 HPD 구간은 0을 포함하지 않아 γ_1과 δ_1은 유의한 차이가 있고, $\beta_1 - \gamma_1$은 추정치가 거의 0에 가까워 차이가 없음을 보여 주고 있다. $\beta_1 - \delta_1$은 HPD 구간의 왼쪽 끝 부분에 0이 위치하고 있어 β_1과 δ_1의 차이에 대하여 상대적으로 확실한 결론을 내리기 어렵다. 참고로, β_1과 γ_1의 추정값은 거의 같지만 β_1의 추정오차가 더 크기 때문에 δ_1과의 차이에서 약간 다른 결과를 보여 준다.

```
#Figure 13.3
par(mfrow=c(1,1))
plot(HDL.data[ ,2], HDL.data[,3], xlab="weight", ylab="HDL
     cholesterol", type="n")
for(i in 1:n)text(HDL.data[i,2], HDL.data[i,3],HDL.data[i,1])

deta.hat=apply(beta,2,mean)
lines( HDL.data[,2], beta.hat[1]+ beta.hat[4]* HDL.data[,2])
```

```
lines( HDL.data[,2], beta.hat[2]+ beta.hat[5]* HDL.data[,2])
lines( HDL.data[,2], beta.hat[3]+ beta.hat[6]* HDL.data[,2])
text( 200,75, "Group I")
text( 210,65, "Group II")
text( 120,68, "Group III")

#Figure 13.4
diff.12=beta[,4]-beta[,5]
diff.13=beta[,4]-beta[,6]
diff.23=beta[,5]-beta[,6]

par(mfrow=c(1,3))
plot(density(diff.12), xlab="beta_1-gamma_1", ylab="posterior
           density", main="")
HPD=HPDsample(diff.12)
abline(v=HPD , lty=2)
plot(density(diff.13), xlab="beta_1-delta_1", ylab="posterior
     density", main="")
HPD=HPDsample(diff.13)
abline(v=HPD , lty=2)
plot(density(diff.23), xlab="gamma_1-delta_1", ylab="posterior
          density", main="")
HPD=HPDsample(diff.23)
abline(v=HPD , lty=2)
```

13.4 JAGS를 활용한 사후 표본추출

다음은 JAGS를 활용하여 베이지안 사후추론을 수행하는 코드이다.

```
modelString="
model
{
for(i in 1:length(y)){
    y[i] ~ dnorm( inprod(x[i,], beta[]), invsigsq)
  }

beta[1:length(beta0)] ~ dmnorm( beta0[], invSig0[,])

invsigsq ~ dgamma(a,b)
sigsq= 1/invsigsq

invSig0= 1/(c*sigsq)*xtx

}
"
writeLines(modelString, "model_ex13_1.txt")

######### read data ###################
HDL.data=matrix(scan('http://home.ewha.ac.kr/~msoh/Bayesianbook/HDL.txt'
),ncol=3, byrow=T)
y=HDL.data[,3]
group=HDL.data[,1]
n=length(y)
p=6
K=p
x=matrix(0,n,p)
for ( i in 1:n ) {
  x[i,group[i]]=1; x[i,group[i]+3]=HDL.data[i,2]
}
xtx=t(x)%*%x
```

```
xtx.inv=solve(xtx)
xty=t(x)%*%y
beta.LSE=as.vector(xtx.inv%*%xty)
SSR=t(y)%*%( diag(1,nrow=n) - x %*% xtx.inv %*% t(x) ) %*% y
sigsq.hat=as.numeric(SSR)/(n-p)
#--- prior ----
beta0 = beta.LSE
c=n
a=0.5
b= a* sigsq.hat

dataList=list(  x=x, y=y,xtx=xtx, a=a, b=b, c=c, beta0=beta0)

initsList= list( beta=beta0, invsigsq=1/sigsq.hat)

nChains=3

jagsModel=jags.model( file="model_ex13_1.txt", data=dataList,
inits=initsList, n.chains=nChains, n.adapt=100)

update(jagsModel, n.iter=1000)

codaSamples=coda.samples(jagsModel, variable.names=c("beta","sigsq"),
                      n.iter=30000)

variable.names(codaSamples[[1]])
  #[1] "beta[1]" "beta[2]" "beta[3]" "beta[4]" "beta[5]" "beta[6]" "sigsq"

para=c("beta0", "gamma0", "delta0", "beta1", "gamma1", "delta1")
par(mfrow=c(3,2))
for(i in 1:6){
coda::traceplot( codaSamples[,i] , main="" , ylab=para[i] )
acf(codaSamples[,i][[1]],plot=T, main="")
```

```
}

MCMCSamples=as.matrix(codaSamples)

par(mfrow=c(3,2))
for(i in 1:6) plot( density( MCMCSamples[,i]), main="",xlab=para[i])

par(mfrow=c(1,1))
plot( density( MCMCSamples[,7]), main="",xlab="sigma^2")
```

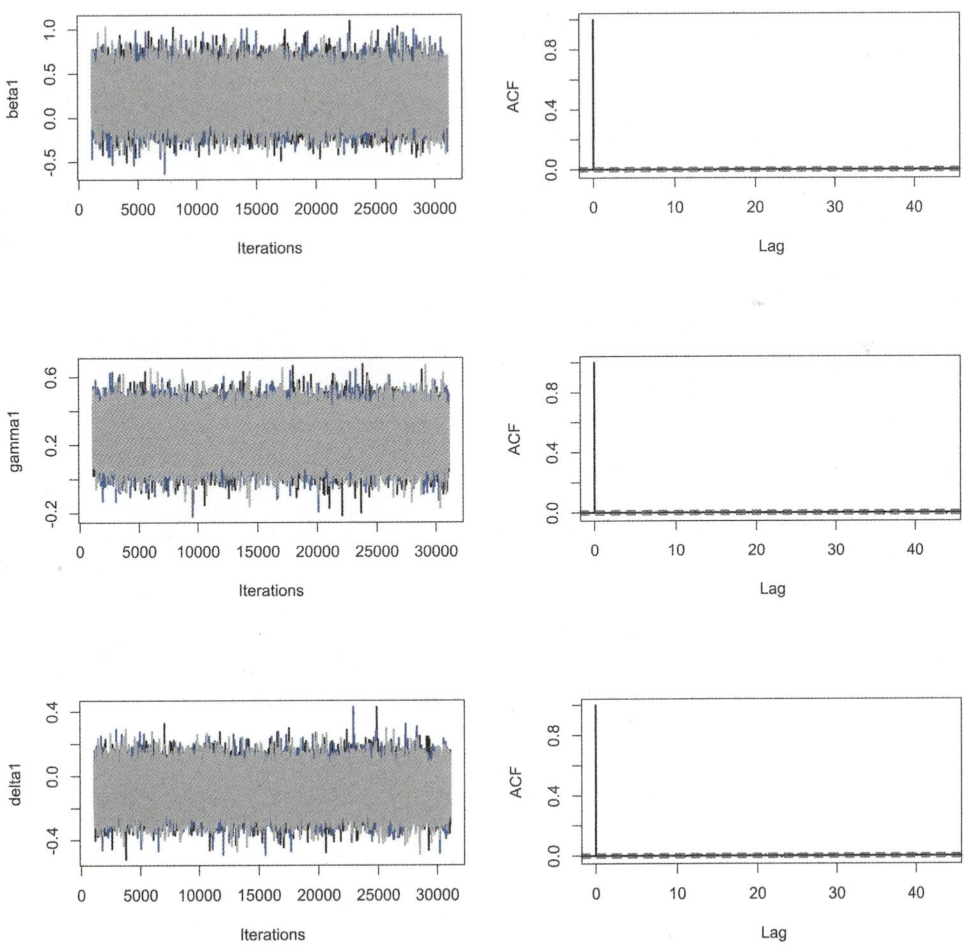

그림 13.5 회귀계수의 경로그림과 자기상관

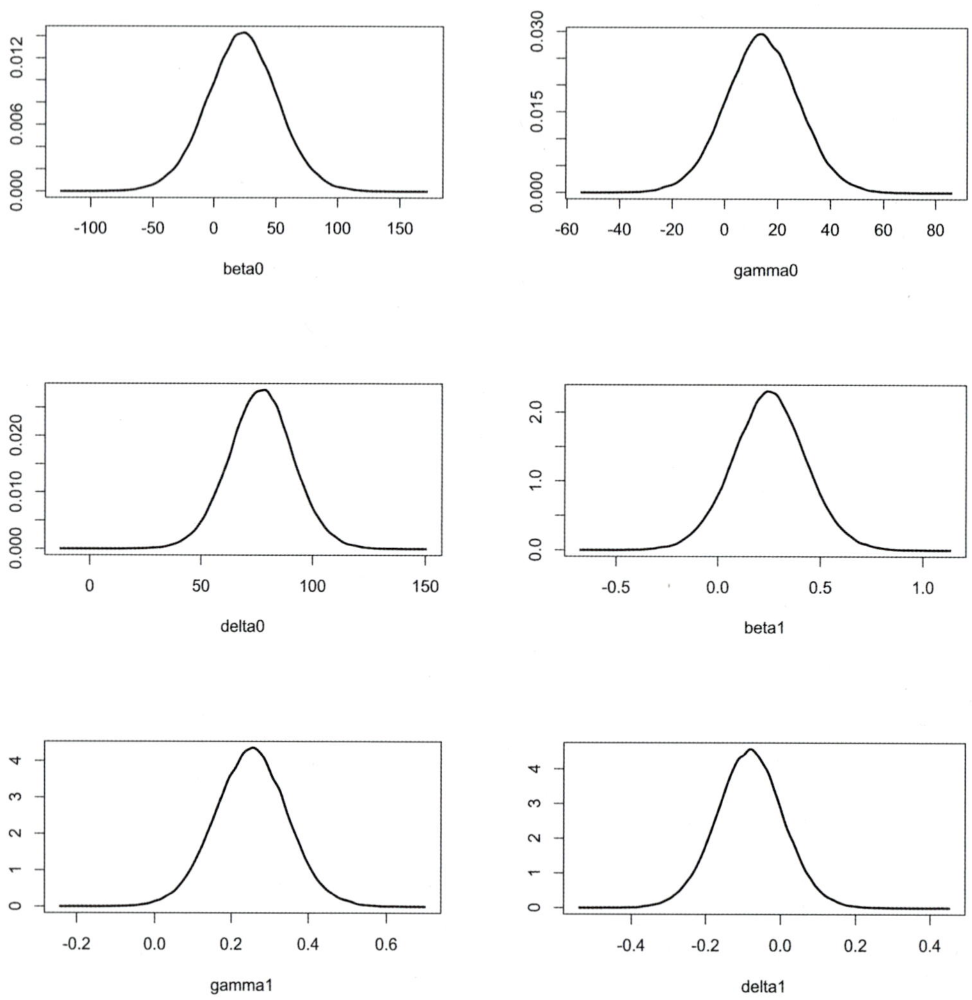

그림 13.6 회귀계수의 주변 사후분포

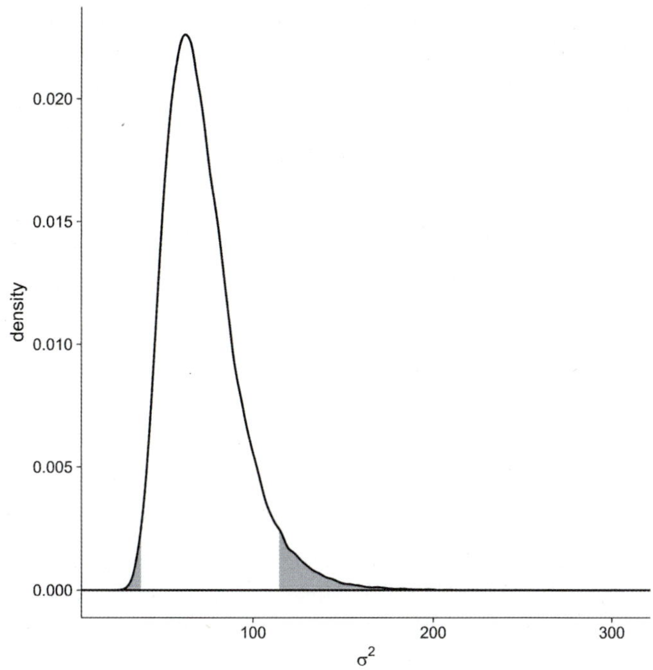

그림 13.7 σ^2의 주변 사후분포

JAGS에서 수행한 MCMC 알고리즘에서 표본의 채택확률이 얼마인지 아래와 같이 알아보니 모든 모수에 대하여 채택확률이 모두 1이다. 이는 설정한 모형에 대하여 JAGS가 깁스 표본기법을 수행하였음을 의미한다.

```
> acceptRate= 1-rejectionRate(codaSamples)
> acceptRate
beta[1] beta[2] beta[3] beta[4] beta[5] beta[6]   sigsq
      1       1       1       1       1       1       1
```

연습문제

1 어떤 공장에서 사용하는 기계를 정비하는 데 소요되는 정비비용에 미치는 기계의 사용연도의 영향을 알아보기 위하여 랜덤으로 추출한 동일한 종류의 기계로부터 다음과 같은 자료를 얻었다. (http://home.ewha.ac.kr/~msoh/Bayesianbook/car.txt)

사용연도 x (단위: 년)	정비비용 y (단위: 만 원)	사용연도 x (단위: 년)	정비비용 y (단위: 만 원)
3	39	6	90
1	24	9	140
5	115	3	112
8	105	5	70
1	50	7	186
4	86	2	43
2	67	6	126

사용연도를 설명변수 X로, 정비비용을 반응변수 Y로 놓고 다음과 같은 단순선형회귀모형을 가정하였다.

$$Y_i = \beta_0 + \beta_1 x_i + \varepsilon_i \quad , \quad \varepsilon_i \overset{iid}{\sim} N(0, \sigma^2) \quad , \quad i = 1 \cdots 14 .$$

모수에 대해 다음과 같은 무정보 사전분포를 가정할 때 아래 물음에 답하라.

$$\pi(\beta_0, \beta_1, \sigma^2) = \frac{1}{\sigma^2} .$$

(1) 최소제곱법을 이용한 모수 $\boldsymbol{\beta} = (\beta_0, \beta_1), \sigma^2$의 추정값과 표준오차를 구하라.

(2) $\boldsymbol{\beta}$와 σ^2 각각에 대하여 완전 조건부 사후분포를 구하라.

(3) 깁스 표본기법을 사용하여 모수 $\boldsymbol{\beta}, \sigma^2$의 사후 표본을 생성하고 이로부터 베이지안 추정값과 표준오차를 구한 다음, 이를 (1)의 최소제곱 추정치와 비교하라.

(4) β_1, σ^2의 주변 사후밀도함수를 추정하여 그림으로 나타내고 95% HPD 구간을 그림에 표시하라. β_1의 사후구간에 0이 포함되는가?

2 1번 문제 (3)에서 깁스 표본 대신 JAGS를 사용하여 사후표본을 생성하고 이를 이용하여 모수의 추정값과 표준오차를 구하고 깁스 표본을 사용한 결과와 비교하라. 단, JAGS는 $\pi(\beta_0,\beta_1,\sigma^2) = \dfrac{1}{\sigma^2}$와 같은 부적합 사전분포를 허용하지 않으므로 근사적으로 $\pi(\beta_0) \sim N(0,1000000)$, $\pi(\beta_1) \sim N(0,1000000)$, $\pi(\sigma^2) \sim IG(a,b)$, $a = b = 0.00001$을 사용하라.

3 1번의 자료에 대하여 표준화된 자료에 대한 회귀모형

$$W_i = \gamma_0 + \gamma_1 z_i + \varepsilon_i \quad , \quad \varepsilon_i \sim N(0,\tau^2) \quad , \quad i = 1 \cdots 14$$
$$W_i = (Y_i - \overline{Y})/sd(Y), \qquad z_i = (x_i - \overline{x})/sd(x)$$

에서 $\pi(\gamma_0,\gamma_1,\tau^2) = 1/\tau^2$ 사전분포를 가정한다.

(1) 깁스 표본기법을 사용하여 모수 $\boldsymbol{\gamma} = (\gamma_0,\gamma_1), \tau^2$의 베이지안 추정값과 표준오차를 구하라.

(2) $(\boldsymbol{\beta},\sigma^2)$와 $(\boldsymbol{\gamma},\tau^2)$의 관계를 이용하여 (1)에서 구한 $(\boldsymbol{\gamma},\tau^2)$의 추정치로부터 $(\boldsymbol{\beta},\sigma^2)$의 추정치를 구하라.

4 1번 자료에 대하여 회귀모형의 모수 $\boldsymbol{\beta}$와 σ^2의 사전분포를 아래와 같이 가정하자.

$$\boldsymbol{\beta}|\sigma^2 \sim N(\hat{\boldsymbol{\beta}}_{LSE} \ , \ n\sigma^2(\boldsymbol{X}'\boldsymbol{X})^{-1}),$$
$$\sigma^2 \sim IG(\frac{1}{2},\frac{1}{2}\hat{\sigma}^2), \qquad \hat{\sigma}^2 = \frac{1}{n-2}\sum_{i=1}^{n}(y_i - \boldsymbol{x_i}'\hat{\boldsymbol{\beta}}_{LSE})^2$$

(1) 모수 $\boldsymbol{\beta},\sigma^2$의 독립적인 사후 표본을 추출하고 이로부터 베이지안 추정치와 표준오차를 구하라.

(2) JAGS를 활용하여 $\boldsymbol{\beta},\sigma^2$의 사후 표본을 추출하고 이로부터 베이지안 추정치와 표준오차를 구한 후 (1)의 결과와 비교하라.

5 다음은 48개 개발도상국의 제조업성장률(y), 농업성장률(x_1), 수출성장률(x_2), 인플레율(x_3)을 백분율 단위로 표시한 것이다.

(http://home.ewha.ac.kr/~msoh/Bayesianbook/devolop_country.txt)

y	x_1	x_2	x_3	y	x_1	x_2	x_3
1.3	3.4	-2.7	13	-2.6	1.7	-6.6	6.7
1	1.4	-6	10.5	1.1	3.9	3.8	7.7
0.4	0.1	-3.6	15.9	-1.6	-0.4	-2.5	11.3
4.9	1.8	13.6	3.2	2.9	-0.6	5.4	7.5
9.8	5.6	27.3	5.4	0.5	1.9	1.6	19
-2.1	2.2	2.6	5.2	2.2	-3.5	4.7	1.9
2	2.3	-9.5	8.7	8	3.1	19.9	37.3
5.8	3	4.4	1.4	6.5	3.3	-0.6	8.9
5.2	2.9	9.2	3	0.2	0.1	8.4	29.5
-1.1	-2.3	-6.3	14.9	7.8	5.3	10.4	8.1
0.2	0.3	12	20.3	2.5	2.3	4.9	22.6
1.1	1.4	-7.2	19.8	-0.2	3.1	7.9	20.2
-12	4.8	-5.5	8.6	6.1	10.3	-19	-1.3
4.1	2.3	8.7	9.5	4.6	3	-3.5	8.6
-5	1.2	-0.2	1.1	-3.4	7.9	-7.9	45.4
2.1	2.7	5.6	11.2	-0.6	2.5	2	11.5
7.7	3	2	8.9	8.2	1.9	3.8	7.8
9.3	3.3	6.2	7.5	4.1	0.9	1.3	5.6
-1.7	2	-1.7	18.2	12.6	7.9	11.7	3.8
5.8	4.7	-0.2	2.1	4.1	2.8	-0.9	9.9
3.9	-3.9	-2.5	3.4	0.6	2.8	-2.1	23.3
5.6	3.9	6.4	13.9	2	0.5	-3.1	33.5
6.9	1.3	11.6	6.4	0	0.4	6.9	32.6
-4.6	0.8	-9.8	21.5	-2.6	-1.3	3.4	7.7

Y를 반응변수로, X_1, X_2, X_3를 설명변수로 하는 선형 회귀모형을 가정한다. 베이지안 추정에 필요한 사전분포로

$$\boldsymbol{\beta}|\sigma^2 \sim N(\hat{\boldsymbol{\beta}}_{LSE},\ n\sigma^2(\boldsymbol{X}'\boldsymbol{X})^{-1}),\ \pi(\sigma^2) = 1/\sigma^2$$

를 가정한다.

(1) 모수의 최소제곱 추정치를 구하라.

(2) 모수 $\boldsymbol{\beta}, \sigma^2$의 독립적인 사후 표본을 추출하고 이로부터 베이지안 추정치와 표준오차를 구하라.

(3) σ^2의 사후 표본으로부터 주변 사후밀도함수를 추정하여 이를 실제 사후밀도함수와 겹쳐 그리고 두 밀도함수를 비교하라.

6 다음 자료는 어느 지방 소도시에서 1980년대의 일정기간 동안 4주마다 조사한 아이스크림 판매에 관한 자료이다. 변수설명은 아래와 같다.
(http://home.ewha.ac.kr/~msoh/Bayesianbook/icecream.txt)

Y : 아이스크림 소비량 (mℓ/인)

X_1 : 아이스크림 평균 가격 (원)

X_2 : 월 평균 가구수입 (원)

X_3 : 평균 기온 (℃)

period	consumption(Y)	price(X_1)	income(X_2)	temperature(X_3)
1	216	297	343200	10.0
2	209	310	347600	18.3
3	220	305	356400	22.2
4	238	308	352000	25.0
5	227	299	334400	25.6
6	193	288	343200	23.3
7	183	302	360800	21.1
8	161	294	347600	13.3
9	151	292	334400	5.0
10	143	305	347600	0.6
11	160	310	360800	2.8
12	167	297	374000	1.7
13	184	299	378400	5.0
14	178	316	365200	9.4
15	213	305	369600	17.8
16	213	316	360800	22.2
17	263	308	352000	27.2
18	248	305	343200	27.2
19	216	305	369600	24.4
20	192	305	378400	20.6
21	179	321	374000	11.7
22	172	316	382800	9.4
23	159	305	413600	5.0
24	183	314	404800	2.2
25	173	310	418000	2.8

period	consumption(Y)	price(X_1)	income(X_2)	temperature(X_3)
26	201	292	422400	5.6
27	211	292	413600	10.0
28	233	292	422400	16.1
29	245	295	400400	22.8
30	307	286	396000	26.7

회귀모형

$$Y_i = \beta_0 + \beta_1 x_{1i} + \beta_2 x_{2i} + \beta_3 x_{3i} + \varepsilon_i, \quad \varepsilon_i \overset{iid}{\sim} N(0, \sigma^2)$$

을 가정한다. 사전분포 $\boldsymbol{\beta}|\sigma^2 \sim N(\hat{\boldsymbol{\beta}}_{\boldsymbol{LSE}},\ n\sigma^2(\boldsymbol{X}'\boldsymbol{X})^{-1})$, $\sigma^2 \sim IG(0.01, 0.01)$를 가정하고 JAGS를 활용하여 사후 표본을 추출한 후 모수의 사후추정치와 표준오차를 구하라. 각 설명변수가 유의한지 답하라.

참고문헌

Berry, D.A. (1996). Statistics: a Bayesian perspective. Duxbury Press.

Birnbaum, A. (1962). On the foundations of statistical inference (with discussion). Journal of the American Statistical Association, 57, 269-326.

Cox, D.R. (1958). Some problems connected with statistical inference. Annals of Mathematical Statistics, 29, 357-372.

De Finetti,B. (1931). Funzione caratteristica di un fenomeno aleatorio. Attidella R Academia Nazionale dei Lincei, Serie 6 Memorie, Classe di Scienze Fisiche, *Mathematice e Naturale,* 4, 251-299.

De Finetti,B. (1937). La prévision : see losi logiques, ses sources subjectives. *Ann Lnst H Poincaré,* 7, 1-68.

Gelfand, A.E., and Smith, A.F.M. (1990). Sampling-based approaches to calculating marginal densities. Journal of the American Statistical Association 85, 398-409.

Gelman, A., Roberts, G., and Gilks, W. (1996). Efficient Metropolis jumping rules, Bayesian Statistics 5, Eds. J.M. Bernardo, J. Berger, A.P. Dawid, A.F.M. Smith, Oxford University Press.

Ghosh, J.K., Delampady, M., and Samanta, T. (2006). An Introduction to Bayesian Analysis : Theory and Methods. Springer Texts in Statistics. Springer, New York.

Hewitt, E and Savage, L.J. (1955). Symmetric measures on Cartesian products. Transactions of American Mathematical Society, 80, 907-919.

Kass, R.E. and Wasserman, L.A. (1995). A Reference Bayesian Test for Nested Hypotheses and its Relationship to the Schwarz Criterion, Journal of the American Statistical Association, 90, 928-934.

Kennett, P. and Ross, C. A. (1983). Geochronology. London: Longmans.

Laplace, P.S. (1774). Mémoire sur la probabilité des causes par les événements, Mémoires pré sentés à l'Académie des Sciences, vol. vi

Lee, P.M (1989). Bayesian statistics: An Introduction. Oxford: Oxford University Press.

Liu, Z. (1992). Study on Smoking and Lung Cancer, International Journal of Epidemiology, 21, 197-201.

Myers, R. H. (1990). Classical and Modem Regression with Applications, 2nd edition, Duxbury Press, Boston.

Plummer, M. (2003), JAGS: A program for analysis of Bayesian graphical models using Gibbs sampling, Proceedings of the 3rd International Workshop on Distributed Statistical Computing (DSC 2003), Vienna, Austria

Plummer, M. (2012), JAGS Version 3.3. 0 user manual, ftp://92.53.112.226/freebsd/ports/distfiles/mcmc-jags/jags_user_manual.pdf

Tierney, L. and Kadane, J.B. (1986). Accurate approximations for posterior moments. J. Amer. Statist. Assoc. 81, 82-86.

Tierney, L., Kass, R.E. and Kadane, J.B. (1989). Fully exponential Laplace approximations to expectations and variances of nonpositive functions, Journal of the American Statistical Association, 84, 710-716.

Welch, B. L. (1939). Note on discriminant functions, Biometrika, 31, 218-20.

찾아보기

■ ㅊ

■ ㅋ

■ ㅌ

■ ㅍ

■ ㅎ

저자 소개

오만숙

서울대학교 계산통계학과 학사
미국 Purdue University 통계학 박사
미국 UC Berkeley Neyman Visiting Assistant Professor
미국 Worcester Polytech Institute Assistant Professor
현재 이화여자대학교 통계학과 교수

R과 JAGS 몬테칼로와 함께하는

베이지안 통계추론

저 자 오만숙
발 행 인 김지영
발 행 처 자유아카데미
주 소 경기도 파주시 회동길 37-42
파주출판도시
전 화 031-955-1321
팩 스 031-955-1322
홈페이지 www.freeaca.com
전자우편 main@freeaca.com (대표)
editor@freeaca.com (편집)
crm@freeaca.com (영업)
등 록 제406-2003-017호, 1980. 7. 12
제1판1쇄 2017년 11월 10일 발행
제1판3쇄 2024년 2월 20일 발행
정 가 23,000원

저자와의 협의하에 인지생략

ISBN 979-11-5808-154-6 93310